漯河印记·文史资料集萃

生态今昔

政协漯河市委员会 编
吕岩 主编

中国文史出版社

序

漯河市政协主席　吕岩

沙河、颍河如两条闪亮的丝带，从漯河大地上穿境而过，亘古不息。她们忠实地记录了这块土地上演绎的故事。

远古时期，这里是先民们刀耕火种、开拓缔造的摇篮。一万年前，黎明时分，大岗之上响起“哼育！哼育！”的号子声，穿着兽皮、草裙的男女以打制石器、烧制陶器、狩猎采撷为生；八千年前，贾湖部落在悠扬的骨笛声中，走出地穴，走下干栏，把美酒洒向天空，祈愿稻粱早日成熟；越千年，郝家台上筑起了一座城，以黑陶的名义宣示着薪火相传、生生不息的文明；三代连绵交替，留下了动人的传说、英勇的故事、壮阔的城郭；两汉以降，汝水、颍水成为行政区划重要地标，流域之内渐趋繁盛，文化遗存星罗棋布；直至平汉铁路通车，河上街始现市镇雏形。

近现代以来，国家命运多舛，洪波涌起、激浊扬清，推翻“三座大山”成为主旋律。铁路工人在“二七”怒潮中率先觉醒，中国共产党的组织在三县生根发芽。北伐战争如火如荼，将士热血沃四岸；救亡图存浪潮席卷，民先春笋立百竿。抗日战争时期，先后走出了沈东平、赵伊坪、李曾志等著名英烈，也涌现出效信趁、蔡永令、支天雷等地方武装和孤胆英雄。三年横扫残章，中国人民解放军二野四兵团诞生在此，“打过长江去，解放全中国”唱出了浩荡绝响。

新中国成立七十年，社会主义在探索中前进，汝颍大地同样发生着翻天覆地的变化。特别是改革开放的东风唤醒了城市和乡村，创造出一个个历史性的奇迹。1986年区划调整，漯河向区域性中心城市迈开新生的步伐；1992年创办内陆特区展示了敢为人先的胆识与气魄；南街村一枝独秀率先实现了亿元梦想；双汇集团日益增长成为全球领先。

七届漯河市政协恰逢三十而立，一批地方文史学者提出整理建市以来前三十年《漯河文史资料》的设想，这无疑是顺应文化复兴潮流，彰显地方文化特色之良策。文史资料工作是人民政协重要的基础工作，具有不可替代的“存史资政，团结育人”作用，支持这个动议理所当然。整理工作专班历时三年多的时间，从浩繁的文史稿中精选出689篇，逐篇审读，删繁补简，纠正讹误，做必要的注解和附录，达到了“去伪存真，去粗取精”的目标，并几经研讨，提出了按目分类的出版方案。

抚摸案头的十二册书卷，不能不感佩历届政协委员和社会各界人士的辛勤耕耘，赞叹三十年来政协文史工作者的孜孜追求。其成果必将成为漯河记忆里弥足珍贵的见证。

今天，漯河已经进入新时代，正阔步走在建设社会主义现代化，实现中华民族伟大复兴的新征程上。许多时点熠熠闪光，许多人事灿若星辉，也期待更多的人秉笔记录，让后来者因我们而更加自豪，也因我们而更加发愤。

本丛书定稿恰逢中国共产党百年华诞，谨以初版献礼志庆。

2021年6月19日于许慎故里

卷首语

漯河地处淮河流域，境内河流密布，川流不息的河流成就了怡人的自然风貌和丰富的人文赓续。本卷开篇栏目“沙颍览胜”即用丰富的史料介绍了域内的生态景观和人文景观。“郾城八景”“舞阳八景”“临颍八景”，三县各八景生动地展现了丰富的历史文化底蕴。

自然界从来都不只有风调雨顺，自然灾害本身就是地球自身规律的一部分。漯河境内的河流也曾给人民带来沉重的灾难，历史上的“七五·八”洪水一直深深地烙在漯河人的记忆中，至今让许多亲历者心有余悸。卷中有较多的篇幅回顾了发生在中原大地上那场刻骨铭心的灾害。这些稿件的作者都是那场洪灾的见证人，是他们亲历、亲见、亲闻的实录，是关于“七五·八”洪水宝贵的第一手资料。

为确保一渠清水北送，16.54万丹江口库区移民舍小家、顾大家，为国家，搬新家。吃水不忘挖井人，漯河市高度重视对那些因南水北调中线工程而搬迁的淅川县移民之安置及后续帮扶工作。“南水北调”篇就是关于南水北调移民搬迁安置的实录。

从大禹治水到南水北调，华夏民族一代又一代接续奋斗，从没有停下改造自然与自然和谐共生的脚步。漯河人民修堤筑坝、引水挖渠、对河道裁弯取直，千百年来一直坚持不懈地同水患做着不屈不挠的斗争。“河流治理”栏目记录了澧河、沙河、颍河在漯河境内的治理历程。

以史为鉴，警钟长鸣。特别是有关“七五·八”特大洪水灾害这一重大事件的回顾，为分析研究自然灾害、如何防洪减灾提供了有价值的史料；加深人们对洪水规律及危害的认识，从中得出正反两方面的经验教训，持续提升水资源配置、水生态修复、水环境治理、水灾害防治能力。

整理本卷时，我们参阅了 1975 年 12 月由漯河市革命委员会防汛指挥部编写的《一九七五年漯河市抗洪斗争资料汇编》（草稿）及河南省水利厅编写、黄河水利出版社于 2005 年 7 月出版的《河南“75·8”特大洪水灾害》这两本有关“七五·八”洪水的史料，以及《河南文史资料》有关“七五·八”洪水的史料，在充分尊重原稿的基础上，整理过程中根据新时期、新变化、新发现补充了当时的历史图片，完善了有关史料，并对内容存疑或失实的进行了考辨订正。

付梓在际，期望能对流域内生态建设产生积极的借鉴和参考意义；希望能成为了解本地区生态治理方面得与失的一个窗口；同时也盼望广大读者对错漏之处批评指正。

编　者

2021 年 12 月

目 录
Contents

沙颍览胜

抗洪抢险

河流治理

南水北调

沙颍览胜

沙澧河变迁沿革及沿河美景

陈满仓[①]

一、沙澧河变迁

沙、澧河为漯河市主要河流，经纬辖区全境。千百年来，像血脉一样，滋养了这里的一切生灵。

1. 沙河，源出尧山，即古天息山。春秋时上游叫汦（zhī）水、滍（zhì）水、滍川。《水经注》："滍、汝实出尧山（古天息山），南者为滍，北者为汝。"看来滍与汝同根。滍水东流至舞阳县章化乡注入汝水。舞阳至郾城段又名濆（fén）水，溵水，瀙水。《水经注疏》："汝水至郾城名濆水。"《水经注》："濆即瀙也。"《括地志》："汝水出伏牛山，至郾城县名濆。"由此看来，它们在漯河境内系联后，才逐渐发展成今天之势。不过，追溯起它们的系联关系来相当暧昧，很难截然分开。

东汉文字学家许慎，是漯河市召陵区姬石乡许庄村人，自叙"宅此汝濒"，就是说住在汝水岸边，可知这里也确是汝水流经的地方。

许慎《说文解字》："汝，水，出弘农卢氏还归山，东入淮。"明确指出了汝水的源头，当是汉弘农郡卢氏县还归山；其归宿即向东入淮水。弘农，当代文献、文字学家，已故著名教授张舜徽先生《说文解字约注》谓："汉弘农郡，约在今河南省洛阳、嵩、内乡等县以西及陕西省商县以东之地。"

① 陈满仓，1948 年 11 月生，大学文化。曾任许慎纪念馆首任馆长，许慎研究所副所长兼所办主任。

《辞海》[①]："汝水，古水名。上游即今河南北汝河；自漯河市以下，故道南流至西平县东会潕水（今洪河），又南经上蔡县西至遂平东会溵水（今沙河）；此下即今南汝河及新蔡以下的洪河。元至正间于郾城堨断南流，上游遂改道东出㶏水（今沙河）入颍河，称北汝；下游改以潕水为源，名南汝。明嘉靖末潕水又改道东出注澺水称为洪河，南汝遂改以溵水为源，如今势。"讲了汝水的变迁。

谭其骧《中国历史地图集·秦汉时期图》：汝水源出伏牛山东天息山，流经汝阳，东流至临汝，东南流至襄城，东行后又南下至东不羹、定陵，东流至郾县城北[②]，于城东又南转至定颍、上蔡、汝南、新蔡南，至淮滨北入淮水。标明了汝水的流经路线。

汝水与㶏水、沙河的关系，《辞海》："㶏水，一作"濦水"、溵水。古水名。水源即今河南登封市颍水三源中的中源。颍水东至临颍县西又别出为大㶏水、小㶏水。大㶏水东南至漯河市合汝水，又自汝水别出，东至商水入颍水；合汝水以上久湮，别汝水东出一段即今沙河。小㶏水在大㶏水之北，东流至郾城东入大㶏水，久湮。"表明古之河流纵横关系十分密切，联系千丝万缕。

2. 澧河，上古为沟、溪之类的小水。但史也有载。

许慎《说文解字》："澧，水，出南雉衡山，东入汝。"《汉书·地理志》："南阳郡有雉县，在今河南南召县南。"是说澧水从河南南阳郡雉县衡山流出向东注入汝水。

谭其骧《中国历史地图集·秦汉时期图》：澧水源出南阳南召、方城间方山，经叶县、舞阳、郾县城南东流汇入汝水。其河虽不尽长，但水质清澈，其味甘甜如醴，因以得名澧河。

3. 沙、澧河今天之势的形成。沙、澧二河的形成除地理环境的变迁外，与三国时期的疏挖讨虏渠和元代的两次河道截流改道有相当大的关系。

三国时，魏欲伐吴，黄初六年（225 年），经过测量考察，曹丕坐镇

---

① 本文引用均见《辞海》第六版普及本（2010 年 8 月第一版）。

② 原址即今漯河市源汇区古城村。

召陵，征召民工，疏挖漯河至周口一段汝水支流，引汝、溵、澧水注入颍河，加大颍河水的流量，便于航运兵马粮草，攻打东吴。该段水流后人称其为“讨虏渠”，这便是这段沙河的前身。

到了元代，境内的河流曾进行过两次截流疏导。

第一次是在元世祖至元二十七年（1290 年），当地官府为了利用沙河水向京都运粮，在郾城西南先截唐河入澧河（今源汇区大刘镇抬头村北），又在干河口（今市区犇牛公园处）截泅曲河，引澧河水注入沙河。这便是沙、澧河交汇之始。

第二次是元顺帝至正十三年（1353 年），在舞阳章化西，截流流经舞阳西保和、西平、遂平之汝水，使其向东注入沙河，由沙河入颍水。自此汝水被南北截分，沙、澧两河初步形成了今天之势。

二、沿河风景

1. 溵水风帆

溵水即今沙河。相传唐尧时期，尧要把治理天下的重任禅让给德高望重的巢父，巢父清高不肯受任，便由颍水迁隐在这里，垂钓度日。溵水古称溵水，“溵”“溵”谐音，人们为纪念巢父便将“隐”加“氵”旁成“溵水”。水自西抵郾，绕县城南，东流，汇澧河于螺湾，再奔腾东去，“溵水风帆”一景便在县城南沙河水面。

自明代开始，这里因紧靠县城，便成了水运客商船只停靠之地。每当拂晓，旭日初升，红霞映照，绿水荡起金波，白帆洒上金辉，登城俯视河面，常使人陶醉其中。傍晚后，玉兔当空，同满天星辰倒映水中，和船上灯火融为一体，加上炊烟袅袅，人影走动，不时传出笑语欢歌，恰似人间仙境。更奇的是，南城楼东侧河岸有一巨型青石石碑，其质细腻，往来商贾游人在此流连观赏，常爱其洁而拂其面，日久天长，碑面光亮如镜，有时在太阳光折射下，蓝天白云，青岸绿柳，红舟白帆，健男俏女尽都映入碑面，远远看去恰似一幅活的水上闹市画卷。“溵水风帆”因之远近闻名，游人不绝，晨昏于城头观景者熙熙攘攘，热闹非凡。

清朝文人谢公翼题诗赞道："城头烟色映青山，城底清流复几湾，何处客舟楼外过，东风吹送一帆间。"

2. 螺湾贾棹

螺湾即沙澧双河交汇处，因形似河螺屈曲而得名。棹者船桨也，这里指买卖之商船。

自元代引澧河水注入沙河，这里水上航运逐渐繁荣起来，上通襄、舞以上诸县镇，下达周、淮以下各城市，往来商船多在这里停留。丝绸布匹，棉麻铁器，农副产品，江淮百货汇集在这里交易，日日叫卖之声不绝于耳。于是，螺湾渡口变成了螺湾商镇，镇上人口迅速增长，明代时期，这里居住的人口已达数千，成了豫中南商品交易的重镇，为漯河后来的发展奠定了良好的基础。由于商船多汇集于此进行交易，所以这里热闹异常，故为一景，叫"螺湾贾棹"。

明代郾城知县王季立[①]题诗赞道："沙河东流碧，螺湾汇双河，舟行此焉薄，估（贾）客南来多，江淮百货萃，此处星辰罗。"

3. 镇河铁牛与红石龙头

镇河铁牛俗称铁水牛。铸于道光九年（1829 年），为镇洪涛防水患而铸。相传，大禹治水乘牛奔波，牛识水性，使治水得以顺利。又传，古人以金、木、水、火、土五行相生相克之说，谓牛属土，土克水，故古人先以石雕牛型投入水中以镇水。后冶铁业发展，便以铁铸牛型置河岸以镇水患。郾城沙河东岸镇河铁牛正头向西来之水，其下方岸壁上原来还有红石雕凿的龙头，也正对西来之水。据传，牛肚里有一颗夜明珠，夜间在对岸看，两只牛眼如两盏明灯，能将河面水势照得一清二楚。龙嘴内则衔避水珠一颗，河水再大也涨不过龙嘴。表明了当时人们制服洪水的美好愿望。可惜这两颗珠子后来被一个来此经商的南方人发现，悄悄盗走了。从此洪水即便涨过龙头也不灵了。但最终到不了牛嘴

① 王季立，名贞，字季立。明洪武年生人，南直隶徽州府婺源县人。永乐十年（1412 年）任郾城知县，明嘉靖年间修《郾城县志》收入王季立所写十首诗，记郾城十处景观。

处，说是被牛喝进肚里了。实际是铁牛坐于河堤上，水根本到不了铁牛嘴边。凡是外地到过漯河、郾城的人回家后，人家总会问，你见过郾城河堤上的铁水牛吗？如果你说没见过，人家会笑你说，到漯河、郾城没见铁水牛，等于没到。可见其影响有多么广泛。

今天，漯河对沙澧河沿岸进行全面开发，为漯河市民休闲和外地客商游览漯河增添了一道美丽的风景。在铁牛下方岸壁上，昔日的红石龙头犹在，不过，只剩下了颈项部分，然而在这一段近千米长的地方，设计和建造者又根据美丽的传说，用瓷砖镶砌了一条壮阔恢宏的“千米九龙腾飞图”，不但表达了漯河人民制服水患，利用水源美化漯河、造福漯河的决心，也预示着漯河各行各业将会像巨龙一样，乘借着改革开放的大潮在祖国广袤的大地上腾飞。

选自 2012 年《漯河文史资料》第十九辑

郾城八景

孙发义[①]

郾城八景，相传有前八景和后八景之说。这些风景名胜，有实有虚，有传说，有眼见，有以历史古迹引出一段有趣的故事，有以幻觉附会出一幅美妙风景画卷。有的在县城，有的在农村；有的在水上，有的在田野。所涉及的有声、有风、有雾、有雨、有雪，有实在的建筑，有虚幻的都市，有云中古树，有水中新荷……使讲者妙趣横生，使听者如饮甘露，莫不欲亲睹其景而后快。它不仅给人以精神享受，还能使人了解乡土民情，风俗习惯。从而激发人们爱家乡爱祖国的热忱。

元、明以前为前八景：即东黉暮鼓、西寺晓钟、神井蟠龙、僧幢石碣、瀗江渔灯、螺湾贾棹、池荷映日、潭水流鹅。清顺治年间知县荆其惇以为此八景多为牵强附会，于是命本县文人谢公翼重新改为：龙塔古篆、瀗水风帆、崇岗饮社、老桧烟笼、周坡晓市、邓湖莲歌、裴城烟雨、召陵雪霁，这就是我们所说的后八景。

前八景

东黉暮鼓——指县城东街路北黉学里晚间课读时的击鼓声。黉学是举子秀才学习五经四书的学校。生员课读，以击鼓为号，白天嘈杂，鼓声不响，而到夜晚则远近入耳。随着咚咚的鼓声，接着便是书声琅琅，使人闻之，顿生温文尔雅之感。久而久之，邑人形成一种印象，黉学的鼓声，代表着生员琅琅的书声，象征着文风之盛。文风之盛，又意味着

① 孙发义，郾城县人，1961 年参加工作，曾任教师、教育局办公室副主任，县志办副主任，县志主编，县史志档案办公室副主任等。

人才济济，英贤辈出。由于邑人希冀多出鸿文吐凤、雄笔雕龙之士，便把“东黉暮鼓”作为郾城八景之首。明代郾城知县王季立有诗人赞之曰：“文明耀中邦，儒庠俨东峙。鼓节严昏昕，宏音通遐迩。渊填震华堂，雍容集冠履。进退周折旋，讲经析义理。伟矣弦歌声，洋洋满人耳。师严道益尊，进学讵能止。”

西寺晓钟——指县城西街路北彼岸寺内和尚黎明前的撞钟声。和尚念经，以撞钟为号，每至拂晓，雄鸡三唱，突然洪钟响亮，清脆悠扬，打破沉寂，报告新的一天到来。寺院闻声而集，参礼佛祖，念佛诵经。钟声就意味着僧人从善，普济众生，多做好事，立地成佛。王季立诗曰：“木末鸡鸣三，楼头鼓声五。招提扣洪钟，群僧启庭户。巨炉热旃檀，礼拜参佛祖。合掌扬梵音，天花散成雨。导民趋善涂，翊化岂无补。何哉蚩蚩氓，冥行尚如瞽。”

神井蟠龙——又名古龙井。位于县城东关路北。龙井，建造方式罕见，开凿方法特异。井内靠近水面，下圆上方，共凿八面，形成八角，面置潜壑，方阔丈余，内为方室，外为门户，浮雕人物故事，皆以颇砖砌成，故又称“八角琉璃井”。井上原有小亭笼罩，亭上绘龙，映入水面，亚赛真龙，人们汲水，波动龙腾，张牙舞爪，森然吓人。所谓“龙井”或“神井蟠龙”，盖由此出。

明郾城知县王季立写诗赞“神井蟠龙”曰：“林深鸟必集，德立斯有邻。庙东古龙井，灵物依灵神。上宽敞方室，下圆蟠修鳞。苔痕敷碧甃，镂石罗华纹。有绠不敢汲，千岁终无浑。谁云潜勿用，旱至能兴云。会看布阳德，奋迅腾苍旻。”

僧幢石碣——指彼岸寺内的龙塔古篆，亦称经幢。位于今县实验中学院内。建于北宋太平兴国年间。高 12.1 米，分上、中、下三层，其连接处均由巨石雕刻衔扣。下层幢基为直径 5 米的八角形香水海池，牢牢承托整个经幢。池底饰波涛、海兽，浩瀚壮观。池岸浮雕佛教故事、仪仗出行、人物风貌、高山流水、苍松翠柏、亭台楼阁等。其上是八角形须弥座，各角以透雕蟠龙柱相支。蟠龙跃跃欲试，伸向四方。中有 8 组佛龛。再上为四角形护世四天王龛，各角有八棱形角柱。佛龛、天王龛均以花卉、仙子饰边，构图古朴，气韵生动；中层为2.9米高、1.03米宽、重9吨的四棱碑。刻有小篆《彼岸寺碑铭》，记述有关寺院兴衰始末和经幢创建概况；上层是3米高的八棱千佛造像碑，挺立于巨石雕刻的莲花盆中。盆外壁饰以双首共命鸟，振翼欲飞。伎乐嫔伽、手持吹竽、吹螺、排箫、击筑、拍镲、手鼓等乐器，幅幅画面，惟妙惟肖，栩栩如生。八棱造像碑上，雕刻456尊罗汉，24尊佛像，排列有序，神态各异，生动逼真，确有飘飘欲出之势，不愧为浮雕艺术珍品。

僧幢石碣建成后，寺院声誉大振，文人骚客，士官廷僚，纷纷前往，游览观瞻，吟诗作画，亦有高僧名徒传经讲佛。北宋画家吴宗元专程至彼岸寺，为寺画了文张和唐玄奘画像。郾城知县王季立写诗赞之曰："真谛立彼岸，名蓝奠㶏阳。佛前留古迹，香水海石幢。岁岁倚霄汉，顶锐中山方。青珉镌玉箸，四向皆文章。契宗宋大帝，迄今几星霜。雨淋兼日炙，剥辔难推详。谁与好事者，墨搨能收藏。时来频瞻顾，三叹空彷徨。"

㶏江渔灯——指沙河岸边夜间渔人明灭的灯火。沙河原名为溵水，相传上古时候，尧欲把治理天下的重任让给德高望重的巢父。巢父不肯受任，便隐居于溵水沿岸。从此，溵水易名为㶏水，以示"隐居"之意。因"殷"与"隐"谐音，又因人们崇敬巢父，便将"隐"字旁加"氵"，变为"㶏"，"溵水"便成了"㶏水"。且此商船渔舟繁多，夜景尤盛。郾城知县王季立写诗《㶏江渔灯》赞之曰："月弦夜色暗，霜降㶏水收。长年治生计，群然理渔舟。鸣榔惊水底，篝灯耀船头。星桥跨云际，火树明中流。红影碧渊湛，清光镜波浮。以兹足赏玩，绝胜眠黄䌷。"

螺湾贾棹——指百舸咸集漯河经商的情景。因漯河双河汇流，舟楫便利，东至于海，西至于山，商旅群集，百货荟萃，海参渔猎，绫罗绸缎，农副土特，牛驴骡马，集中容易，转运方便，"生意兴隆通四海，财源茂盛达三江"。郾城知县王季立写诗赞"螺湾贾棹"曰："沙河东流碧，螺湾汇双河。舟行此焉薄，估客南来多。江淮百货萃，此处星辰罗。地卑物产少，耕稼唯刍禾。木棉茧如雪，收入云间梭。巨商割民脂，民赖苏沉疴。逋与岁时积，吾其奈民何！”

池荷映日——指邓襄寨外池塘内的荷花在阳光照耀下妩媚艳丽的景色。郾城知县王季立写诗赞曰：“天野奠名区，东南望廖廓。古来周赧居，东盛阳已割。至今阴雾中，隐隐见城郭。时尚春雨盈，流波聚成壑。红中菡萏花，姿媚何绰约。薰风飘然吹，清香透帷幄。干摇碧玉斜，叶动珠玑落。世无茂叔贤，谁能爱而乐。且用劚深根，为吾拯羸弱。”

潭水流鹅——指唐元和十二年（817年）李愬雪夜入蔡州时，令军士击蔡州城外池中鹅鸭，以混军场活捉淮西叛军吴元济的故事。郾城知县王季立写《潭水流鹅》诗赞之曰：“蔡人得异品，舒雁天酥驼。迢遥进枫陛，物少诚心多。开笼试浣濯，向北螺湾河。刷翮竞飞去，一羽飘横波。特来献天子，明此心无他。那知有伏氏，天门贡遗鹅。陈词藉潭水，神物能㧑诃。回旋不敢去，留踪转盘涡。九重赐嘉宴，玉佩锵鸾和。归来立祠庙，千古瞻嵯峨。”

后八景

龙塔古篆——即僧幢石碣（前八景已做介绍）。

溵水风帆——位于县城小南门外沙河之滨。小南门外河面，因紧靠县城，随着时代的发展，水运航船常聚集停留桅杆林立。每当拂晓，太阳初升，红霞映照，绿水荡起金波，白帆洒上金辉，登城俯视河面，使人常陶醉其中，和船上灯火融为一体。加上炊烟袅袅，人影走动，不时传出笑语欢歌，如入人间天堂。

更奇的是，南门楼内西壁立一巨型青石碑，其质细腻，来往商贾游人，于此流连欢欣，观赏者抚摸碑石，日久天长，碑面光亮如镜。碧空蓝天白云，飞鸟鸣禽，水面孤舟，鹅鸭鹰群，青岸绿柳，红舟白帆，健男俏女，尽映碑面，犹如一幅变化万千的彩色画卷。

“㶏水风帆”因之远近闻名。清代文人谢公翼睹景生情，欣然命笔：“城头烟色映春山，城底清流复几湾。何处客舟楼外过，东风吹送一帆间。”

崇岗饮社——在县城西北25千米裴城乡崇岗村（今宋岗）。史料载：远在商代，崇岗一带一度发生蝗虫灾害。商高宗武丁亲率兵丁，与当地农人一起扑灭蝗虫，取得了较好的收成，免除了农人的饥饿威胁，农人深受感动。为纪念高宗功德，建高宗庙于崇岗，并勒石立碑。以后年复一年便碑高碣多，有碑碣廊之称。碑碣东依起伏小丘，南临蜿蜒溪流，虽不算山清水秀，但与平原处相比也别有特色。尤其阳春、仲秋，风和日丽，万物丛生，鸟语花香，若置身其间，有似人间仙境。每值此时，一些富豪乡绅，文人墨客，善男信女，相聚结社，或品茶饮酒，或结拜兄弟，或讲古论今，或吟诗作对，或弹拉歌唱。因此，这里便有“崇岗饮社”之说。后虽然渐衰，但此景犹存。清代文人谢公翼题诗赞曰：“由来殷社久销沉，庙祀高冈自古今。试看扑蝗一片石，令人犹识帝王心。”

老桧烟笼——位于县城东南35千米的沱沟村。此村有条“洄曲河”。相传，很古很古的时候，洄曲河畔长有桧树一棵，树高数丈，围粗三人合抱，枝繁叶茂。其叶如碧海，枝如游龙，浓荫盈亩，故人们称之为“桧树王”。

这棵桧树王，因其高大茂盛，远远望去，似有一片浓烟笼罩。每当阳春、仲秋，天高气爽，常有几缕轻烟浮云缭绕，异常壮观。因此，人们称其为“老桧烟笼”。清代文人谢公翼题诗赞曰：“虬于凌霄绝世姿，千秋雨露共相宜。村中尽日惟樵牧，不及秦皇汉武时。”

周坡晓市——位于城东南10余千米的赧王坡。据传，很早以前，这里常出现海市蜃楼奇景。即每值雨后晴朗天气，于晨曦时分，远远望去，在烟雾朦胧中，隐隐呈现出彩楼琼阁，猎猎旌旗，条条街道。街道上车马穿梭，行人来往；街道旁店摊鳞比，买卖繁忙。这分明是一闹市景象，可是等走近之时，便一切又消失得无影无踪，使人茫然若失。清代文人谢公翼描写此景曰:“新晴村树锁春烟，疑见旌旗雉堞前。何代劫灰销未冷，化将景色点平川。”

邓湖莲歌——位于县城东南15千米处。春秋时，邓侯封于邓襄，筑寨而居。寨名曰“邓襄寨”。寨东北有一自然湖泊，称为邓湖。湖岸垂柳成行，湖内藕莲丛丛。每至盛夏，湖水碧绿，垂柳如盖，荷花似锦，游鱼在其间穿行跳跃，微风吹拂，满湖莲花相撞，发出叮叮当当优美动听的响声，宛如莲歌。“邓湖莲歌”便由此而得名。此景越传越远，每年都吸引着无数游人来此观赏，聆听莲歌，驾舟湖面，嬉戏谈笑。相传在明万历年间，曾有土豪叫张小湖，为助兴取乐，竟拿元宝投击水鸭，惊得鸭群乱窜，撞得莲荷叮咚响。一枚元宝一声笑，统治者荒淫无度不言而喻。对这里的景色，清代文人谢公翼题诗赞曰:“寺外行云接水光，风前荷芰舞新妆。昔时游赏知多少，台沼于今属梵王。”

裴城烟雨——位于县城西北25千米裴城西门外。很早以前，这里是一片沼泽地，每当拂晓或傍晚，于远处遥望，常被一派雾雨笼罩。雾腾腾，雨霏霏，苍苍茫茫。在苍松翠柏的点缀下，显得格外静谧。忽而微风吹过，松柏发出深沉的低吟，似洞箫悠悠，如身临其境，偶尔有雁鹤飞过，传下鸟语，更为醉人。但当人们走近的时候，便又雾收雨止。第二天这里又是地湿树润，清新异常。故被称为“裴城烟雨”。清代文人谢公翼题诗赞之曰:“秋雨疏林暗古城，草堂留客对棋枰。一行雁度长空里，疑是当年入蔡声。”

召陵雪霁——位于县城东17.5千米处。相传在夏秋之际，每当雨后初晴，天高气爽，于五更天色微明之时，有人曾见召陵上空银花纷纷，一片浩白，一场大雪正纷纷扬扬，房上积雪盈尺，树上银鞭条条，不时有几只家犬窜跳穿梭，时没时现。见者莫不称奇。等走近看时，哪里有一片雪的影子，因之有“召陵雪霁”之说。

郾城旧志载：宋高宗时，岳飞抗金抵郾曾驻召陵。一天黎明时分，有一哨兵突然发现召陵四周白雪茫茫，一派银色世界，不觉大惊，吼叫起来。众军士被叫醒，出帐四顾，惊讶不已。岳飞查看一番后，向众军士解释说："此乃因天气氤氲（天地相合）之气也，无须大惊小怪。"众军士方以目睹此雪霁盛景为快事。对此清代文人谢公翼曾题诗赞曰："参差壁垒列荒郊，残雪阴阴挂竹梢。千载共言齐小白，无人还与问包茅。"据当地人说，民国十年（1921 年）（农历）八月，一天夜半后，再现此景。

选自 2008 年《漯河文史资料》第十六辑

郾城古景"溵水风帆"

齐　放[①]

赵永胜是郾城区文化旅游局的副局长，谈起郾城古景"溵水风帆"景观，他认为，郾城有着深厚的历史文化底蕴，这里是凭吊先贤、品味历史文化的旅游胜地。在郾城历史上发生过刘秀郾城搬兵、裴度郾城伐蔡、岳飞郾城大捷等历史事件；出现过许慎、陈实、范滂、公孙大娘、掌禹锡、赵明、王锡臣、苏进等历史名人。郾城老城区久负盛名，达官显宦接踵至此，鸿儒巨士前来逗留栖息，历史名人杜甫、韩愈、裴度、刘长卿、武宗元、苏轼、苏澈、苏过、岳飞、元好问、李自成等都在郾城老城区生活过，并留下诗歌或者遗迹。

"历史虽早已远去，风流并未消散，先人留下的却是无与伦比的文化财富，这些极为丰富的郾城人文历史印记，需要与现代漯河社会和沙河独特的风光交相辉映，需要把传承历史文化与彰显现代文明有机结合起来，需要用新的、独特的方法去解读、宣传、展示郾城的历史。"赵永胜说，拾遗沙澧河的历史将它们在沙澧河风景区展示出来，这就是保护独特的郾城历史个性和特色，就是保护传统文化的本色，打造漯河市新的历史文化旅游景区。

赵永胜感慨道："作为一名文化工作者，我认为有必要、有责任、有义务为保护和利用历史文化鼓与呼。如果继续让那些本该散发出光彩的历史景观埋没下去，那就实在太可惜了。"

① 齐放，本名齐国霞，1974年出生于开封尉氏县，大学本科学历，1993年参加工作，漯河日报社编辑、记者。

“㶏水风帆”的美景始自明朝

据赵永胜考证，明嘉靖二十二年（1554 年），《郾城县志》卷之十一为《题咏》，别文集独立为卷。前序曰：“大题咏者，文人高士过郾之疆域咏郾之风物也。如韩如柳如杜工部如刘随州，皆上薄骚雅，俯视曹刘，固高矣美矣，宜载入以示后人者。”成为地方典籍记载郾城风景之始。该卷中收入王季立所写“东黉暮鼓”“西寺晓钟”“神井蟠龙”“僧幢石碣”“崇台化石”“潭水流鹅”“㶏水渔灯”“螺湾贾棹”“莲浦熏风”和“竹园春雨”十首诗，记郾城十处景观。描写郾城古迹景观风情人文的诗篇，比较系统完整地记载了当地著名历史文化的胜景。

经过岁月洗礼和历史沉淀，到了明末，郾城民众对王季立写郾城十处景观有了认知，形成了郾城最古老的“东黉暮鼓”“西寺晓钟”“神井蟠龙”“僧幢石碣”“㶏水渔灯”“螺湾贾棹”“潭水流鹅”和“池荷映日”等郾城古八景共识，这些景观被认为是集当地历史文化与自然风光为一体的最好代表者。

到了清顺治十五年（1659 年），按照知县荆其惇的意见又拟定了一个新“八景”。为以示区别，名为八景新题。即“龙塔古篆”“㶏水风帆”“崇岗饮社”“老桧烟笼”“周坡晓市”“邓湖莲歌”“裴城烟雨”和“召陵雪霁”。这是郾城历史典籍中的第二个“八景”版本。

赵永胜说，经过多方考证，郾城新八景文多由邓襄寨举人谢槟撰写，八景新题诗均为七言绝句，多有题下说明。以“㶏水风帆”诗最具艺术成就。诗曰：“城头烟色映春山，城底清流复几湾。何处客舟楼外过，东风吹送一帆闲。”漯河市地方历史专家刘西淼认为，此诗颇具大诗人王维的风格，诗中有画，画中有诗，城帆相映，山水宜人。此后，文人雅士被该诗所感染，沉醉于“㶏水风帆”的意境之中，不时有以此为题的续写诗文，赋咏这一著名景观。

古景之地，景色如画，声名远播

赵永胜介绍，“溵水风帆”一景处于郾城古城南城楼之南沿河一带，即现在的郾城区文化艺术中心西南沿河地带。

赵永胜说，古时候，从现在的小南街往南是一条宽阔的道路，一直到沙河渡口，这里为水上航运的重要码头，许多船只常聚在这里进行交易，桅杆林立，流水潺潺，蜿蜒东去，城楼倒映于水面，每当拂晓和傍晚红霞映照，绿水、白帆涂上一层金辉。河边每天早晨，旭日东升，红霞映照，碧水金波，白帆点点；傍晚，暮归渔船，笑语欢歌，人们登城凝望，常流连忘返，陶醉其中。城楼西侧有一块巨型青石碑，游人于此观赏，常常抚摸碑面，天长日久，石面光洁如玉。更为奇特的是，在阳光的照射下，蓝天白云，飞鸟鸣禽；河岸旁树木村庄，车马行人；溵水之上孤棹扁舟，鹅鸭鹰群等美景尽映于青石碑面之上，美妙如彩色画卷，“溵水风帆”因此得名，并声名远播。

复建溵亭，再现“溵水风帆”美景

“在溵水风帆一景中，溵亭是不可或缺的一部分。”赵永胜说。溵亭在郾城古城南城楼东南沙河北岸，即现在的郾城区文化艺术中心南面河边。该亭位于老城东南角，距城墙约 50 米，大王庙的西侧。根据明嘉靖三十三年（1554 年）版《郾城县志·卷六·故迹篇》记载：“溵亭，在县东一里许，溵水之阳，昔裴度征吴元济时筑之，以为游息之所，今亭废，而故址尚存。”其中《郾城县志·卷五·街坊篇》有“溵亭坊”的记载。清乾隆版《郾城县志》记载：“溵亭，县东南一里许，溵水之阳，裴度征吴元济时筑之，为游息之所，故址尚存，金元元好问有溵亭诗。”根据这些记载可知，溵亭为唐人在此筑建，即是平叛吴元济时，裴度、韩愈、李正封等人所建的游览观感处。

在唐代，溵亭首现于韩愈与李正封的千言联句《郾城夜会》诗。后来，元好问亦曾在㶏亭仰卧作诗。正由于该地唐宋时名家辈出，有着方显之、王谷、陈用志、掌禹锡之声望，随后全国各地名士到此，如明成化进士毕亨、陆渊之与海宁人孙子良以及清朝的李绿园（《歧路灯》作者），皆曾逗留于此地。

“㶏亭就是修建在沙河边供人休息用和观测水位的木亭子，只有顶，没有墙。它为四方亭，四根方形木柱上横架木梁，亭内挂落有精美雕饰，四隅戗角飞翘，四边有石头围栏，亭内有石凳石桌，供游人小坐。置身亭中，可闻沙河水淙淙，不绝于耳。”赵永胜说，如果复建㶏亭，“㶏水风帆”景观就成功了一半。

“让‘㶏水风帆’美景重现沙澧河风景区，我认为是创造郾城历史文化品牌的一部分。”赵永胜说，“文化建设不能是无源之水、无本之木。本地的文化资源最接地气，也最有本地特色。像彼岸寺、岳武穆祠等这些历史文化遗产，都应该再发现再利用，争取早日让人们再看到‘㶏水风帆’的美景。”

选自2016年《漯河文史资料》第二十三辑

临颍八景

范子文[①]

临颍为中州古邑，地处中原，地势平坦，土地肥沃，民风淳朴，历史悠久，名胜古迹众多。现就流传的“临颍八景”分述如下：

颍水清流　颍河，源于登封嵩山之颍谷，古称颍水、颍川、渚河。临颍，因颍河过其境而得名。

颍河从源地流经白沙水库→颍桥→小商桥→逍遥→周口→界首→阜阳→正阳关→淮河，全长750千米。在临颍西部——南部流经的颍河，仅为颍河的一段。计从繁城西入境经杜曲→王曲→小商桥→黄连城出境，全长45千米。

据传，唐尧时，高士许由在箕山种田，尧让他做九州长，他觉得这是利禄之言，污了他的耳朵，特用颍水清流洗耳。巢父听说，更讨厌，于颍水上游洗耳。樊坚放牛不让饮颍水下游的水。这都是清高的表现。后来，许由隐居临颍县西南边境纣城，最初为许由店。

颍流清澈、波光如鉴，水面浮动、游鱼可数，河堤蜿蜒、佳木葱茏，田园风光历历在目。有赞诗如下：《渚水怀古》（清·靳北鲁）“颍流如镜映寒更，水面浮光入夜清。一曲冷波堪洗耳，千古胜迹藉逃名。鱼翔宿藻娱沙鸟，堤锁残烟傍柳莺。一自箕山人去后，空余明月照幽情。”又有：“颍水东流岁几更，千年人去水犹清。渔翁怪问饮牛事，词客争传洗耳名。湛湛银波涵皎月，涓涓碧溜度新莺。殷勤欲把纶竿钓，为爱巢由栖隐情。”又有：《渚水怀古》（清·郭德征）“渚水年年未有更，何人初羡碧流清。一从洗耳开波面，不许贪泉问姓名。秋岸荻花立野鹭，春

① 范子文，郾城县人，1921年生，1949年参加工作，曾任郾城一、二中，孟庙、商桥、李集等乡镇高、初中教师。

堤柳浪任啼莺。有钱欲买扁舟至，月上浮光唱古情。”

豢龙遗迹 豢龙城在原临颍城东北15里处，俗名圈龙城，现名豢龙。豢龙名字的由来，有一段故事：

夏朝（约公元前21—前16世纪）时，一天狂风暴雨过后，临颍东北落下了两条龙。国王孔甲得知后，派刘累就地养龙。后来死了一条龙，刘畏罪逃到鲁山隐藏。时间长了，孔甲不再追究，刘累回来定居于此，81岁病故。原豢龙寨西南有刘累墓，西门内有刘累庙，今均无存。

莲池孕月 纣城（属大郭乡）为殷纣王（商朝最后皇帝）偕妲己游观之地，有莲花池，多植莲藕，因形似曲尺，又名曲尺河。池中有看花台，为纣王与妲己观花游玩之处。有诗赞曰："月来明镜迎娇面，月去长门眉合怨。花落月残淫赏罢，白鱼犹恨入舟难。"

马台书声 皇帝庙乡影台寺村西有尚书台，东汉经学家马融迁许令，曾读书其上。唐高宗显庆二年（657年）大阅兵于此，更名为讲武台。因台高于寺，俗称照影台，村因名曰影台寺。

巨陵野店 临颍县城北10里处，有春秋时的楚平王虚葬墓，名楚王陵。因明清县城通省会开封大道与许州至周口大道交叉于此，故设有饭店，地处旷野，田畴禾苗，一碧万顷。又傍依开元寺，林木葱茏，西为灵岗，南依楚王陵，蔚为壮观，景色宜人，誉为"巨陵野店"。

钟繇古碑 东汉末年，曹丕在繁阳亭（今临颍县城西北30里繁城）受汉献帝禅让，国号魏。立《受禅碑》《公卿将军上尊号奏碑》于魏文帝祠（明代改为汉献帝庙），二碑文章、书法、镌刻三者绝佳，世称"三绝碑"。二碑文字均属汉隶，皆出一手，字体方正，古朴苍劲，为我国书法中的珍品。旧版《辞源》称二碑是王朗文，梁鹄书，钟繇镌。但《公卿将军上尊号奏碑》文臣武将四十六人中无梁鹄名字。唐书法家颜真卿认为二碑是钟繇书，《临颍县志》也说是钟繇书，并列为临颍八景之一。受禅二碑为书法家钟繇书是可信的。今为全国重点文物保护单位。

商桥忠墓 商桥忠墓，位于临颍小商桥村东侧，占地19亩。800多年前，这里是宋、金中原大战的战场，也是民族英雄宋统制杨再兴鏖战金兵捐躯之地。

南宋高宗绍兴十年（1140年）7月13日，岳军与金兵大战于小商桥，统制杨再兴率300骑，追击金兵，杀敌2000余人，不幸马陷于小商河内。金兵万弩齐发，将军为国捐躯。岳飞进驻小商桥后，获其尸焚之，得箭镞2升，遂葬于小商河畔（今墓地）。并用兵刃在石上刻“杨再兴坟墓”5个大字立于墓前（今在）。墓原为一孤冢，历宋、元、明500多年。清始迄今，屡加修葺。计：清康熙四十五年（1706年）知县沈近思始修忠墓，加高2.5丈，建墓圈15丈，立《宋统制杨再兴之墓碑》《重修宋统制杨将军之墓碑》2通。清道光二十七年（1847年）知县王襄平续修，筑墙数百尺丈，修墓门一座。墓地栽柏300余株，杨100余株。建飨堂一座。清同治十年（1871年）建祠堂3间，东西配房各2间于墓后。1952年，墓园、祠庙全面缮修。

1957年4月，临颍县人民政府拨款重修飨堂。1963年省人民政府公布为省级重点文物保护单位。1978年、1979年两次拨款修缮。1990—1992年建立了杨再兴陵园后，增建忠烈门、忠烈殿、宋风格围墙、忠烈坊、岳杨宫等，作为爱国主义教育基地。

据《漯河日报》2007年12月4日载：“临颍县认真落实市委、市政府要求，紧紧依托小商桥、杨再兴墓珍贵的文物资源，全面推进景区综合开发建设，着力打造集文物景观、休闲娱乐、餐饮服务为一体的国家3A级旅游景区……修建性规划于12月上旬完成。”有赞诗如下：《杨再兴墓》（明・吕邦耀）“单骑横冲兀术营，壮怀克日复西征。伤心武穆商桥恨，哭罢将军再勒兵。”又有：《商桥忠墓》（清・沈近思）“商桥河畔有忠泉，血溅指躯今古怜。断镞二升酬主帅，孤坟三尺在荒烟。黄云故垒丹心炯，墓雨空祠铁骑旋。筑工重题碑上字，一天秋月照新阡。”

1927年5月27日，二次北伐，贺龙师途经小商桥，同贺锦斋团长到杨再兴墓，瞻仰之余，赋五绝一首：“英雄杨再兴，无愧宋将军。赢得沙场死，千古美名存。”

研冈文峰　研冈（村），在城东南30里处，今属陈庄乡。村处地形如研的冈上，故名。明正德十五年（1520年），村人杜桐、杜楠二弟兄同榜中进士，朝廷嘉许，该地乃文风盛地，即在村南建文峰寺。殿堂建筑壮丽，飞檐挑角。寺院内翠柏数百株，风景清幽。寺院西北隅建文峰塔，塔基9平方米，塔身六棱柱体，高15米，13层。现已无存。

选自2008年《漯河文史资料》第十六辑

舞阳八景

柴柯伐[①]

县城建在舞水之阳的舞阳，秦置县。植桑养蚕业在周秦时代已相当发达。贾湖遗址的发现证明了舞阳几千年前就有人类生息繁衍，并率先进入我国有文字的历史时期。文化底蕴的深厚，不仅让舞阳给我们留下了泽被久远的精神财富，而且留下了大量的历史古迹和风景名胜。“舞阳八景”即是其中的一小部分。据清道光十三年（1833年）《舞阳县志》记载：舞阳八景的说法，从宋代起就有了，历代所指略有不同。明永乐年间（1403—1420年）时任知县的王骐曾作诗赞美舞阳八景。

田丹麦浪 指沙澧河之间当时的田野风貌。王骐的诗是这样描绘的：“仆仆万顷雨初收，阵阵风翻翠若流。野雉天晴常隐见，沙鸥日暖欲沉浮。遥观牧叟垂鞭杖，疑是渔翁下钓钩。愿秀双歧为稔岁，养民供赋两无忧。”

官界桑麻 舞阳历史悠久，其名初见《禹贡》。史载，封建时代曾有“五亩之宅，树之以桑”“男计口植桑，女半之”等规定。舞阳古语中，师塾称其业为“桑梓义务”，谈农事是“闲话桑麻”。王骐咏《官界桑阴》诗曰：“满野柔桑发绿枝，民安物阜太平时。青云影里仓庚啭，碧树阴中戴胜飞。叶沃已知蚕食足，茧缫应见女工奇。舞阳风似豳民厚，百里弦歌七月诗。”现今保和地方仍流传有“华庄萝卜楼宋桑，桑园蚕姑闹嚷嚷……”的古民谣，可想当年蚕桑盛况。据舞阳老者听前辈传谈，清代，贫富无不养蚕，每年养春蚕一季，各地缫丝、络丝、染丝、绸缎等作坊（统称丝坊）很普遍。产品有帛、绫、绸、缎、起花缎、疙瘩绸、扎线等。工艺制品有绒线花、丝绦丝带、辫子（花边，又叫花红

① 柴柯伐，舞阳县人，曾任舞阳县太尉乡民政助理员。

带儿）、刺绣等。

舞阳蚕丝业分桑蚕、柞蚕两种。乔桑与桑杈遍生平地，桑叶为蚕饲料。山区人民每年就山坡放养柞蚕，蚕丝为主要副业之一，收入颇丰。

樊侯马鬣 在县城北 17 千米马村乡郭庄与华店之间，建有樊侯祠。昔有大殿、厢房等百余间，且有樊哙骑马塑像。马鬣直竖，势不可当。王骐题诗："汉封侯爵位亲臣，十八丛中第几人？怒发冲冠惊霸主，拥干排闼谏丹扆。鸿门事业传千古，舞邑蒸尝报万春。几度祠前萍藻荐，俨然遗像至今新。"

樊侯祠，民国期间曾改建成塾馆及干训所，现在为小学校。尚存碑刻十幢，古槐一株系唐天宝十三年（754 年）栽。这些对研究西汉以后的历史有着较高的艺术和文化价值。

沙河晚渡 在舞阳城北 24 千米。沙河自西北向东流去，河面曲折宽阔，河水清澈，晚霞笼罩，像展开了一幅瑰丽的织锦，流光溢彩，景色宜人。明、清时代，沙河水量很大，既可行船，又有风景之胜，桃李夹岸，杨柳成荫，鹰船飘摇，帆樯林立。金风清夏、半月横秋时，更充满诗情画意。王骐诗曰："烟波浩浩际平沙，茅舍滩头八九家。泛泛泊舟惊落雁，抬抬兰桨荡残霞。风来绿水千层浪，月上黄芦两岸花。几度朝天经此地，傍人尽道泛仙槎。"

章化夜月 在今舞阳县城北 25 千米，沙河之南，章化乡政府所在地。据清道光《舞阳县志》记载："章化台，在古城（定陵县故城）西七里，高丈余，方五亩。"为楚王城之附属建筑物。台周围种满各类名贵的花卉，台上建有华丽的凉亭，以供楚王到此观赏。后来便把"观花台"改为"彰花台"了，又逐渐形成村庄名彰花台。后来人们为了省笔和通俗，把表彰花的"彰"改成了文章的章；又把"花"字的草字头去掉，并省略了"台"字。相传春秋时此为楚灵王所筑的一处野外行宫，又名离官。站在观花台上，远远看去，北边一条长长的银带——沙河水滚滚东流；西边是连绵起伏的黛青远山，宛似楚国的西北天然屏障；周围是一望无际的花海。春风阵阵吹，花香扑鼻来，杨柳婀娜舞，百鸟赛歌喉，真使人心旷神怡，大有羽化登仙之感。王骐针对章化夜月题诗曰:“长空万里夜澄澄，远眺章化月色明。铜漏声迟星斗转，碧天云净玉河横。冰轮皎洁山川丽，宝鉴婵娟宇宙清。往事纷纷何暇论，幸遇盛世乐升平。”后来，章化台上建成寺院，群众叫“章化台寺”，也有叫“清凉寺”的。

县治西湖 在今舞阳城内前新街中段北侧，县粮食局直属粮店之西，正方形，面积4800平方米。据清顺治《舞阳县志》记载：明洪武二年（1369年）初建县治公宇时，取土所浚。又为形容参加挖土人多，俗称“万人坑”。明隆庆五年（1571年）经过整修将这个荒凉肮脏的大水坑建成了一处相当优美的风景区，因地处县署之西，故名。当时湖内遍植菱、荷，养殖鱼、虾，湖心建有凉亭，名曰“西湖亭”。人们可乘舟至亭内游玩。湖畔多植槐树，绕以围垣。大门在湖东，竖有牌坊，额曰“西湖”。时逢夏秋季节，湖上荷花翻香，湖岸绿树成荫，鱼菱满湖，景色宜人。王骐知县题诗曰:“西湖如鉴在官衙，孰乐亭前景色嘉。夜半水帘笼壁斗，日高波影动龙蛇。客停柳岸观鱼藻，风放莲舟荡藕花。不是寻常游衍地，偏宜范老度年华。”

舞水流清 据《嘉靖南阳府志校注》记载:“三里河，即舞水，俗名干江。”清道光《舞阳县志》载：三里河即干江河，源出于裕州西境，由北而南、而东、而北，至卸甲店入境，又直趋东南，势如飞舞，故称舞水。又因源于诸山涧之水，旱天水小欲干，涝天水大如江，亦称干江河。元至正年间（1341—1368年），自卸甲店东北锅垛口塞断河流，改水北流入澧后，一支向东流至县城西南、正南、东南，河绕城三面，又各相距三里，故称三里河。据1934年《西平县志》记载：元末至正年间（1341—1368年），地方官因干江河泛滥成灾，乃于今卸甲店东北锅垛口筑坝，塞断东流，向北凿渠12里，引水北流，呈西南、东北走向，至今上澧河店（时称淮堰店）汇入澧河。改河入澧后，原为常年性沙底河流，因河床大，流量小，即是汛期，也不易漫溢成灾，故两岸多未筑堤，亦不通航。淡水质，产鲤、鲭、鲢、团鱼和虾。早春时节，花红柳绿，蜂蝶起舞；河边有一泉，亦喷水似飞舞，故称舞泉。舞泉喷水三丈多，呈银珠伞状。河水清澈，杨柳成荫，是踏青游玩的好去处。王骐题诗曰："源泉混混无时息，岸畔旋归三里河。一派清流频辗转，四时和气自婆娑。能穿大地为琼液，远入长淮作碧波。千古邑名由此始，至今官宦守廉多。"

南山叠翠 是指舞阳城东（今舞钢市）地处伏牛山东部余脉和黄淮平原的交界地带。据清道光《舞阳县志·疆域》记载："县南山自泌阳分脉，惟铁山送水直朝县治巽方……"资源丰富，风景秀丽，气候宜人。王骐诗云："危巘崟嵚耸碧空，乾坤始辟判鸿蒙！云开郁郁丹青霞，雨过葱葱紫翠融。峻岫春深群草秀，高峰日映晚霞红。邑民钟此多仁厚，百里熙熙太古同。"1973 年 12 月 16 日，舞阳城南的枣林、武功、八台、杨庄、尚店、尹集 6 个乡，置属舞钢工区，后改舞钢市（今属平顶山市管辖）。这里矿产资源丰富，工业基础雄厚，旅游资源得天独厚，森林资源和水资源丰富，素有"北国小江南"之誉。"天下第一剑"的龙泉宝剑即出产在这里。境内还发现了大量战国至汉代的冶铁遗址，其中 6 处被公布为省级文物保护单位。石漫滩水库大坝被誉为"治淮第一坝"，2002 年跻身为国家十八大水利风景区之一。

选自 2008 年《漯河文史资料》第十六辑

漯河市区绿化工程建设

范子文

解放前，漯河市区街道没有什么绿化，仅有几片公共绿地和私人花园。

公共绿地有：

桑树园　因内植多株桑树而得名。位于原存善局东邻（今友爱街市中心医院一分院处），占地5亩。园内除植有桑树外，还有少量的苹果树、榆树及花卉百日红、丝兰等，并建有凉亭一座。这是当时市区内最大的公共绿地。

桐树园　位于市文化宫后院。内植桐树多株，占地二三亩。夏日绿荫覆盖，人们多往乘凉游乐。

郾城苗圃　位于县市农科所南沙河之滨。占地10亩，内植杨树幼苗。

私人花园有：

田家花园　位于民主路西段路南，为旧官僚田镇南所建之菜园兼花园。盛时有花卉1000余株（盆）。

杨家花园　位于马路街中段路南，为杨靖宇（漯河商务会长、大新面粉厂经理）所建之庭院花园。内植桂花、木槿、侧柏等，有花卉300多株（盆）。

刘管四花园　位于万祥街东头路南。为富豪刘管四所建。盛时有各种花卉300余盆。

解放初期，人民政府组织群众规划城市，修路修桥，植树种花，基础设施和公共事业不断发展。但由于漯河原是县级市，经济基础薄弱，财力有限，市政建设特别是绿化、公园、游园建设，发展较慢。

1955年，响应毛泽东主席发出的“植树造林，绿化祖国”的号召，贯彻国务院“造林、育林、护林”“自采、自育、自造”等方针政策，开始绿化城市。当年，在沙河南岸辟防护林带，植柳树250棵；在马路街种植青桐、合欢271棵；在老街种植青桐、合欢120棵。

1963年，从郑州引进法桐、合欢等行道树260余株，绿化公安街、老街。

1966年，绿化解放路、漯周路（现人民东路）。

1969年，在解放路、漯周路、交通路、牛行街、人民西路公安街种植法桐890株，大关杨、加拿大杨550株，合欢树90株。

1975年8月，连降暴雨，市区河水猛涨，决堤漫溢，部分低洼地积水达0.5 ~ 1.5米深，淹没行道树木1000余株，各种花卉2000余株。

中共十一届三中全会后，公共绿化事业进一步发展。

1982年，成立漯河市绿化委员会，下设城市和农村绿化办公室，配备5名专业技术干部，专抓绿化工作。

1984年11月6日，市人民代表大会七届二次会议召开。通过《漯河市园林绿化管理实施办法》，并暂定国槐为“市树”，月季为“市花”。

1985年，在解放路植法桐455株，在新建成的文化路（北段）街心花坛植月季2040株、雪松32株、百日红96株、碧桃78株、丁香30株。在新拓宽的人民东路行道内侧植法桐212株，间植垂柳239株；行道外侧植毛白杨666株，间植女贞209株。同时还在该路建花带709.8平方米，植法青70株、龙柏163株、小叶女贞120株。至年底，市区人民西路、五一路、解放路、滨河路、人民东路、交通路、文化路、建设路、湘江路、马路街、老街、公安街、八一路13条街17.2千米的主干道，全部进行了绿化。共植树11632株，建花坛、花带110个，面积3250平方米。其中植国槐396株、月季2800株。

1986年，漯河市升格为省辖市。市政府为城市建设提出“小巧玲珑，遍上水平，量力而行，尽快建成”的方针，集资74.7万元，市财政拨款25万元，动员群众20万人（次），参加义务劳动，填土造地，在沙河大桥两端修建游园，植树、种花。

1987年9月8日，市人大一届六次常委会议决定，市树为国槐、雪松，市花为月季、玉兰。在沙北行政区沿河地带营造“青年林”。填土10.04万立方米，造林10.44公顷，植毛白杨3350株、黑松543株、水杉488株、泡桐406株、法青418株。

1986—1988年三年中，新建成的沙北行政区各街道全部绿化。其中主干道黄河路两侧植树4行，人行道内侧植法桐704株，外侧植1.5～2米高刺柏1101株。在主干道建分车花带4194米，面积2.76万平方米。花带内植雪松274株、蜀桧117株、女贞15株、美人蕉700株、月季2000株。市政府所在地的淮河路，人行道内侧植广玉兰80株，间植黄杨球86株；外侧植黑松110株。泰山路行道树内植泡桐78株，外植女贞80株。黄河路行道树内植黄山栾1153株，外植法青183株。天山路行道树内植馒头柳175株，外植桂花270株。支1至支6路，植紫玉兰27株、垂柳90株、曲柳160株、柳杉70株、盘槐43株。沙河北路植水杉178株、国槐63株、毛白杨205株、泡桐165株。四季园路植毛白杨442株、火炬松134株。

沙北14条街道，共植行道树11381株。

在重点绿化沙化行政区的同时，沙南街道绿化也进一步发展。其中五一路植女贞445株。滨河路补种法桐80株。文化路植雪松108株、黄杨球34株、垂柳303株、百日红89株、碧桃20株。湘江路植黄杨球152株、法桐308株、红叶李131株。建设路植黄杨球389株、国槐169株、垂柳141株、雪松64株。牛行街（今泰山南路）移植大规格法桐70株。人民路植国槐389株。解放路植法桐640株、毛白杨693株、法青63株、蜀桧450株、黄杨球554株、刺柏169株。交通路植女贞227株、黄山栾256株。

至1988年底，市区主要街道都进行了绿化、美化。共植行道树2.1

万株，公共绿地和庭院树木 53.7 万株，建花坛、花带 1349 个，植绿篱 44056 米，草坪 47270 平方米。城市绿化覆盖率达 31.7%。主要街道三季有花，四季常青。

1994 年 11 月 1 日，漯河绿地发展有限责任公司成立，下设 9 个经营实体。其经营宗旨：美化环境，振兴园林。

1996 年，市区进一步规划绿地和游园布局，并组织实施大规模的园林城市创建活动。沿河、街角、机关空地、居民庭院，都被列入绿化、美化范围。

1997 年，市委、市政府正式提出创建河南省园林城市的目标。1999 年，提出了创建国家园林城市的目标，发挥沙澧两河穿境而过的自然地理优势，围绕“两河”做文章。通过沿河布绿，腾地造绿，借地植绿，拆墙透绿，突出了“滨河花园”的景观特色。城市绿化量迅速膨胀，形成林带环绕市区，游园点缀城市，绿地布满两河沿岸的绿化格局。

1999 年 9 月，漯河获得“全国创建文明城市工作先进城市”的荣誉。

2001 年，市委、市政府为了加快开放型、区域性中心城市建设，提出要把漯河建设成为生态型宜居城市，加速推进城乡绿化一体化建设目标。为此，组建了漯河市林业园艺局。同时，组成了由市长任主任，主管园林城建的副市长任副主任，市林业园艺局、市建委、市农业局、市财政局等为成员单位的新的绿化委员会。

管理体制理顺后，按照“城市园林化、郊区森林化、道路林荫化、农田林网化、庭院花果化”的总体构想，市政府又提出了“森林进城、森林围城、园林下乡、城乡一体”的绿化新理念，坚持把森林城市概念纳入城市建设总体规划，使城乡绿化同步规划，同步建设，互相促进，共同发展。

为此漯河市被省政府推荐为接受国家级园林城市验收的全省唯一的单位。

5 月 25 日，我市召开了迎接全国园林城市验收综合整治工作动员会。

7 月，我市园林城市创建工作，得到了国家园林城市专家组的肯定。60 多项与园林城市创建有关的指标，均顺利通过验收。

2002 年，经过近 6 年，特别是近 3 年的努力，漯河市在城市园林建设上突出公共绿地建设，相继建成了汇晶花园、虹桥花园、烟厂花园、星光公园、银河公园、金沙滩公园和中银广场等绿色公园、游园 43 个。市区公共绿地面积发展到 277.24 公顷，绿化覆盖率达 40.5%，人均公共绿地面积达 8.95 平方米。以自然景观为主的沙澧河风景区与市内不同类型的休憩公园、游园相呼应，展现了现代化城市的绿色面貌。

12 月 6 日，国家建设部下发城建〔2002〕265 号文件中，济南市、常德市、葫芦岛市、峨眉山市、洛阳市、漯河市等被命名为“国家园林城市”。命名上海市金山区、重庆市北碚区为“国家园林城区”。

2003 年 2 月 21 日，我市召开了“双创”（创建文明城市、创建生态宜居城市）动员大会，提出了奋斗目标：3 ~ 5 年力争城市建设面积达到 50 平方千米，人口 50 万，人均道路面积 15 平方米，人均绿地面积 15 平方米，绿化覆盖率 45%，燃气普及率 90%，人均住房面积 25 平方米以上。3 年内争取获得“中国人居环境范例奖”，3 ~ 5 年获得“中国人居环境奖”。

为探索城市建设城市管理新路子，会上又提出了当前实施的 5 大工程：

1. 城市扩建工程，构建开放型、区域性中心城市框架；

2. 城市绿化工程；

3. 城市净化工程；

4. 旧城和城市村庄改建工程；

5. 城市综合治理工程。

会后，在全市范围内掀起了“双创”工作高潮，强力推进“森林进城，森林围城”计划。通过入市口及过境路线绿化美化，沿河布景、旧城改造、新区绿化、庭院绿化和城乡绿化等七大工程，高标准绿化、美化，改造景观道路 3 条，新绿化城市道路 4 条，绿化改造道路 7 条。七大工程的推进，市区共植乔木 84.8 万株，灌木 105.2 万株，铺种、补种草坪 3 万平方米，栽植绿篱 3.1 千米，草坪修剪 110 万平方米，新增城区绿化面积 3000 多亩，高标准完成南环、东环、西环共 32 千米长、186 米宽的围城防护林建设。城市生态环境得以明显改观。因此，当年，漯河市获得了“中国人居环境范例奖”。

绿色已成为漯河的一个品牌，并由此进入全国绿化模范城市备选行列。成为全国 11 个、我省唯一的全国绿化模范城市备选城市。

2003 年下半年，市委、市政府审时度势，高度重视全国绿化模范城市的创建工作，成立了创建指挥部，出台了《创建全国绿化模范城市实施方案》，制定了多项措施，安排部署创建工作。

2004 年 2 月 5 日，市政府组织召开了迎接全国绿化模范城市检查工作动员大会。

2 月 9 日，又召开了迎接全国绿化模范城市检查验收动员大会。2 月 12 日，以中国城市规划设计研究院高工罗成章为团长的“全国绿化模范城市”检查团莅临漯河，对我市创建全国绿化模范城市工作进行检查。检查团首先听了市长靳克文对我市城乡绿化工作汇报后，2 月 13 日和 14 日，又深入市区部分机关企事业单位、公园绿地居民小区和乡镇等进行实地检查，并查阅关于创建“全国绿化模范城市”的相关资料。

2 月 14 日下午，全国绿化模范城市检查验收情况反馈会上，检查团团长罗成章对漯河市的城乡绿化工作给予了高度的评价。指出：漯河市的城乡绿化工作取得了显著的成绩，“城中有林，林中有城”的城市新貌已开始展现，各项指标均达到或超过全国绿化模范城市的评选标准。

2004 年 4 月 6 日《漯河内陆特区报》刊登：“近日在北京举行的全国绿化委员会全体会议传出喜讯，全国有 9 个城市荣获‘全国绿化模范城市’称号，漯河市名列其中。”

至此，漯河市又获得了“全国绿化模范城市”殊荣。

截至 2004 年 4 月，市区绿化覆盖率达 43.3%，人均公共绿地面积 14.8 平方米，全市林木覆盖率 21%。

先后被评为全国卫生先进城市、全国园林绿化先进城市、全国城市环境综合整治优秀城市、全国创建文明城市工作先进城市、国家园林城市、全国绿化模范城市。

先后被授予河南省人居环境范例奖、中国人居环境范例奖、全国人居最佳范例奖、河南省造林绿化最佳城市。

市区的绿化工作经过近几年的努力，成绩斐然，有目共睹。它不仅使全民的绿化意识不断增强，而且为全面推进城乡绿化一体化奠定了基础。

选自 2005 年《漯河文史资料》第十三辑

抗洪抢险

“七五·八”抗洪抢险大事记

速　捷[①]

8月4日

上午10时开始降雨，截至夜20时降雨为7.2毫米。

8月5日

1. 早晨6时开始降大雨，至夜晚24时，降雨138.2毫米，河水没涨。水位53.12米，流量14立方米/秒，晚24时以后河水慢涨。

2. 上午9时，漯河市委常委召开紧急会议，鉴于猛降暴雨，专题研究沙、澧河的防汛工作，并作出决定：市委书记、常委、市委各部委和人武部14位主要领导，按堤段进行明确分工，加强防汛工作的具体领导。

3. 下午4时，接河南省委电话指示：要全力以赴投入防汛工作，调运防汛物资，并注意汛情发展。

8月6日

1. 早6时至晚24时，市区降暴雨193.42毫米，各街巷有积水。下午14时河水开始上涨，到16时，沙河水位达58.13米，流量1620立方米/秒。

① 速捷（缺）。

2. 早晨6时半，市委常委、防汛指挥部副指挥长安鸿建在广播站发布防汛指挥部六条紧急通知，要求各单位立即组织防汛力量，派人上堤，并做好防汛准备工作。

3. 上午10时，许昌地区革委会电话传达地委书记康国蕴、副书记李刚的四条指示：要求市委必须加强对防汛工作的领导，并作为漯河全党的突出中心，动员全市军民护堤，注意险工地段的防守。

4. 上午10时，市委召开市委各部委和市革委各局委及四乡四办主要负责人紧急会议。会上，市委书记寇保洲、副书记徐庆耀分别讲了话。要求各单位、各系统迅速组织力量上堤护堤；各单位组织抗洪抢险突击队；备好防汛物资；市委领导分工上堤段检查险工堤防情况。

5. 市委为加强防汛工作的具体领导，确保漯河堤防安全，市委决定建立9个防汛堤段分指挥部。

6. 晚24时，漯河暴雨连降，澧河洪水上涨，水位高达60.11米，流量2450立方米/秒。

8月7日

1. 漯河连降暴雨，当日降雨84.82毫米，沙、澧河洪水暴涨，早晨7时，水位达61.31米，流量2940立方米/秒，至23时，水位高达62.21米，流量3600立方米/秒。

2. 早晨6时，市防汛指挥部副指挥长安鸿建发布第二号紧急通知，提出抗洪抢险是全市军民的头等重要任务，是压倒一切的中心。

3. 上午8时，许昌地委副书记李刚打电话指示：河水还要继续上涨，要动员全市人民，确保澧河东岸、沙河南岸，组织沙河北岸群众做安全转移。

4. 上午9时，市防汛指挥部副指挥长安鸿建在广播站发布第三号紧急通知，号召全市军民打好第二个抗洪战役。

5. 下午5时，市防汛指挥部副指挥长安鸿建发布第四号紧急通知，号召全市军民迎战第三个特大洪峰。

6. 晚上 19 时，市人民医院堤段出现约 60 米长，5 处严重塌方，堤顶两条 10 厘米宽裂缝，危及漯河安全，军民奋战 20 个小时，排除了险情。

7. 晚 20 时，市委召开各局委、各基层单位主要负责人紧急会议，市委书记寇保洲作进一步动员，除要求全力以赴抗洪抢险之外，还要组织抗洪抢险突击队，并做好市区内群众转移和保护工作。

8. 晚 21 时，市委召开各单位主要负责人紧急会议，研究部署确保漯河，坚守沙河南岸、澧河东岸的有力措施，市委部长以上领导按堤段分工挂帅，现场检查指导护堤抢险工作。

8 月 8 日

1. 凌晨 1 时至 8 时，降雨 2.7 毫米，8 时后雨停，河水继续上涨，到中午 12 时，水位高达 62.73 米，流量 3790 立方米 / 秒，河堤普遍漫溢。

2. 早 6 时 12 分，小李庄西洪水破堤决开第一个 483 米的口子，沙北成灾。

3. 上午 7 时，铁路东大椿村堤段堤身出现 40 米长、2 厘米宽的裂缝，堤脚下隐隐冒水成流。经奋战 6 小时，打桩、填堵，确保了堤身，排除了险情。

4. 上午 8 时 50 分，许昌地委电话指示：汛情紧迫，为确保全市人民生命财产的安全，要全党动员，全民出动，立即投入加高加固南岸堤防，迎战更大洪峰，不惜一切代价，确保市区安全。

5. 上午 9 时，市委第一书记寇保洲在广播站发布抗洪抢险紧急动员令。号召漯河全党、全民紧急动员起来，积极投入抗洪抢险战斗，夺取抗洪斗争的新胜利。

6. 上午 10 时 15 分，许昌地委电话紧急通知：为确保漯河，地委决定，8 日下午 5 时，沙河上游分洪，漯河市委要不惜一切代价，确保沙河南岸和澧河东岸，沙河北岸组织群众安全转移。

7. 上午 10 时许，市防汛指挥部召开紧急电话会议，根据地委电话指示精神，向各抗洪分指挥部部署五条抢险措施。

8. 下午 2 时，许昌地区防汛指挥部电话通知，沙、澧河上游有 3 个水库将先后开闸，河水将继续猛涨，漯河要做好充分的思想准备，对沙北群众迅速组织安全转移。

9. 下午 6 时，西寺后开始漫堤，经突击抢修，筑起长 80 米、宽 2 米、高 1 米的新堤，排除了险情。

10. 下午 6 时许，许昌地委副书记李刚打电话传达河南省委书记刘建勋确保漯河的指示，并乘坐飞机察看漯河的灾情，向漯河空投抢险物资和食品。

11. 晚 8 时，澧河与沙河交汇的拐弯处，即二中西北角堤段出现 20 多米长的严重塌方、裂缝，经驻漯 34112 部队和木器厂工人并肩奋战近 20 个小时，排除了险情。

12. 晚 12 时，市防汛指挥部副指挥长安鸿建在广播站发布紧急动员令，澧河将有特大洪峰到漯，号召全市军民全力战胜洪峰，确保漯河安全。

8 月 9 日

1. 早晨 5 时雨停，河水仍保持 62.82 米的水位，到下午 2 时，河水降为 61.98 米。

2. 中午收到中共河南省委、省革委、省军区发来的慰问信，随即转播给全市军民。

3. 上午 10 时，许昌地委书记康国蕴乘直升机来漯，亲切慰问全市军民。

4. 凌晨 3 时 40 分，马夫张村北澧河大堤决口达 75 米；4 时 25 分，灯泡厂、电工器材厂北，澧河大堤连决两个口子，洪水大量进入市区成灾。

5. 早晨 5 时，市委针对澧河开口的形势，召开常委紧急会议，作出四条决定，中心是营救被洪水围困的 300 多名抗洪干群。

6. 晚 7 时，市委召开紧急会议，研究决定防汛指挥部下设治安保卫组、后勤组、抢险突击组，还决定建立南线和北线两个抗洪抢险指挥部，主要任务是阻止南水进市和坚守沙、澧河抗洪堤段的防守。

7. 小雨未停，凌晨 3 时，河水仍在慢涨，水位高达 62.9 米，流量 3950 立方米 / 秒。

8 月 10 日

1. 小雨，共降雨 3.8 毫米，河水开始下落，水位 61.38 米，流量 2730 立方米 / 秒。

2. 市防汛指挥部上午 10 时在广播站发布紧急通知，要求各单位领导组织抗洪抢险队伍到南线建护城堤抗洪。

3. 下午 2 时，许昌地委特急电报转发河南省委关于抢险救灾的紧急通知，要集中力量抢救人员、牲畜和主要物资。

4. 晚 8 时，市委第二书记李道文在广播站发布紧急通知，要求各单位领导迅速组织队伍到南线建护城堤。

5. 漯河市委决定成立生产救灾、恢复生产、修堤堵口、干部考核、社会治安 5 个专门办公室。

6. 防汛指挥部发布通告，指出不准乱拉乱用防汛物资，警惕坏人的破坏。

8 月 11 日

1. 晴天，河水继续下落，到晚 8 时，水位是 60.53 米，流量 2580 立方米 / 秒。

2. 中共河南省委派郭冠丁副局长（省公安局）为团长，带省慰问团一行 15 人到漯，对我市受灾的工人、农民进行亲切慰问。

3. 中共许昌地委、地革委发来慰问信，对全市军民问候，并鼓励军民要千方百计战胜洪水灾害。

4. 下午 6 时，接许昌地委办公室电话，转达省委办公厅电话通知，要求灾区的各级党委要加强领导，党、政、军、民齐动员，克服困难，迅速战胜洪水灾害。

5. 晚 8 时，接到中共中央发来的慰问电，当即在广播站转达给全市军民。

8 月 12 日

1. 河水仍在下落，到中午 12 时，水位 60.01 米，流量 2200 立方米 / 秒。

2. 下午 5 时 50 分，接地委办公室特急电报通知，转告省革委急电：据气象预报，四号台风明日零点前后，可能影响我省南、东、中部地区，望立即做好各项准备。

8 月 13 日

1. 全日降雨 4.2 毫米，河水仍在下落，水位 59.87 米，流量 2100 立方米 / 秒。

2. 上午市委召开各局委负责人会议，传达上级指示和安排复堤堵口任务，主要是澧河三处决口的临时抢修堵口。

8 月 14 日

当日降雨 9.4 毫米，河水仍在下落，水位 58.06 米，流量 1080 立方米 / 秒。

8 月 15 日

1. 全天晴，河水仍在下落，水位 56.93 米，流量 720 立方米 / 秒，转入稳定。

2. 市区内的积水基本排除。

8 月 16 日

市革命委员会发出通知，成立“漯河市生产救灾办公室”，印章即日启用。

8 月 19 日

乌兰夫副委员长率中央慰问团上午 8 时到漯，当日上午会见并听取了漯河市委的汇报，随后到大高庄和漯河驻军 33616 部队，实地进行视察和慰问。

8 月 21 日

上午 8 时，市委召开全市班组长以上干部大会，传达中央慰问团对我市人民的亲切慰问和作的重要指示，部署当前工作。

8 月 22 日

漯河市委召开“七五·八”抗洪抢险庆功奖先大会。出席会议的代表 858 人，市委副书记郭廷珍宣布先进集体和先进个人名单，市委书记寇保洲作重要报告，市委领导向先进集体和先进个人发了奖，会后，出席代表披红戴花，坐汽车游行庆贺。

8 月 23 日

上午 8 时，市革委在漯河剧院召开抗洪抢险斗争中牺牲的 4 位烈士追悼大会。市委、市革委、市人武部和漯河驻军首长参加了大会。市委、市革委、33616、34112部队、市人武部、市直各单位和郾城县委、县革委送了花圈，33616部队张政委致悼词，市委第二书记李道文讲了话，烈士家属代表发了言。

8月26日

辽宁省委书记毛远新派慰问团，在河南省委常委郝友三、许昌地委副书记李刚陪同下，早上6时到我市慰问受灾的工人、农民。

8月29日

1. 上午8时，市委在礼堂召开工业生产救灾会议，部署灾后工业生产大干快上问题，市委第二书记李道文作动员报告。

2. 上午9时，市委在市郊公社召开全体共产党员、共青团员和队委员以上干部会议，进行农业生产救灾动员。市委第一书记寇保洲作重要报告。会议的召开，标志着全面转向恢复生产，开展生产自救，重建家园工作的开始。

选自1999年6月《漯河文史资料》第八辑

一场惊心动魄的抗洪抢险斗争[①]

邢富功[②]

1975年8月5日至8日，漯河地区连降大雨和暴雨，流经漯河的沙、澧河上游连降大雨和特大暴雨，使沙、澧河洪水暴涨，泛滥成灾。漯河的军民奋力抗洪抢险，洪水后迅速复堤堵口，恢复生产，持续时间近一个月。漯河军民在党中央、毛主席、河南省委和许昌地委的领导和关怀下，夺取了抗洪抢险斗争的最后胜利。

为给后人留下这场历史上罕见的抗洪抢险斗争的史料，现分别记述于后。

一、漯河市委召开抗洪紧急会议

1975年8月5日，漯河市区一夜之间降暴雨138毫米，市区各街道普遍积水，低洼处积水达1米多深。8月6日上午9时，中共漯河市委召开市委各部、委、办、政府各局、委、乡、街道办事处主要负责人抗洪紧急会议。当时我任顺河街办事处党委书记兼主任，亲自参加了这次紧急会议。因会议紧急，来不及文字通知，是用电话和市广播站的广播通知的，9时30分在市委常委会议室开会，到会47人。会议由市委第二书记李道文主持，市委第一书记寇保洲讲话，具体部署了抗洪防涝的几项紧迫工作。他首先介绍了沙澧河上游的降雨情况：二郎庙降雨142毫米、中汤降雨114毫米、昭平台降雨118毫米、马湾降雨142毫米。

① 本文对部分人名、数据依据1975年12月漯河市革命委员会防汛指挥部编写的《1975年漯河市抗洪斗争资料汇编》（草稿）作了订正。

② 邢富功，漯河寨内人，生于1930年，1949年参加工作。曾任原漯河市顺河街办事处党委书记兼主任。源汇区政协副主席、区老促会会长。

澧河上游的拐河降雨190毫米，金滩寨降雨160毫米、独树降雨324毫米、小史店降雨261毫米、官寨降雨244毫米等；其次，昨天以来的降雨，雨区大、雨量暴，沙澧二河的河水今晚午夜将会暴涨，我们必须做好防涝抗洪的思想和物资方面的准备；其三，各系统、各单位当天上午必须把会议精神贯彻下去，对工厂、仓库、学校和居民的住房要认真检查一遍，发现问题及时解决；其四，各单位、各系统要加强领导、明确分工，建立抗洪防涝突击队，备好抗洪工具等。各单位、各系统的行动情况，下午5点前，用口头或电话汇报给市委办公室。

二、成立漯河市抗洪指挥部

早在5月21日，漯河市革命委员会根据上级指示和往年惯例，成立了“漯河市防汛防旱指挥部”，张志堂（漯河市人民武装部部长）同志任指挥长，徐庆耀（漯河市委副书记）、安鸿建（市委常委、市革委生产指挥部副指挥长）、王自先（市革委生产指挥部副指挥长）、张裕生（市革委生产指挥部副指挥长）、王明宇（市委宣传部部长）、王克运六同志任副指挥长。

8月5日，鉴于猛降暴雨，为加强河道堤段工作的具体领导，漯河市委书记、常委和市委各部委、办、市人武部主要负责同志作出明确分工。三里桥至干河口堤段，由市委副书记郭廷珍、人武部政委张作珠同志负责；干河口至大槐树堤段，由市委副书记徐庆耀、人武部原部长冯起同志负责；大槐树至抽水站堤段，由市委宣传部副部长马慎言同志负责；抽水站至水文站堤段，由市委副书记王振吾同志负责；水文站至铁路大桥头堤段，由市委常委、组织部长李香亭同志负责；铁路大桥头至电厂（翟庄后）堤段，由市委副书记苏从义、市委办公室主任张胜斌同志负责；电厂至刘李渡口堤段，由市委常委盛来志、市委办公室副主任杨保章同志负责；沙北铁路桥以西至小李庄堤段，由市委组织部副部长韦瑞祥、市委办公室副主任蒿志轩同志负责；铁路桥以东至刘李渡口堤段，由市委常委谢孟宇同志负责。

5日下午，各堤段分工的市委主要负责同志，带领工作人员到所包堤段进行实地察看，细致检查了险工堤段的情况，当场研究了具体加固抗洪措施。

三、成立抗洪抢险分指挥部

8月6日，漯河再降雨193毫米，沙、澧河的上游暴雨不停。其中，沙河上游的二郎庙降雨180毫米，中汤降雨172毫米，昭平台降雨137毫米，白龟山降雨120毫米，马湾降雨259毫米。澧河上游的拐河降雨106毫米，官寨降雨244毫米，小史店降雨261毫米，舞阳降雨161毫米等。

漯河市防汛防旱指挥部鉴于雨情严重，必有大洪峰到漯。8月6日，发出一号紧急通知：

沙、澧河上游已决口数处，我市河堤也有决口、漫溢的危险。为了加强具体领导，确保堤防安全，现将各堤段防汛领导组更名为抗洪抢险分指挥部，现对各分指挥部分工情况作如下紧急部署：

1. 三里桥村至干河口堤段，由王克运、孙留柱、陈敬德、王兆立、田群领五同志组成。孙留柱、王克运二同志任第一分指挥部正、副分指挥长。

2. 干河口至寨内大槐树堤段，由邢富功、李承奇、芦运波、邢乃昌四同志组成，邢富功、李承奇同志任第二分指挥部正、副分指挥长。

3. 大槐树至抽水站堤段，由姚德仁、王熙章、周全志、庄德胜四同志组成，王熙章、周全志二同志任第三分指挥部正、副分指挥长。

4. 抽水站至水文站堤段，由吴兰彬、吴保安、夏凯歌三同志组成，吴兰彬、吴保安二同志任第四分指挥部正、副分指挥长。

5. 水文站至大椿树木桥头堤段，由王百川、王福亭、邢长玉三同志组成，王百川、王福亭二同志任第五分指挥部正、副分指挥长。

6. 大椿树木桥头至电厂堤段，由范华、郑景福、高维海三同志组成，范华、郑景福二同志任第六抗洪分指挥部正、副分指挥长。

7. 电厂至刘李渡口堤段，由舒明俊、李庆立、李长岭、赵俊生四同志组成，舒明俊、赵俊生二同志任第七分指挥部正、副分指挥长。

8. 沙河北岸、铁路桥以西至小李庄堤段，由王明宇、朱洪胜、荆德新、郭双林四同志组成，王明宇、朱洪胜二同志任第八分指挥部正、副分指挥长。

9. 沙河北岸、铁路桥以东至董庄后郾城交界处堤段，由潘玉臣、窦明钦、赵九经、王瑞兰四同志组成，为第九分指挥部。

通知要求，以上同志接通知后，迅速上堤落实各项措施，放手发动群众，日夜固守分包堤段。

紧急通知下发后，市防汛指挥部又用电话分别通知各分指挥部指挥长迅速办好以下五件事：

1. 确定分指挥部的办公地点，固定联系电话。

2. 安排好值班人员，日夜看守电话。

3. 分指挥部领导同志都要亲自带班上岗，日夜检查监督，发现险情，立即汇报市抗洪指挥部。

4. 各分指挥部所辖堤段，应采取分小段分包给防汛护堤单位，保证尺、寸河堤不留空当。

5. 备好抗洪抢险物资、草袋、麻袋、铁丝、木桩、铁锨、抬筐等，以供急需。

附：抗洪堤段分工责任表：

1. ①澧河南岸、灯泡厂至干河口堤段。参加单位：沿河各农业大队、磷肥厂、针织厂、电工器材厂、漯南铁路。②沙河南岸、电厂至刘李渡口堤段，参加单位：沿河各农业大队、电厂、郾城化肥厂、郾城弹花厂、市一造纸厂、冷冻厂、3515 工厂、外贸局仓库、2004 库、四中。③沙河北小李庄至董庄堤段。参加单位：沿河各农业大队、造船厂、水泵厂、铸造厂。

2. 顺河街辖区，分包干河口至小北门排水闸。

3. 老街辖区，分包小北门排水闸至大新街口。

4. 马路街辖区，分包大新街口至大椿树木桥头。

5. 天桥街辖区，分包木桥头至电厂。

参加各辖区抗洪的单位，除统一安排的以外，原则上在哪个辖区参加哪个辖区抗洪，各商业公司的下属单位，应参加公司居住的辖区抗洪，市搬运公司所属各大队，宣布为市抗洪指挥部抢险突击队。

四、全面展开抗洪斗争

8月6日，各抗洪分指挥部进入临战状态，这天上堤抗洪的军民达15000人，平均每华里有1000人，每米有2人日夜坚守。头等大事是抢修河堤，特别是姬崔、干河口、第一自来水厂、二中、加油站东侧、电厂和母猪圈等7处险工堤段，都加派了力量，筑土加堤、打桩固堤。

6日上午6时30分，市防汛指挥部利用市广播站的有线广播，发布第二号紧急通知。通知说：

昨日午夜，澧河上游连降暴雨，其中官寨降雨240毫米，洪水流量达5384立方米/秒，预计上午7时以后到达漯河。洪水来势迅猛，情况十分严重，特紧急通知：

1. 市区所有各单位和驻漯各单位的主要领导同志必须高度重视，亲自挂帅，立即组织力量，携带工具，按照原分工堤段上堤防汛，搭建防汛棚，日夜坚守河堤，准备抢险。

2. 负责防汛物资的单位，要立即组织力量，迅速调配防汛物资上堤。

3. 交通运输部门和各有汽车单位，要迅速集中车辆随时待命。

4. 各堤段必须做到水涨堤高，确保漯河安全。

5. 各个单位必须有专人值班，坚守电话，保证通信联络畅通。

6. 各街道办事处在安排上堤防汛的同时，要迅速组织力量，检查居民住房，对有倒塌危险的，要立即动员搬迁，严防房屋倒塌造成伤亡。

6日上午7时40分，澧河洪峰到达漯河，水位61.17米，流量是2290立方米/秒。而澧河的饱和流量是1900立方米/秒，大大超过了河道的实际容量。

洪水以一小时一米的速度上涨，从灯泡厂至大槐树堤段，分分秒秒都有漫溢、溃决的可能，各堤段抗洪的工人、干部和解放军指战员奋勇当先。抗洪的军民增加到4万余人，漯河堤段的抗洪人员每米平均有8人，河堤上很快筑起了一道近一米高的抗洪墙。

上午8时40分，市委主要领导寇保洲、郭廷珍、苏从义、王振吾、徐庆耀、李香亭、韦瑞祥，市人武部和市防汛指挥部领导张志堂、张作珠、安鸿建、张裕生等同志，分别上堤督导检查，凡险工地段都要停步细问，发现问题，及时解决。当抗洪同志提出一些困难时，市委副书记苏从义同志说："一切服从抗洪，凡影响抗洪的要及时汇报给指挥部，该哪解决就由哪解决，出了问题是要追究责任的。当前抗洪斗争是压倒一切的中心，同志们要鼓起勇气，奋力抗洪立功。"

第一次洪峰持续到7日，漯河市沙河、澧河上游的暴雨一直倾注不息，洪水继续上涨，据当时的资料记载：8月5日至7日，三天的降雨量：漯河415毫米、澧河上游的拐河435毫米、孤石滩457毫米、金滩寨660毫米、独树807毫米、官寨907毫米、河口591毫米、舞阳691毫米。沙河上游的中汤369毫米、鲁山270毫米、三强阳323毫米、澎河334毫米、马湾524毫米等。

8月7日23时，漯河军民的抗洪斗争，进入最紧张、最危险的攻坚阶段，沙、澧河的水位高达62.17米，比保证水位61.70米，超出0.83米，流量达到3600立方米/秒，比保证流量3000立方米/秒超出600立方米/秒。

抗洪的军民已奋战了三天三夜，饭可以不吃，觉可以不睡，但抗洪斗争一分钟也不能停止。正在这时，市防汛指挥部用有线广播发布第三号抗洪紧急通知，通知要点是：

1. 全市人民紧急动员起来，积极投入抗洪斗争，是当前我市全党、全民的头等重要任务，是压倒一切的中心。为此，除电厂坚持生产之外，所有单位立即停止生产，除留下保卫人员外，全力以赴投入抗洪斗争。

2. 各单位的领导同志，必须亲自挂帅，加强对本单位防汛队伍的领导，严格组织纪律，没有防汛指挥部的通知，任何单位和个人不得擅离职守。

3. 各物资部门必须保证防汛所需要物资的供应，做到随要随供。

4. 各单位的交通运输车辆，都必须集中到汽车站，由市防汛指挥部统一调配。汽车司机吃住在车上，随叫随开。

5. 市郊沿河各大队的电灌站、过堤涵洞，必须用麻袋堵死。李盘庄电灌站过堤涵洞已发生决口，正在抢修。这种现象决不允许再次发生。

6. 提高革命警惕，严防阶级敌人的破坏活动，如发现敌人破坏，必须坚决打击。

市防汛指挥部第三号紧急通知下达后，上堤抗洪人员骤然剧增，在全体军民的顽强拼搏下，终于战胜了第一个洪峰，确保了漯河。

五、驻漯部队英勇抗洪

驻漯 33616 部队和 34112 部队的全体官兵 2000 多人，从 8 月 6 日起，日夜奋战在抗洪最危险、最艰苦的沙、澧二河堤段上。他们发扬人民军队爱人民的优良传统，在姬崔、二中、加油站东侧、电厂、母猪圈等七个将要塌堤、决口的险工堤段上，组织人墙抗洪、扛草包、打木桩、排险情，舍己救人，废寝忘食，表现出英雄军队的崇高风范。他们在人力、物力上都付出了很大的代价，尤其在 8 月 9 日，抗洪斗争中，牺牲了三位人民解放军战士，给漯河人民留下了永远难忘的记忆。

六、迎战第二次大洪峰

8 月 7 日 7 时，市防汛指挥部从有关方面得悉，第二次洪峰即将到来，预计洪水到达漯河的流量为 5500 立方米 / 秒左右，大大超过第一次洪峰流量，因此必须加紧做好迎战第二次洪峰的准备。据水文资料记载，漯河段的沙河流量，其警戒水位为 2800 立方米 / 秒，保证水位为 3000 立方米 / 秒，危险水位 3200 立方米 / 秒，现在的洪水流量竟然是

5500立方米/秒。

第二次洪峰于上午9时到达漯河，为迎战洪魔，市防汛指挥部于是日上午9时，利用有线广播发布打好第二次洪峰战役的紧急通知，其重点如下：

1. 战斗在澧河南岸，沙河南、北两岸的各段防汛领导组指战员同志们，必须坚守岗位，服从命令，听从指挥，没有市防汛指挥部命令，任何单位、任何个人都不能擅自离开战斗岗位，否则，要严肃处理。

2. 各段防汛领导组，都要组织抢险队伍，发现决口，立即修复。

3. 负责后方支援的单位和个人，要严阵以待，听候命令，一旦接到命令应积极投入抗洪抢险战斗。

4. 电信、电话部门，必须保证通信工作的畅通无阻，决不允许因中断通信，贻误抗洪大事。

5. 必须加强对阶级敌人的专政，严防阶级敌人的破坏，以保证抗洪斗争的彻底胜利。

由于漯河全党、全民和驻漯部队并肩奋勇苦战，到7日下午4时，第二次洪峰终于被制服了，不得不乖乖地通过各堤段，直流东下。

七、苦战第三次洪峰

8月7日晚，各防汛堤段的第二次抗洪战役刚结束，市防汛指挥部即再一次发布紧急通知。通知说：

由于澧河上游的官寨、何口、舞阳等地猛降暴雨，预计8日凌晨2时左右，澧河第三次洪峰将到达漯河。鉴于沙、澧河的洪水已超过容量，迎战第三次洪峰的战斗，必将更加艰巨，更为艰难。为了打好第三次洪水战役，特作如下紧急部署：

1. 沙、澧河各堤段防汛分指挥部和各单位主要领导同志，必须继续坚守防汛战斗岗位，切实加强第三次洪水战役的领导。

2. 战斗在沙、澧二河堤段的抗洪大军，必须坚守岗位，就地轮班休息，时刻注意水情，做到水涨堤高，确保堤防安全。

3. 必须明确划分单位与单位之间的堤防地段，标明记号，明确责任，特别狠抓薄弱环节，加强险工地段的看守，要多上人员，多备物资，抢险队伍就地待命，以防万一。

4. 认真做好抗洪抢险的一切准备工作，所需工具、抗洪防汛物资要逐项落实，包括各种物资的数量、存放地点、保管人员、运输队伍等，必须做到随要随供，不得贻误。

战胜第三次洪峰的紧急通知下达后，各堤段的领导同志前后检查督战，察看各项工作的落实情况，许多同志的嗓子喊哑了，日夜护堤的战斗员，眼睛熬红了。

漯河市区被淹

8 日午夜，澧河的第三次洪峰到达漯河。洪水到处漫溢，流入市区。当时我指挥的干河口至大槐树段，许多人早把生死置之度外，光着膀子誓与洪水决一死战，扛草包、扛木桩，听不到一点叫苦声，但堤内是滔滔洪水，堤外是一片明的积水，心急如焚的抗洪军民，四处取不来土，眼看洪水要漫堤，我当即决定：只要抗洪需要，房子可以扒，院墙可以推，有高出水面的院子里，可以挖坑取土修堤，不惜一切代价，为了抗洪。结果，推了许多院墙，把兽医院、牲畜服务部的第二、第三交易所的大院挖了两米多深。一水厂后院、二中后院和部分居民院中，也因取土，挖了许多大坑。两小时之内，将河堤抬高一米，终于挡住了洪水外流。

八、抗洪斗争，全线告急

8月8日早晨，第三次洪峰到达漯河之后，洪水漫溢，多处向市区进水。干河口以西至三里桥堤段更是险象环生，堤外积水1米多深，堤内洪水高于堤面1寸，堤脚严重渗水，而且洪水继续上涨，从堤内、堤外取土抗洪已不可能。堤面经洪水冲刷，裂堤、决口的危险随时可能发生，各堤段向市指挥部告急的电话铃声不断。兽医院后河堤塌方告急，一水厂后堤角严重渗水告急，二中后河堤多处裂缝告急。二中河堤裂缝险情大，除一木器厂抗洪大军奋力抢救外，指挥部又快速调34112部队前来支援，战士们手拉手建起一道人墙，在人墙的后边打木桩、填草袋，加固河堤，排除了险情。加油站东侧（原第一人民医院），河堤脚下渗水成沟，有4名抗洪职工临危不惧，卧倒压住渗水口，他们一面向指挥部告急，一面组织近500名抗洪大军奋力抢险，打桩、填草袋、堤内堵、堤外加固，市指挥部调搬运公司抢险突击队增援，市委副书记王振吾亲临现场指挥抢险，经过6个小时的苦战，终于排除了险情。

沙河漯河市区段洪水漫过河堤

沙北小李庄堤段洪水高出堤面一尺多，附近的漯河驻军营区进水近1米深，东面的大高庄情况略同，当时唯一办法是组织群众转移，千方百计保护人民。

九、决口成灾

8月8日，市区积水面积达60%以上，东大街小学门前，寨内西大街东口、南大街废品收购门市部前、人民公园、蛋厂、老街、民生街、民主路、短工市街等处，积水1米多深，抗洪车辆运送抢险物资，必须绕行，给抗洪斗争增加了新的困难。

8月8日早6时15分，小李庄村西、河堤桩号2+803—2+815处决口，口门宽48米，口门深1.8米。洪水直泄漯河驻军营区和小李庄。

8日上午9时，漯河市委第一书记寇保洲在市广播站发布紧急命令。全文如下：

“全市共产党员、共青团员和革命的同志们：

根据上游水情报告，预计特大洪峰中午12日左右到达我市，最大流量达8000～10000立方米/秒，情况十分严重。同时，澧河堤现已出现险情。为此，市委向全市发出紧急命令：现在还没有上堤的所有共产党员、共青团员、机关干部、革命职工、街道居民，不论男女，立即跑步赶到澧河堤上，投入抢险，用最快的速度，把河堤再加高一米，必要时，可以拆掉河堤附近的院墙和房屋。全市所有的汽车，一律往澧河堤运送草袋、麻袋和木桩，以供抢险需要。市委号召全市的共产党员、共青团员，一定要服从命令，执行纪律，不畏艰险，冲锋在前，在这次抗洪抢险，保卫漯河的战斗中，发挥模范带头作用。

同时，各单位和各家各户，要迅速组织力量，集中器材，立即赶制木筏，以防万一。

共产党员、共青团员、同志们，现在是党考验我们的时候了，只要我们和全市人民一起，共同努力，团结奋战，就一定能够战胜这次特大洪水，夺取抗洪斗争的彻底胜利。

寇保洲在发布命令中，加了“放弃铁路东，确保铁路西”一语，结果奋战在铁路东抗洪堤段上的抗洪队伍，一时间乱了阵脚，铁路东的大工厂、大仓库慌了，居民纷纷舍家向火车站逃命。

事实上，放弃铁路东，铁路西更难保。当时有八一路、人民路和北三尺门，有三个东西大通道涵洞。怎能把洪水只困在铁路线以东？同时，漯河的大工厂、大仓库多在铁路东，若放弃铁路东，便失去了确保漯河的意义。

洪水中的京广线漯河铁路桥

第三次洪峰 8 日上午 11 时 55 分到达漯河，河水猛涨。12 时 05 分，小李庄码头以东，河堤决口，桩号 2+010—2+195，上口宽 185 米，口门深 2.7 米。当日下午 1 时，小李庄东电灌站两侧决口，桩号 1+895.8—2+018，上口宽 114 米，口门深 7 米。下午 1 时，小李庄东决口，桩号 1+789—1+779，上口宽 10 米，口门深 1.5 米，下午 1 时，小李庄东决口，桩号 1+902—1+917.5，上口宽 125 米，口门深 1.5 米。下午 3 时，沙北铁路西侧决口，桩号 0+019—0+775，上口宽 56 米，口门深 3.5 米。

8 日午夜 12 时，洪水还在猛涨，市防汛指挥部发布紧急动员令。全文如下：

为了不辜负党中央、毛主席和上级党委对我们的关怀，为了不辜负四县（鲁山、襄县、郾城、舞阳）广大贫下中农对我市人民承担决口分洪，确保漯河的最大牺牲，为了夺取抗洪斗争的最后胜利，防汛指挥部再次紧急动员大家，一定要发扬一不怕苦，二不怕死的革命精神，除留下少数保卫人员，全力以赴，一起上堤，服从命令，听从指挥，坚守岗位，抢修险区。任何人不准犹豫观望，任何人不准临阵脱逃，做到人在河堤在，水涨河堤高，堵好漏洞，战胜洪峰，保住漯河。

9日凌晨1时，小李庄同时四处决口。①过堤涵洞两侧决口，桩号2+570—2+620上口宽50米，口门深2米；②小李庄西决口，桩号2+461—2+492，上口宽307米，口门深1.5米；③小李庄村民邵金生家门西决口，桩号2+349—2+371，上口宽126米，口门深1.5米；④小李庄村民邵金生家门东决口，桩号2+280—2+290，上口宽10米，口门深1.5米。

9日凌晨4时，大高庄先后五处决口。①过堤涵洞两侧决口，桩号0+995—1+077，上口宽817米，口门深3米；②大高庄西决口，桩号0+924—0+966，上口宽429米，口门深2.5米；③大高庄南决口，桩号0+806—0+897，上口宽90米，口门深3米；④大高庄南决口，桩号0+711—0+788，上口宽77米，口门深3米；⑤公路桥东李盘庄电灌站两侧涵洞决口，桩号0+555—0+578，上口宽23米，口门深2.8米。

董庄南决口，桩号3+567—3+708，上口宽131米，口门深6米。

澧河灯泡厂北河道决口，桩号2+970—3+090，上口宽120米，口门深4米。

9日早4时25分，澧河电工器材厂北决口，桩号3+505—3+600，上口宽95米，口门深4米；马夫张村北河堤决口，桩号3+675—3+760，上口宽25米，口门深4米。

市区共决口19处，其中澧河决口三处，均向南开，沙北决口16处，均向北开。

澧河决口后，洪水像失缰的野马直奔东南，恰被西平洪河北流的洪水挡回，返流入市区。对此，漯河市委9日早晨6时紧急决定：

1. 由市革委生产指挥部副指挥长张裕生同志负责，立即调集船只、救生圈、汽车内胎等救生器材，以备抢救急需。

2. 由市人武部副部长何顺卿同志负责，立即组织抢救突击队，全力抢救被洪水围困的抗洪队伍和群众。同时，派汽船抢救郾城、舞阳被洪水围困的人民群众。

3. 由市委副书记徐庆耀同志负责，立即成立南线指挥部，组织筑堤大军，西至干河口，东至京广铁路线，迅速筑起南线护城堤，阻止洪水流入市区。

4. 沙、澧二河其他堤段抗洪抢险队伍继续坚守阵地，特别是险工地段，要加强力量，积极抢修，加固河堤，排除险情。

市区 90% 以上地面积水成灾，积水最深处 2.5 米。此时，沙河北与沙河南和夹河里的洪水连成一片，到处一片汪洋。

十、空投情意真

这一场巨大的洪水灾害，引起了党中央、国务院和河南省委的高度重视，先后向受灾地区发来了慰问信和慰问电，多次派空军对漯河地区进行空投救灾物资和大批的食品。

8 月 9 日上午 9 时许，一架银鹰由北飞往漯河上空，低空绕漯河市区飞行，空投了麻袋和食品，又返北而行。日后得知是中共河南省委书记刘建勋来漯河察看洪水灾情。他在飞机上发现沙、澧河南岸大堤上有数万名军民斗志高昂正在奋力抗洪，看到漯河电厂的烟筒还正常冒烟发电。他返回后，在省委救灾办公室表扬了漯河，以河南省委的名义发出指示："打开泥河洼北区，打开沙河北区，确保漯河安全，希望漯河人民进一步动员起来，抓紧堤防维护，再接再厉，确保漯河不出问题。"

8 月 9 日上午 11 时，中共许昌地委书记康国蕴、秘书长李皓、副专员李维之等 4 人，乘直升机来漯河视察慰问，直升机降落在市第二中学南操场。漯河市委第一书记寇保洲，第二书记李道文，副书记郭廷珍、王振吾、徐庆耀，市人武部领导张志堂、刘金照、何顺卿等前往迎接，

3000多名各界群众到场热烈欢迎。康书记勖勉了漯河市领导，对抗洪救灾工作进行了指示，同时，向全市人民表示亲切慰问。

8月9日下午4时，一架直升机飞临漯河上空绕行一圈后，徐徐降落在五一路转盘十字路口处。原来是为保持漯河与省、地委的通信联系，特地送来了先进的通信器材。漯河市委书记寇保洲、市人武部部长张志堂等人前往迎接。

8月10日早7时许，一架直升机给漯河驻军33616部队送来了食品和白矾（因洪水侵入，缺淡水，需要白矾净化）。飞机降落在沙北33616部队机关驻地，随后几天里飞机分四次向部队空投食品和药物。

8月10日上午10时许，一架大型飞机来漯河上空，绕市区一圈后，从李盘庄、张胡魏、后周、前周、翟庄、金盆赵、黄岗、小寨杨等村，向灾民投放大量的食品，有饼干、蒸馍、烙馍等。灾民们收到急需的食品后，感动得热泪盈眶，许多人高呼："中国共产党万岁！""毛主席万岁！"

8月10日下午3时，先后有3架大型飞机盘旋在漯河上空，绕市区飞行后，从挂刀营、姬崔、毛寨、小村铺、干河陈、大荆庄等村庄低空飞行，空投了大量抗洪救灾物资：橡皮船、帐篷、饼干、蒸馍等。

8月11日，是漯河市区（包括郊区）人民被洪水围困的第三天，不要说吃饭，就是喝口清水都非常困难。这天早起的8点钟，一架载着深情厚谊的直升机由北而来，在漯河市区环绕飞行两圈之后，从夹河里的挂刀营、胡庄、三里桥、马夫张、何王庄、毛寨等村庄，连续向洪水围困的灾民空投食品、药物等。

同日上午11时，一架大型飞机由北来漯，在上空绕行一圈后，从沙北的白庙村、石槽赵、小高庄、李盘庄、张胡魏、后周、英杨、龙塘、翟庄、金盆赵、黄岗、小寨杨、芦王庄、大荆庄、闫庄、干河陈等村庄连续向洪水围困的灾民空投急需的食品、衣被等物。石槽赵村民赵金生接到飞机空投下的白蒸馍，激动地对众乡亲和他的儿女们说："我们遭了灾，牵动着党中央、毛主席的心，派飞机给我们送白蒸馍、饼干、大油馍，救我们的命，可千万不能忘记这救命大恩啊！洪水退后，我们要用当年翻身搞土改的劲头，坚持搞好抗洪救灾，重建家园。"

十一、抗洪斗争的有力指挥

8月8日以来，市区内大面积流入洪水，并不断增高水位。市委、市政府和防汛指挥部坚持在市委大院（今源汇区区委院）积水中指挥抗洪战斗，后来基层去请示、汇报涉水来往，诸多不便，纷纷提议转移，经研究决定：市委、市政府、市防汛指挥部临时迁市委党校办公，指挥抗洪战斗。这期间，市委和市防汛指挥部的许多重要会议，是在党校召开的，及时有力地指挥着全市抗洪抢险战斗和各职能部门超常规运行，形成上下一心，团结战斗，保证了漯河市抗洪抢险战斗的顺利进行。尽管沙、澧河堤段发生19处决口，物资财产遭受到比较严重的损失，但未造成重大人员伤亡，除姬崔死亡2人，大荆庄死亡1人，解放军牺牲3人，小李庄1位民兵营长牺牲外，市区内没有一人伤亡，基本确保了市区内的安全。

8月9日早上，由于驻马店地区板桥水库出了问题，恶狼似的洪水经西平境内由南向北倾泻，直逼漯河，使漯河的抗洪抢险斗争增加了新的困难，必须迅速筑起一道东至京广线，西到干河口的南线护城堤，才能确保漯河的安全。因此，市防汛指挥部从早上7时至中午12时，连续发出两个继续加强领导，夺取抗洪斗争的全面胜利的紧急通知，随即建立南线抗洪指挥部，徐庆耀任指挥长。

各单位听到通知后，除留下三分之一的人员坚守沙、澧河的抗洪抢险堤防外，大部分人员调往南线护城指挥部待命，进行统一调动指挥，漯河市委第一书记寇保洲亲临指挥。上万人的抗洪大军到位了，但摆不开战场，遍地是洪水，何处取土成了难中之难。从水中捞泥，无济于事，眼看着洪水流入市区，许多人急得真想放声大哭。常言说："急中生智"，有一人高喊："东边（原石油中转货场，现市医药局医药仓库后东南角）堆放1000多个大油桶，把它立起来，排成行、灌上水，不就成挡水墙了吗？"这话有道理，随即被领导采纳，大家齐心协力，很快建起了抗洪墙，使洪水只能缓慢地流入市区，大大减轻了洪水灾害。

8月9日下午，沙、澧二河的洪水开始下落，但市区内的积水却达到了最高点，积水面积95%以上，可以看见地面的只剩下漯河高中西的五一路南段和市委党校周围一块岗地了，积水最深的达2.7米。

十二、堵口复堤战斗

8月10日上午，天气转晴，河水继续下降，漯河市委决定把工作重点从抗洪抢险迅速转移到生产救灾、恢复生产、修堤堵口、干部考核、社会治安五个方面，并成立专门办公室，全面开展灾后工作。

8月11日上午，市防汛指挥部召开指挥长扩大会议。市委领导、防汛指挥部成员、各分指挥部指挥长共27人参加了会议。

会议由防汛指挥部指挥长张志堂主持，市委书记寇保洲作了重要讲话。他简要总结了前一周的抗洪抢险斗争的成绩和经验，着重谈了当前的防洪形势和任务。他说："现在是8月上、中旬，正是可能出现汛情的高发期，我们很难预料今后一个多月会不会有大的降雨，因此，我们要立足于迎战第二次洪水的思想准备。所以，首先要快速抢修河道上的19个决口；其次，沿市区的沙、澧河堤段要进一步加高加固。若不这样，万一洪水来了，将会遭受更大灾害。决口不修复，既无法恢复生产，更谈不上重建家园……"参加会议的同志一致同意这个看法，决定用一周左右的时间，再次发动群众，把19个口子堵住。经初步测算：19个口子总长度3035米，口门最宽的487米，最窄的10米，口门最深的7米，最浅的1.5米，需要近10万立方米的土。堵口子人多了伸不上手，人少了又怕贻误时间，最后用日夜分班的办法，轮流日夜不停。工地架线装灯，安装高音喇叭，日夜不停地播。广播里传达指示，布置工作，表扬好人好事，播放音乐歌曲，鼓动得工地热火朝天，结果提前一天完成了任务。加高加固河堤的任务，即用两周左右的时间，把沙、澧河河堤加宽4米，加高1.5米。沙、澧河堤段两岸总长度39华里，近2万米，需用土40万立方米，平均每天需完成3万立方米。时间紧、战线长，又必须保证按期完成任务，采取分段包干，四定到单位（定时间、定任务、定质量、定责任）的办法，指挥部和沙河修防段派人天天进行三查（查出勤、查进度、查质量），经过共同努力，也按期完成了任务。

漯河市防汛指挥部在澧河抢修险工地段

十三、全面开展生产救灾，重建家园

“七五·八”洪水给全市人民造成了极为严重的灾难，市区倒塌房屋 10889 间，市郊农村倒塌房屋 19176 间。其中市区受灾最重的是重工业系统和街办工业及居民住房。市郊农村 39 个大队中，遭受毁灭性灾害的 7 个大队、40 个生产队。如大高庄，全村秋播 379 亩，洪水淹 379 亩，村民住房原有 955 间，倒塌 945 间，仅留下的 10 间，也成了危房，小李庄全村秋播 669 亩，洪水淹 669 亩，村民住房原有 385 间，倒塌 379 间，仅留下 6 间，也成了危房。三类受灾大队 22 个，138 个生产队。四类受灾大队 10 个，52 个生产队。

洪水退后，为了迅速恢复生产，大力开展生产自救，市委主要领导从 8 月 13 日至 17 日，分别深入城市街道、农村、工厂企业、学校、医院等受灾单位，一面看望慰问灾民，一面察看灾情。22 日，召开生产救灾工作会议，提出进一步加强领导，发动群众，大力开展生产自救的方针，并进行了具体部署。会议号召全市共产党员、共青团员、工人、贫下中农、民兵、革命干部，要立即行动起来，迅速掀起生产自救的新高潮。8 月 29 日，市委同时召开城市工作会议和市郊农业生产救灾动员大会，主要传达中央慰问团在许昌地区召开慰问大会的情况，传达中央慰问团亲临漯河视察指导工作时，领导同志所作的重要指示。会议首先总结前段抗洪抢险的成绩和经验；其次，部署当前面临的尽快恢复生产，开展生产自救的工作意见，截至 8 月底，全市工业、交通、基本建设和财贸系统的 57 个工厂，已开工恢复生产的 54 个，另 3 个属重灾厂的，正组织职工日夜抢救物资和清理场地、检修机器。

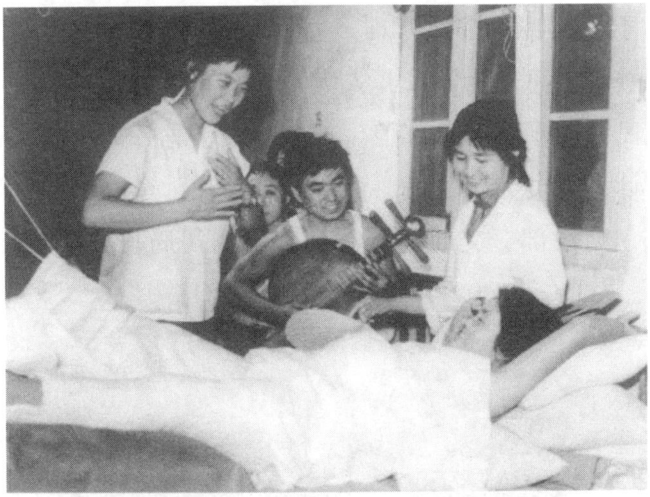

参与抗洪救灾的文艺工作者慰问受伤的灾民

市郊农村各生产大队的党组织加强具体领导，从 8 月 20 日起，在 10 天之内，帮助灾民逐家逐户搭庵棚，使灾民户户能住宿，人人有饭吃，大部分青壮劳力投入恢复生产中去，截至 8 月底，经过近 10 天的努力抢救，把洪水淹没的 36690 亩大秋作物，抢救出 19800 亩，抢种蔬菜 15000 亩，荞麦 7300 亩，修复硬渠 135000 米，土渠 21300 米，修理农机具 1798 件（台），平整土地 3 万亩，全部施了底肥，为适时播种小麦，争取明年夏季丰收打下了坚实基础。特别是大高庄大队，是中央慰问团亲自视察过的唯一大队，在漯河驻军33616部队的帮助下，全大队整、半劳动力出勤率达95%以上，三天抢种蔬菜140亩。市区的商店先后开门营业，各中、小学均发了通知，9月1日按时开学。

十四、党中央毛主席时刻关怀着我们

这一场大洪水，同时引起党中央、毛主席的关心和重视。8月11日20时，中共中央发来了慰问电。向灾区广大群众、人民解放军指战员和抗洪大军致以亲切慰问，并号召“灾区的共产党员、共青团员、工人、贫下中农和人民解放军指战员，团结起来，向洪水灾害进行顽强斗争，下定决心，不怕牺牲，排除万难，去争取胜利”。党中央又及时派出慰问团，以纪登奎副总理为团长，人大常委会副委员长乌兰夫、林业部部长沙风、人民解放军总后勤部卫生部副部长丁志辉为副团长，慰问团成员有：国家计划委员会副主任，商业部副部长，全国供销合作总社副主任，卫生部、财政部、交通部等有关部门的司局长共27人，来河南灾区慰问。

灾民们传看中央慰问电

8 月 19 日，中央慰问团由副团长乌兰夫率慰问团部分成员在河南省委副书记戴苏理、许昌地委第一书记王延太陪同下来漯河，进行慰问视察。

是日上午乌兰夫副团长接见了市委领导寇保洲、李道文、郭廷珍、王振吾、苏从义、徐庆耀等人，随后即驱车前往受灾最重的市郊大高庄大队视察慰问。乌兰夫副团长率团到村后，大队党支部书记高法技上前迎接，并搀扶着下车。乌兰夫下车后看到倒塌的房屋，第一句话问："受灾的村民群众哩？"高法技回答："全村 491 人全在，没有伤亡一人！"乌兰夫连声说："好！好！好！"又问："全村塌了多少房屋？"高法技又答："全村原有住房 385 间，洪水冲塌 379 间，留下 6 间也成了危房，粮食全冲走了。"还问："你们在大灾面前怎么办？"高法技坚定地回答："有党中央、毛主席的领导，我们要生产自救、自力更生、重建家园。"乌兰夫高兴地说："你说得好，说得好啊！"

乌兰夫副团长还单独接见了大队党支部书记高法技、大队妇女主任王小雨。当高法技汇报到一面奋力抗洪，一面组织群众安全转移时，乌兰夫说："你们协力保护群众，为党分忧，为人民办了件好事，是有功劳的。不愧是人民的勤务员。"最后乌兰夫鼓励高法技、王小雨说："下一步工作，要做艰苦的生产自救，重建家园了。"

乌兰夫副团长还到灾民群众中慰问。他同受灾的村民说："你们遭受洪水灾害，毛主席、党中央很关心，给你们发了慰问电，又派我们来看望你们，问候你们！你们已经战胜了洪水，当前虽有些暂时困难，有党的领导，有全国人民的支援，也一定能克服恢复生产、重建家园中的困难。你们要搞好生产自救，叫毛主席放心，党中央放心。"乌兰夫在慰问灾民时，有一位老太太抱一个刚满两岁的小姑娘，连连向乌兰夫招手，乌兰夫非常高兴，特意接过来抱起小妮，随手掏出自身戴的钢笔，赠给这个小姑娘，并说："这支钢笔留给你，长大了好好学习，做革命的接班人，接好革命的班。"这个小姑娘叫张恩惠，现在已经成为一名大学生，实现了乌兰夫要她"好好学习"的愿望。

接着，乌兰夫副团长率团当日又慰问了漯河驻军33616部队。部队领导顾政委、于团长、毛副团长、王参谋长等在大门口欢迎，部分营连干部和战士代表迎候在会议室内，等待中央首长的到来。四辆小汽车驶进了部队营区，干部战士响起一片掌声。乌兰夫等领导下车后忙向干部战士招手，指战员们喊："中央首长好，中央首长辛苦了。"乌兰夫说："同志们好，同志们辛苦了。"乌兰夫接见了部队负责同志后，与广大指战员亲切交谈。乌兰夫说："漯河人民遭受了洪水灾害，你们英勇地与洪水搏斗，表现了人民军队爱人民的优良传统。你们在与洪水搏斗中，付出了很大代价，有的同志献出了生命，党感谢你们，漯河人民感谢你们！"

8月19日下午3时，乌兰夫副团长率团驱车驶进磷肥厂进行视察慰问。4辆小轿车驶进磷肥厂大门，夹道欢迎的人群热烈鼓掌。乌兰夫等领导下车后，孙留柱等同志上前迎接，乌兰夫第一句话就说："我们受党中央、毛主席的委托，来看望受灾的职工同志。"孙留柱请乌兰夫到会议室休息一下，喝杯茶、洗洗脸。乌兰夫说："还是先看望问候工人……"他边走边看，边对职工进行慰问。孙留柱陪同乌兰夫等领导到全厂各车间、工段视察，直接走访慰问工人，孙留柱边走边给乌兰夫副团长汇报情况。乌兰夫问："全厂多少职工？"孙留柱答："784人，其中共产党员75人。我们生产的磷肥重点供应20多个县。"乌兰夫又问："职工情绪怎么样？"孙留柱忙回答："我们12号召开了恢复生产誓师大会，职工精神很好，情绪很高，劲头很大，现在主要是抢修机器设备，清理场地的淤泥。"乌兰夫在原材仓库、高炉前、修配车间、石料场等处多次停步向工人慰问："你们受灾后，毛主席、党中央极为关心，及时给你们发了慰问电，又派我们来慰问！你们辛苦了。"他多次与工人握手问候，广大职工十分感动。省、地、市领导也不时插话对职工问候。

中央慰问团慰问将要结束时，孙留柱提出向中央首长汇报工作，乌兰夫说："我们的主要任务是对你们慰问，不单独汇报了。"孙留柱同志请乌兰夫等领导到会议室休息一下，乌兰夫说："不必了，明天要在许昌地区召开慰问大会。"在乌兰夫上车之时，孙留柱对乌兰夫说："洪水造成的损失，我们一定夺回来，尽快恢复生产，为支援农业生产，我们要多产肥，产好肥，请毛主席放心！党中央放心！”乌兰夫副团长听后连声说：“好！好！”

下午4时30分，中央慰问团一行听取了漯河市委第一书记寇保洲关于抗洪斗争情况的汇报。市委第二书记李道文、副书记郭廷珍、苏从义、王振吾、徐庆耀等参加了汇报会。汇报后乌兰夫副团长说：“听了漯河同志的汇报很高兴，工作做得很不错。我们要向毛主席，党中央汇报。”他就城市尽快恢复生产，农村生产救灾，生产自救和群众生活等方面作了重要指示。中央慰问团当天晚上返许。

8月20日，中央慰问团在许昌地区召开1000多人的慰问大会，我市派80名代表参加了慰问大会。中央慰问团的部分成员出席了慰问大会。在会上由中央慰问团副团长丁志辉宣读中共中央的慰问电并讲了话，代表毛主席，党中央向灾区人民表示亲切慰问。到会人员受到很大教育和鼓舞。许昌地委领导和工农兵代表也作了表态发言。会议开得很好，群情高涨，劲头很大，一定要搞好灾后生产，衷心感谢毛主席、党中央的亲切关怀。

中共河南省委员会河南省革命委员会
河南省军区慰问信

战斗在抗洪抢险第一线的广大工人、贫下中农、中国人民解放军指战员和革命干部同志们：

连日来，我省洪、汝河流域，唐、白河流域，沙、澧河上游，连续普降大雨和大暴雨，有的河道漫溢，有的水库进水达到和超过最高设计水位，出现了历史上少有的特大洪水，伟大领袖毛主席、党中央极为关怀，省委、省革委、省军区领导都十分重视这一情况的发展，时刻注视着受灾地区的雨情、水情的变化，十分关心受灾地区的广大人民群众，及时召开会议，制定有力措施，亲自乘飞机视察了灾情，除积极地为抗洪抢险和灾区人民集中了大批物资和人力，并及时派飞机进行空投外，特向战斗在抗洪抢险第一线的广大军民和灾区人民致以亲切的慰问。

希望灾区广大军民，要以毛主席关于理论问题，还是要安定团结为好，要把国民经济搞上去的三项重要指示为纲，紧密团结一致，坚定不移地战胜洪水。受灾地区的各级党委、各级革命委员会的领导同志，要发扬“一不怕苦，二不怕死”的革命精神，全力以赴，组织力量，抢救和保护人民生命、生产和社会主义建设的安全，千方百计地战胜洪水，夺取抗洪斗争的胜利！

伟大的中国共产党万岁！

伟大的领袖毛主席万岁！

1975年8月10日

中共许昌地委、许昌地革委
慰问信

灾区广大贫下中农和基层干部同志们：

我区从8月5日至8日，连降大雨和暴雨。由于雨量集中，沙河、澧河、汝河等主要河道，出现了历史上罕见的洪峰，不少河道漫溢、决口，使部分地区造成严重水灾。

灾情发生后，广大工人、贫下中农、干部、民兵，在各级党委领导下，立即投入了抗洪抢险斗争，发扬了“一不怕苦，二不怕死”的大无畏精神，齐心协力、日夜奋战，有力控制了灾情的发展，取得了很大的胜利。地委、地革委特向你们表示亲切的慰问。

在抗洪抢险斗争中，中国人民解放军驻许部队广大指战员，发扬了我军同人民群众同甘共苦的光荣传统，立即开赴灾区，同灾区人民并肩战斗，为抢救人民生命财产做出了卓越的贡献。非灾地区的广大人民群众，也积极从人力、物力方面，给灾区很大支援。为此，地委、地革委特向你们表示衷心的感谢。

同志们：

毛主席、党中央、武汉军区、河南省委对我们灾区人民十分关怀，及时向我们发出了抗洪抢险的重要指示，并派出飞机空投救生圈、抢险物资和大批食品，从政治上、物资上给我们极大的鼓舞和支持，使我们增强了战胜灾害的信心和决心。

毛主席教导我们：“我们的同志在困难的时候，要看到成绩，要看到光明，要提高我们的勇气。”我们在前段抗洪抢险斗争中，虽然取得了很大成绩，但是，摆在我们面前的任务仍然十分艰巨。我们要以毛主席关于理论问题的重要指示为纲，充分认识战胜灾害的有利条件，树立战胜灾害的信心，继续发扬连续作战的作风，再接再厉，鼓起更大的革命干劲，坚决把抗洪抢险斗争进行到底！在当前，要集中力量抢救人员、牲畜和物资。在抗灾斗争中，要学习大寨人向自然灾害作斗争的彻底革命精神，自力更生，艰苦奋斗，千方百计战胜灾害。要提高革命警惕，严防阶级敌人破坏。

希望全体共产党员、共青团员、革命干部和广大人民群众，紧急行动起来，为彻底战胜洪水灾害而英勇奋斗！

团结起来，争取更大的胜利！

中共许昌地委
许昌地革委
1975 年 8 月 11 日

8 月 26 日早上 5 时，辽宁省委书记毛远新派慰问团，在河南省委常委郝友之、许昌地委副书记李刚陪同下来到漯河。漯河市委第一书记寇保洲、副书记李道文、郭廷珍、苏从义、王振吾等同志对他们的到来给予了热忱的欢迎和感谢！

漯河遭受洪水灾害，牵动了亿万人民的心。先后收到祖国各地：天津、上海、北京、辽宁、山西、陕西、甘肃、内蒙古、浙江、广州、吉林、新疆等 20 多个省市自治区党、政领导机关的慰问电和慰问信，收到的慰问信有来自守卫祖国海防和边疆的人民解放军指战员，有驾着雄鹰，保卫祖国领空的空军战士，有西北高原翻山越岭为祖国探宝的地质队员，有大兴安岭、长白山脚下的林业工人，有首都的亲人，有鱼米之乡苏州回乡知识青年，有日夜奔驰在陇海铁路线上的列车员，有省会郑州的纺纱工人，有煤矿工人、商店营业员、杂技演员、山区农民、在校大中小学生等。真是一方有难，八方支援。

十五、全面总结，庆功奖先

洪水退后，市委决定，召开全市性的庆功奖先大会。各系统、各单位根据市委的统一部署，进行了全面的单位总结和个人总结。经过自上而下和自下而上的总结评比，产生了许多英雄模范单位和个人。

1975 年 8 月 22 日上午，庆功表模大会在漯河剧院隆重召开。大会由市委第二书记李道文主持，市委第一书记寇保洲作总结报告，市委副书记郭廷珍宣布先进集体和先进个人名单。出席庆功大会的各界代表 858 人，其中有在抗洪抢险斗争中作出重大贡献的先进集体；有和群众同甘苦、共命运的干部代表；有“一不怕苦，二不怕死”，哪里有困难就向哪里冲的先进英雄人物的代表；有抗洪抢险斗争中积极参加战斗，洪水退后，迅速组织群众，争分夺秒恢复生产的先进单位的代表；有发扬人民解放军光荣传统，出生入死，英勇战斗，在我市抗洪抢险斗争中建立卓越功勋的驻漯部队和人民武装部的代表；还有发扬共产主义风格，在人力和物力上大力支援我市抗洪抢险斗争的驻漯单位的代表。

庆功会之后，举行了浩浩荡荡的庆功游行，立功集体、立功个人和各代表全部坐汽车，游行了市区的主要街道。

大会公布，荣立集体一等功的是：漯河市水泥制品厂、漯河市运输公司、市郊前谢生产大队共 3 个单位。荣立集体二等功的是：漯河市磷肥厂、漯河市电管所、漯河市木器厂、一机部仓库、漯河市卷烟厂、漯河市发电厂、漯河市第三针织厂、漯河市纺织品公司、漯河市蔬菜公司、漯河市广播站、市邮电局机线班、市公安局消防中队、市郊翟庄大队共13个单位。荣立集体三等功的是：市万顺街小学、市顺河街辖区、省水利局机械大队、市饮食服务公司、漯河二〇〇四仓库共5个单位。

荣立个人一等功6人。他们是：马得草、夏公远、武全根、安法顺、李二毛（追记）、徐海潮。

荣立个人二等功13人。他们是：王朝忠、杨成志、魏成轩、王启明、邓忠伦、李树申、万振、郑玉堂、周成军、潘喜梅、李玉枝、陈广亮、刘长松。

荣立个人三等功25人。他们是：严振强、赵德根、刘水林、侯春发、蒋振国、王毛、陈怀珠、苏振梨、袁照英、李景华、袁松山、梁玉真、王德明、曹岗、张合群、冯桂卿、李友芳、王克运、张海臣、谢保安、周发安、李秀娥、陈会川、宋清林、汪幼勋。

集体提名表扬的单位23个。他们是：马路街辖区马东段居委会、3515工厂三车间、市钢珠厂、市玛钢厂、市玻璃厂、市蛋厂、市电影院、市交通局、市工业用煤供应站、市邮电局、市粮食局、市商业局、漯河一中、漯河二中、市医药公司、漯河铸造厂、漯河水泵厂、市交电公司化工零售门市部、市冷冻厂三车间、市废品收购公司马西门市部、漯河市收容站、市牲畜服务部第一交易所、市百货公司百货批发站。

提名表扬的个人772人。其中重工系统93人，轻工系统123人，交通邮电系统47人，财贸系统137人，城建系统35人，文教卫生系统28人，驻漯单位43人，4个街道辖区85人，党、群、政、法、计委、民政54人，市郊公社系统127人。

附录一：省、地委的抗洪指示

这次灾害性的大洪水，牵动了河南省委、许昌地委各级领导的心，领导机关连续发来一系列电文，今作为珍贵史料予以刊载：

1. 中共河南省委抗洪指示

8月5日下午4时，河南省委电话指示原文：

我省洪、汝河和澧河上游普降暴雨，报汛线路大部中断。仅据联系到的情况，尚店9个小时降雨462毫米，洪水猛涨。石漫滩水库已超过设计水位。板桥和薄山水库失去联系，据说板桥街上已积水2米多。澧河、泥河洼蓄洪区在已分洪的情况下，今晨7日洪水仍达4100立方米/秒，超过河道容量2倍多，堤防漫决11处，不少村庄进水被淹，有的地方洪水深达3米。目前仍在继续降雨，雨区还在扩大，汛情十分紧迫。为此，特紧急通知如下：

①已经发生洪水的许昌地区、驻马店地区、舞阳工区和南阳的部分县，要全力以赴投入防汛，立即组织防汛队伍，加强水库、河道防守和抢险。石漫滩、田岗水库闸门全开放水，加强防守，确保水库安全。下游老王坡，要按省规定运用办法，及时运用放水。周口、沈邱拦河闸要立即开启，洪、汝河要做好防御大洪水的各项准备。

②已经被洪水包围的地区，各级领导要亲自组织力量进行抢救，千方百计减少损失，决口要设法立即堵复，迎接下次洪水。

③各地的阻水工程，特别是拦河坝要立即组织力量拆除。

④对中、小型水库，要特别注意加强防守，设专人值班。

⑤立即组织有关部门检查、维修通信线路，保证通信畅通。已经失去联系的，要千方百计恢复联系。

⑥各地要提高警惕，注意汛情发展，加强防汛准备，调运防汛物资。

2. 许昌地区生产指挥部抗洪紧急通知

8月6日上午10时，接到许昌地区生产指挥部抗洪紧急通知。电文如下：

地委康书记、李书记今天8时指示：自从5日下午5时，我区澧河上游、干江河猛降暴雨，截至6日早晨5时，澧河流量3800立方米/秒，超过了保证水位。上游澧河店、下游南岸半吾庄、河沿李三处决口，有的地段洪水正在漫堤。舞阳县委正在加强领导，组织力量，采取有效措施，进行抢险，澧河的龙泉也出现漫堤决口。据天气预报，今明两天还将有大雨和暴雨，很可能由西南向西北部转移，如稍有麻痹，可能会出现更大问题，为此特紧急通知：

①各县、市必须加强领导，把防汛工作作为全党的突击中心，各级领导同志要明确分工，建立责任制。

②问题较大的，特别是险工和决口的地区，要全党全民总动员，迅速上阵，物资必须保证供应。

③山区水库，特别是险库，一定要按原来部署办事，保证不垮坝，不死人。

④平原地区也要加强领导，发动群众，突击排水，保证秋季大丰收。

以上各点，望立即部署、执行。

3. 许昌地委紧急电报

中共漯河市委：

当前汛情紧迫，为了确保漯河全市人民生命财产安全，地委要求你们要全党动员，全民动员，立即投入加固、加高南岸堤防，准备迎接更大洪峰，不惜一切代价，保证南岸安全。

中共许昌地委

8日8时50分

4. 许昌地委紧急通知

中共漯河市委：

为确保漯河，决定沙河上游在襄县霍雁分洪（8日下午5时分洪），漯河市委要不惜一切代价，确保沙河南岸和澧河东岸，对沙河北岸要立即组织群众转移。

中共许昌地委

8日下午3时

5. 许昌地委副书记李刚同志打电话传达河南省委的抗洪紧急通知

①省委刘建勋政委很关心我们的灾区，即将坐飞机亲自到许昌灾区视察，并空投麻袋和食品。

②河南的雨区已南移，明日晴天，没什么大的雨量了。因此，要抓紧修复河道，排除积水。省委提出在许昌打开泥河洼北区，打开沙河北区，将洪水流入蜈蚣渠，确保漯河安全。

希望漯河进一步动员起来，抓紧堤防维护，鼓励全市人民再接再厉，确保漯河不出什么问题。

8月8日下午6时

6. 许昌地委特急电报转发河南省委紧急通知

各县、市委：

现将省委抢险救灾的紧急通知转发给你们，望坚决贯彻执行。

中共许昌地委

8月10日

7. 中共河南省委紧急通知

各地、市委：

目前全省，如驻马店、许昌、周口、舞阳工区等五个地区，二十余个县遭受了严重水灾，以驻马店地区为最重。

省委要全力做好抢险救灾工作，首先，要集中力量抢救人员、牲畜和物资。全体共产党员、共青团员、革命干部要在抢险救灾中起模范带头作用。

各地、市委都要根据灾区需要和省委的具体部署：在人力、物力、财力各方面无条件地支援灾区。

省委组织的慰问团、医疗队、工作组，今日即陆续到达灾区慰问灾民，协助进行抢险救灾工作。

最近几天继续组织空投救生物资、抢险物资和食品，省委负责同志已赴驻马店、李新店亲自指挥抢险救灾工作。

望全省党、政、军、民紧急动员起来，战胜洪水灾害。

中共河南省委

8月10日

附录二：洪水灾害造成的直接损失

这次洪水灾害给漯河人民造成的损失是巨大的，就城市和市郊农村两方面的灾情，8月16日进行了一次全面的核查统计。

城市灾情

洪水灾害造成的总损失19592619元，其中房屋倒塌10889间，水浸成危房4094间，围墙倒塌24949米。现分系统记述于后：

1. 重工系统，损失总金额6054300元，其中房屋倒塌340间，洪水浸成危房180间，倒塌围墙7050米，两项折款475000元；设备损失金额2727000元，各类车床22台，电动机353台，专用设备74台；产品原料损失金额3851000元，计电机24台，磷肥成品500吨，半成品500吨，原材料1000吨。电工器材成品34吨，原材料43吨，车辆厂各种成品部件6164件，燃料766吨。

2. 轻工系统，损失总金额2157000元，其中房屋倒塌475间，水冲危房345间，电线1600米。灯泡厂灯泡专用设备90台，制灯泡原料10吨；砖瓦专用设备3000个，麻袋2500条，燃料85吨；纸箱成品8吨，造纸原料10万斤；化工成品47吨；蛋厂成品606吨，蛋品精料103斤；服装原材料200斤；鞋厂原料5吨；烟厂原材料1000斤。

3. 街道工业和城市居民，损失总金额1371010元，其中房屋倒塌2422间，水冲危房817间，两项损失1056300元。街办工业厂房倒塌52间，损坏电机66台，各种专用设备16台，各类原材料折款292710元。

4. 城建系统，损失总金额3249306元，其中房屋倒塌2491间，水冲危房1320间，两项损失金额2286600元，路面损坏198000平方米，专用设备155台，木材53立方，水泥641.5吨，绿化街道树3000棵，公园动物淹死159只，各种花草21000盆（株）。

5. 物资系统，损失总金额61599元，其中电机34台，计款3万元，各类物资损失31589元。

6. 商业系统，损失总金额1941818元，其中房屋倒塌404间，损失金额2341860元，面积8711平方米，水冲危房410间，面积8123平方米，金额152920元；漏水房屋454间，面积9180平方米，金额66390元；各种商品受损2484种，折款1250818元。报废商品1630件，金额713790元；水浸商品752件，损失479418元，基建材料受损两项，金额12200元；包装物料受损200种，金额78410元。

7. 交通系统，损失总额216861元。其中房屋倒塌140间，水冲危房80间，两项损失144000元，电机6台，专用设备4台，原材料5吨，燃料97吨，损失37611元。

8. 粮食系统，损失总金额45975元，其中房屋倒塌51间，水冲危房25间，两项金额45600元；水泡粮食2500斤。

9. 文化系，统损失6000元，主要是房屋倒塌10间。

10. 教育系统，损失总金额3276350元，其中房屋倒塌3169间，水冲危房580间，损失金额2249400元，围墙倒塌7897米，损失金额658950元，损坏课桌9200套，计368000元。

11. 卫生系统，损失总金额527000元，其中房屋倒塌145间，水冲危房42间，医疗器械损失285000元，各种药物损坏11万元。

12. 公安局，房屋倒塌70间，损失44000元。

13. 税务局，房屋倒塌19间，损失11400元。

14. 民政系统，房屋倒塌 43 间，水冲危房 28 间，损失 49800 元。

15. 其他单位综合损失总金额 580200 元。其中房屋倒塌 700 间，水冲危房 267 间。

市郊农村灾情

市郊受灾的 37 个大队，辖 231 个生产队，村民住房 10121 户，52146 人，因洪水灾害淹死 3 人（均女性），不包括 4 名抗洪烈士。全市郊共有住房 44959 间，洪水冲塌 19176 间；秋作物播种 41002 亩，水淹 38505 亩；农民原有存粮 998.8 万斤，洪水淹 974.4 万斤，从水中捞出粮食 552.5 万斤；原有牲畜 2129 头，淹死 20 头，原有猪羊 7675 头，淹死 867 头；原有农业机械 1614 台，洪水损坏 678 台。

附录三：全国人民支持漯河

漯河市发生洪水灾害后，得到了全国各族人民的关心和支持，现据文字记载有：

四川省支援漯河 17 匹马；

江苏省水利局支援漯河测量队，120 名工程技术人员；

山西省派来 35 部汽车，35 名司机；

陕西省派来医疗队，一行 18 人；

人民解放军总后勤部支援棉被 3230 条，再生棉毯 1020 条，军衣绒衣、单衣 9450 件，军鞋 13900 双，军帽 2350 顶，雨衣 436 件，军用帐篷 20 个，蚊帐 40 顶；

大同市支援土豆、包菜 40 万斤；

太原市支援土豆、包菜 40 万斤；

天津市支援食盐 4.5 万斤；

甘肃省支援食盐 100 万斤；

山东曹县支援席 10 万条；

郑州市支援漯河工程技术人员 25 人，水泥 73 吨，油毛毡 100 卷，水管管件20吨，纯碱7吨，硼砂1吨，白砒1吨，咸菜20万斤，冬瓜40万斤。

新乡市支援漯河工程技术人员9人，水泥300吨，瓦20万片，石子1000立方，石灰1000吨，纯碱3吨，硼砂3吨。

安阳市支援漯河工程技术人员5名，硼砂1吨，玻璃管1吨，纯碱7吨。

开封市支援漯河工程技术人员1人。

许昌地区支援漯河油毛毡1万米，塑料薄膜16980斤，草袋5万条，麻袋5万条，席1.7万条，救灾棉8万斤。

河南省外贸仓库支援漯河布80万米，网球鞋900双，粉面20吨。

河南省革委供应130牌汽车5部，东方红拖拉机5部，手扶拖拉机10部。

鹤壁市支援漯河工程技术人员31名，煤1000吨。

焦作市支援漯河碗2汽车，咸菜4汽车，煤3800吨。

许昌市支援漯河工程技术人员30名，耐火砖2400块，修复氧气管70个，牲畜饲草30万斤，麦种50万斤。

许昌县支援漯河拖拉机5台，机耕队员17人，衣服10050件，牲畜饲草50万斤。

禹县支援漯河工程技术人员5人，馍48000斤，粉条6000斤。

长葛县支援漯河工程技术人员3人。

博爱县支援漯河锅2000口。

各地以个人名义寄来人民币4453元，包裹10件。

选自1999年6月《漯河文史资料》第八辑

郾漯沙北“七五·八”特大洪涝灾害纪实

范子文

郾漯沙北地区，东起沙河，西至舞阳侯集乡、襄城姜庄乡，南濒沙河，北抵颍河，其中包括今漯河源汇区孙庄乡，郾城县裴城乡、新店乡、龙城镇（原十五里店乡）、孟庙镇、黑龙潭乡。计东西宽 70 余里，南北长 30 里。1975 年 8 月，这里遭受了历史上罕见的特大暴雨，沙河多处决口泛滥，造成了严重的洪涝灾害。全区人民在各级党委、政府领导下，在人民解放军大力支援下，奋战洪水，勇斗险情，涌现了许多抗洪抢险的英雄人物，谱写了一曲曲抗洪抢险的赞歌。23 年过去，弹指一挥间，但那场灾难给予人们的创伤，并没有湮没在时间的长河里。我当时执教于水灾最严重的郾城县孟庙镇学校，现就当时耳闻目睹的洪灾景象，扼要记述如下：

一、特大洪水何自来

俗云：“天有不测风云，人有旦夕祸福”，人们万没有料到 1975 年 8 月初第 3 号台风自福建晋江登陆后，到达湖南常德附近突然转向，北渡过长江直入中原腹地的南阳、驻马店、许昌、周口等几个地区，南来的气流在这里发生剧烈的垂直运动，造成历史上罕见的持久的特大暴雨。郾漯沙北区从 8 月 5 日起，大雨铺天盖地倾泻而下，闷热难耐的酷暑突然变得很冷。下了停，停了下，雨水如天塌下来一样往下倒，几步远就看不见人影，拿洗脸盆去接雨水，从屋里向外一伸手，缩回来就是一满盆。这样一直连续下了三天三夜，坑壕沟壑漫溢，平地积水盈尺，雨量之大，雨型之恶，不仅在国内鲜有，在国际上也极为罕见。据测，郾城全县降雨量达450毫米，雨量最大的裴城、新店公社达500～600毫米。沙北所有的排涝河道，全部漫溢。在此同时，沙澧河上游的鲁山、襄城、叶县、舞阳也连降暴雨，暴雨中心降雨量达600～1000毫米。上游雨量大，山洪暴发，洪水猛涨。洪峰流量在马湾达3140立方米/秒，澧河上游的官寨达15000立方米/秒。沙澧洪峰同时向郾漯压来。加上昭平台、白龟山两个水库为了避免溃坝，决定泄库3000个流量。泥河洼蓄洪区除退水闸全开外，又在大闸西扒口，加大退水入沙河，结果沙澧河和蓄洪区水面连成一片，极大地加重了郾漯沙澧河的泄洪负担。洪水猛烈上涨，大大超过河道的容纳限度，致使沙澧河相继发生漫溢决口。从8月8日起，沙河在孙庄乡董庄（母猪圈北）决口一处，沙河北岸小李庄决口两三处，十五里店等决口多处（沙河南北共决口67处，澧河45处，总长10000米）。沙北地区，北至颍河大堤，东到沙河大堤的广大范围内，一片汪洋，造成前所未有的洪涝灾害。

二、洪水汤汤黎民遭殃

沙北地区，随着西高东低的地势，洪水滚滚向裴城、新店、十五里店、孟庙等乡镇猛扑过来。其声势之大，汹涌澎湃，浊浪排空，其面积之广，“浩浩汤汤，横无际涯”；其力量之雄厚，排山倒海，雷霆万钧；其洪流之速，“虽乘奔驭风，不以疾也”。不到半天时间，沙北地区天连水，水连天，一片茫茫。各村原土坯墙、泥垛墙或里生外熟墙（里用土坯，外用砖包的房屋），相继坍塌于水中，房料有的被冲走，有的被埋在泥里。村庄仅从存在的树丛中可以辨出，如同海上的许多小岛，孤苦伶仃地在那里站着。所有的秋庄稼，一棵也找不到了。电线杆被冲得七零八落。点点如棋布的猪羊鸡鸭等家禽家畜，随大水起伏滚动着，不时发出几声凄厉的嚎叫。石磙、碾盘被推进了坑壕。更有甚者，大水毫不费气力地越过107国道，又向东逼近了京广铁路，铁路路基较高（3米），其越之也，肆虐咆哮，倾泻而下，犹如“银河落九天”，声闻数里。原来铁路路基上铺的碎红石，被掀进铁路两边壕沟里，又从壕沟里翻起推到百米外的田地里。铁轨被扭成了麻花。孟庙车站北 4 里拦河铁路空桥，被洪水挪到东边河岸上。水稍停，我从孟庙高中回商桥去，步履艰难地走在被挪的空桥上，下边河中波浪滚滚，令人心怵。我一个亲戚靳孟宇在孟庙机械厂工作，20 余岁，被大雨围了两日，心中着急，他看水落没有时间，思乡之情倍增，铁路被水淹着不好走，就顺着 107 国道以路旁水中露出的树尖作标志，凫水回家，累了，就抓住树枝歇歇，费了几个小时，从八里庙西凫了十几里到达颍河岸沙埠口桥，才回靳庄家去。

京广铁路孟庙段

孟庙工业区各厂房大半被冲塌，仅余几个大车间。电厂的烟囱、厂房，钢筋水泥结构，比较牢固，仍巍然屹立着，但根基也被冲得窟窟窿窿。孟庙车站河南省储备库，大库房内存的小麦，被水淹后，逐渐膨胀，结果把库墙撑崩，库房倒塌，小麦被冲得无影无踪。库中存的布匹、卫生纸等被冲到路堂东边大坑里，散漂在水面，如同点点荷花，有的沉入水底。107 国道孟平铁路立交桥，大水经过桥孔下，把桥头的护路石坡冲垮，铁路上之灾民，好像感到末日来临，深恐铁路路基万一被冲毁，没头去了，大哭小叫，声闻数里，后经领导安慰，心情才稍平定。

西营村南高山庙学校，原设备简陋，房舍教室皆坯墙砖基建筑，大水一到，全校房屋、教具等，一冲而光，校址夷为平地，结果有的桌凳在黑龙潭乡沙河西岸发现，大部不知所往。

漯河寨北小李庄，我访问了退休工人蒋付来，据他说，大水来时村人避水初转移到铁路上，后看水势继续上涨，又挪到漯河站台上。为照顾家庭，该村 20 多个小伙子，找了几只船，系到河堤边之大树干上。水稍退，露出了河堤，把船赶紧推向水里，免得船身搁在河堤上，他们住在村里房泡塌后的脊顶上，喝的是黄泥水，吃的是事先准备放到船上的一些小麦、面粉等食物。这样整整熬了四天四夜，幸亏都是壮年人，总算熬过来了。

浩浩洪水，流经沙北郾城裴城、新店、十五里店、城关等公社，至黑龙潭公社河西，因沙河大堤阻挡，不能正东宣泄，即转而正北至黑龙

“七五·八”郾漯沙北洪水泛滥形势图

潭沙河与北面颍河中间相距 8 里的狭窄地带东流进入西华境。洪水正东出口窄，下渗又慢，因而在郾漯沙北地区滞留时间自 8 月 8 日—15 日，周余才稍敛迹。其间，承受水量最大者，莫过于京广铁路两侧之村庄，如孟庙镇之五里庙、邱李、孟庙、拦河刘、拦河潘、王店、西营，黑龙潭乡之半截塔、老应、土城王、河涯李、坡杨等村。因这里地势较低，洪水大量集中，深达 2 ～ 3 米，个别如王店村竟达 4 米。当裴城、新店等乡水退露出地面时，这些村的水还有近 1 米深，到 8 月 16 日才退尽。

三、暂避险情确保安全

洪水将至时，有的社员思想有些麻痹，顾家不愿转移。孟庙镇沉赵大队吕庄村吕焕斌说:“民国二十四年（1935 年）沙河在十五里店正北决口，水那么大，俺庄被水包围了，我都没有跑。”因而群众转移的时间，很不一致，有水到前的，有水初到的，有水到后的。但不管怎样，在党和政府的动员、领导和组织下，在各级干部的关怀和帮助下，大家互相帮助、风雨同舟，除少数留村外，大部分先后转移到安全地带，计：

1. 火车运送。洪水将至，孙庄乡、孟庙镇挨近铁路村庄的社员，多次乘火车北上至许昌。八里大队治保主任王保寿和知青王小亚带领社员爬上最后一趟 310 次列车时，洪水已越过铁路在车厢里撞来撞去，列车勉强过去，后停运。

2. 住村登高避险。有的社员想着水也不会变大，走得远了，对家中财物不放心。于是把一些粮食、杂物，有的放床上，有的放桌子上，有的在院里搭个架子，东西摞上面，人住上看着，怕“水贼”行窃。谁知后来水越来越大，平地水深 2 ～ 3 米，原来在床上、架子上棚的东西，尽被水淹没、砸毁或冲走，再往村外跑不出去了。这时只有在更高处，如大树杈上搭个架儿或在坍塌的房脊上，找个棍棚棚，总之栖身避灾越高越好。周修治老师，家住孟庙车站北一里三周村，水来时，家中人皆转移，为了看家，他上到院里一棵大榆树上，两腿骑住树杈，用绳系住身子，拴到树干上，动都不敢动。他说，夜晚大水从铁路正东翻过来，山摇地动，真像长江三峡，我想着不知道还活成活不成，尽力坚持，整整三天三夜，没敢眨眼。出去哩，没筏，着急也无用，吃的弄不来，无奈只有从水里捞些被水冲的南瓜、西瓜、玉米棒、豆角等，借以充饥，要不是我身体好，说不定咋着哩。后来水落到剩 1 米多深，我才下树，同村中其他看家的人一起，找些食物勉强活下去。

孟庙高中数学教师孟法根，水初到孟庙村时，先把家中老小安置在车站站台上。自己也是想着水不会很大，为了看家，回家上到院中一棵三四米高的枣树上，谁知夜晚水越来越大，澎湃之声，震耳欲聋，眼看着水涨得离自己脚只有尺把高，心里万分紧张，但呼天天不应，叫地地不灵，“救人哪！……”叫了半夜，无人营救。夜晚，涛声阵阵，墙倒屋塌之声，此伏彼起，谁还能听到这叫喊求救之声。最后，到半夜里，孟庙村转移到车站的社员，闲谈中说，怎么没见法根来，问其家人说不知道，可能先回家去了。大家疑虑，可能没有跑出来。于是几个人组织起来，撑着筏到村内寻找，果然，法根在大树上正等着营救哩，这才登筏被救出去。水后，未停很长时间，一个血气方刚 30 多岁优秀的人民教师，不幸得了肝癌，离开了人世，群众反映，与被水围受恐吓有关。

3. 沙河堤十五里店、新店等公社河段，凡没有被河水冲毁的沙河堤上，十五里店、新店及沙河北岸附近的村庄社员，多就近在这里聚居，形成许多聚居点。

4. 京广铁路。水初到，铁路附近村庄如孙庄、郭庄、李盘庄、大高庄、小高庄、石槽赵、五里庙、邱李、关徐、孟庙、王店等 10 个村庄，到铁路上避水的人很多，后来水漫过铁路，除孟庙车站站台上留少部分，大多转移他处。

5. 孟平铁路。1958 年修路时，经测量为避免水患，路基加高，超过京广路。1975 年 8 月，洪水一到，裴城、十五里店、新店、孟庙等公社距铁路近的村庄，社员多以此为避水点。

6. 颍河大堤。颍河大堤阻挡了洪水的北流。堤南各公社 20 多个村社员、牲畜，依而居之。

7. 郝家台。该台位于漯北石槽赵村东北 1 里处，紧靠京广铁路东侧，高出地面 3 米多，面积 5 万多平方米。台周围之村如李盘庄、石槽赵、五里庙、邱李、张店等，村民大多迁其上。石槽赵北之兵营，水淹没了，解放军亦全部移此，计数千人。兵营红房仅露个顶，一切物资皆埋水中，台距兵营不过四五百米，解放军战士日夜持枪远处看守，以防“水贼”。

8. 二台。化身台：位于新店东，漯襄公路北，高出地面 10 余米，面积 2400 平方米；凌云台：位于新店公社北、吴公渠南台王村，为一突出高地，南北长 127 米，东西 120 米，高出地面 17 米。二处为新店公社南北村民避水点。

9. 城内。郾城城内东西大街为制高点，城内居民和城外各村村民多依居之。

10. 其他。为部分沙河堤、新店、十五里店等沿河诸村高地。

大水初到来，群众仓促转移，有了这几个避水点，对群众生命安全起到了一定的保护作用。

四、战胜一切困难抗洪抢险救灾

灾情发生后，中共河南省委发出紧急通知，要求受灾地区各级党委迅速动员和带领群众积极投入抗洪抢险工作，号召全体共产党员、共青团员、各级干部发扬一不怕苦、二不怕死的革命精神，要在抗洪抢险中起模范带头作用。根据省委通知精神，地、县、市各级党组织，紧急部署，领导带头，立即深入灾情最严重的地区，发动群众，千方百计战胜困难，夺取抗洪抢险救灾的胜利。许昌地区（当时郾、漯隶属）8 月 12 日组织了三路抗洪大军向以郾城为中心的重灾地区挺进。东路：在郾城小商桥建立了抗洪抢险前进指挥部（住东头学校），以新店、十五里店、孟庙、黑龙潭等公社为工作重点，组织了抢险小分队，逐村逐户清查，不漏掉一村一人。西路：携带救生器材、救灾物资，从襄城沿孟平铁路，到达郾城裴城，开展抢救工作。南路：以北舞渡为重点，做好救灾工作。

郾城县委突出抓好救人、救物资；各个党支部要充分发挥战斗堡垒作用和共产党员的先锋模范作用，克服悲观情绪，树立必胜信心；全民总动员，各行各业人人为灾区尽一份心，出一把力，并积极救助被洪水围困的群众。鼓励广大干部群众振作精神，鼓舞斗志，发扬自力更生、艰苦奋斗的革命精神，树立生产自救，重建家园的信心和决心。对被洪水围困在村内、避水点等处的灾民，8 月 10 日以后，由多数船只援救，分别组织、转移到地势较高的召陵、商桥、城关等公社高地，妥善给予食宿安排及疾病医疗。

各级领导和党员干部的心连着群众，坚持在抗洪抢险最前线，战斗在灾情最严重的地方，与群众同生死、共命运，有的献出了宝贵的生命。

源汇区小李庄大队干部李二毛，在洪水中往返多次安排村民转移，不幸被激流冲去，为营救群众，献出了宝贵的生命，水退后尸体才被发现，被追认为烈士。

郾城城关公社团委副书记徐健怀，在洪水中泅渡 14 趟，连续背出 13 位老人、2 名儿童，最后去背一位 90 多岁的陈大娘时，房屋忽然倒塌，老人得救，健怀被压在房屋中牺牲了。

郾城孟庙公社新郑村书记郭伟根，带领群众安全转移后，他一人留村看管集体财产。房屋塌了，他爬到树上，坚持了 4 天 4 夜。同时，他泅水捞出从上游被水冲的国家物资，水退后，如数交给国家。

郾城十五里店公社芮王村党支部全体成员，在该村房屋全部倒塌，800 多人泡在水中的关键时刻，组织群众把倒塌的房屋垫成几个平台，使村里的老人、产妇、病人安然无恙，经历 5 个昼夜，泡在水中的群众没有造成大的伤亡。

在抗洪抢险的战斗中，我们的党员、我们的干部，他们想到的是广大群众生命财产的安全；他们做到的是使国家集体财产少受损失；宁可舍弃“小我”，而要顾全“大我”。他们的英勇事迹可歌可泣，他们的英雄行为感天动地，无怪乎群众感动地说：“没有干部的援救，我们早就不知叫水冲到哪里去了。”“在我们关键时刻，领导和干部们救了我们的命，真不愧是毛主席教育出来的好干部，群众的贴心人哪！共产党最好，毛主席最亲！”

五、一方有难八方支援

郾漯沙北地区广大灾民，在极端困难的日子里，在无家可归生活没有着落的情况下，社会各方伸出援助之手，使灾民们暂时生活得到解决，健康有了保证，从而体现了党的关怀、阶级友爱的情感，社会主义制度的优越性。

在灾民们被水围困的日子里，政府派出多架飞机，到洪水区查巡，向各村民避灾点空投了各地援助的面包、饼干、罐头等食品，以解燃眉之急。

在灾区灾民多数被船只营救到非灾区的商桥、召陵……公社时，各地援救的食品，大批地运到灾民居住地，及时解决了群众亟需解决的吃饭问题。

以灾民在我村（商桥公社史湾）和村民相处的日子里一些事实来说吧：8 月 10 日，孟庙公社西营大队 8 个生产队的灾民，由县组织分配到商桥公社王湾大队（亦 8 个生产队），原西营一队住王湾一队（类推），史湾为第一、二生产队，住了西营一、二队的灾民。公社、大队干部领着灾民们先到村南麦场中休息。灾民有四五百人，坐了一大片，男女老少，大人小孩，哄哄嚷嚷，小孩哭着饥，大人说着渴。他们都没带吃的，小孩赤肚儿，大人有的光脚、赤背、穿个裤衩，人人面带惊慌沮丧之色。目击景象，实令人心痛，村干部立即将他们分到各户去。

灾民们到各家各户，皆以上宾接待。当时已下午 3 点，村民先烧茶，后做饭，接着打扫庭院、室内，找衣被鞋袜，使灾民们得到安居。灾民生活皆由各户包起来。

紧接着源源不断的汽车从郑州、许昌等地将大批救灾的食物（烙馍）运到了商桥抗洪抢险前线指挥部（学校内），各村住的灾民，不凭什么证明，都可以去领。指挥部人员发不及，学校教师参加，帮助发给。这样，灾民们把馍带回到住的村庄，在各户家烧个稀饭，备些小菜，生活总算安定下来。运到的烙馍，我看皆上等面粉赶制，很合规格，大小厚薄基本一致，两三个卷成一卷儿（不易焐坏），一塑料袋装二三十斤。据说，在郑州，对救灾食品，要求很严格，凡用赖面制作或烙不熟的馍，一经查出，从严处分。一老太婆用赖面被查出，曾受游街处分。

中国人民解放军在抗洪抢险斗争中，英勇顽强，奋不顾身，一不怕苦，二不怕死，与洪水搏斗，为保卫人民生命财产作出了卓越的贡献。

驻许部队某部首长，8 月 6 日即到漯北冒雨视察灾情，接着即在灾区建立了抗洪抢险指挥机构，出动连队赶赴灾区抢险救灾。友邻地区某部队党委，得到我地区（许昌，当时郾漯属于许昌地区）遭受洪水消息后，迅速派来 6 个舟桥连投入战斗。武汉军区党委及时派来 8 架飞机，执行空投任务，并派出 60 多辆水陆两用战车、150 多只橡皮船和多艘机船支援我漯北灾区。商桥南 8 里沙埠口北斜坡公路上，我见车、船摆得满满的，桥东、西颍河大堤上，也摆得很长。许昌军分区首长，暴雨开始时，即带领指战员，连夜奔赴我地灾区投入战斗。人民解放军广大指战员把群众当亲人，把群众灾难当成自己的灾难，自始至终战斗在险情最大、困难最多、任务最艰巨的地方。在沙、澧沿岸，参加堵复决口的解放军战士，哪里有困难就往哪里上，哪里有危险就往哪里冲，用身体挡激流、堵洪水的事例，不胜枚举。五里庙东兵营解放军某连，只顾从洪水中抢救群众，却不顾自己的营房被淹。郝家台上的解放军，几天没吃饭，空投给他们的干粮又毅然送给了从水中救出的群众。某连副连长高士全，带领全连战士把村内群众救出后，又冒极大危险返回村里，逐户查看，最后在一棵树上找到一个小孩，又在一所房子顶上找到三位老人。这三位老人处于绝望之中，泡在水里等死。在他们得救后，感动得痛哭流涕，不住地喊：“毛主席万岁，解放军是大恩人。”

执行空投任务的机组飞行人员和许昌飞机场指战员，发扬人民军队的光荣传统，多装快飞，抢救灾区人民生命财产。许昌飞机场接到空投任务后，因飞机用油量大，立即派 6 辆油罐车，日夜兼程到鲁山运油，保证飞行任务需要。某机组从南京跨区飞行，不顾长途劳累，立即投入战斗。某机长黄天虎急灾民之所急，每天坚持飞行 12 个小时，连续进行着陆投放。

许昌飞机场工作人员将救灾物资装上飞机

郾城新店东化身台投放点，聚集着千余灾民，由于点小树多，不易发现，几昼夜没得到食物。空军某部郭政委得知情况后，亲坐飞机视察，确定着陆方向，然后把大批食品、药物、救生器材等，空投台上。灾民们接到救生物品热泪盈眶，连呼："解放军万岁！"

近一周时间，各机组先后出动飞机 300 多架次，洪水初，给受灾地区几十个投放点空投食物、药品、救灾物资数十万斤，有力地支援了灾区人民抗洪抢险斗争。

有 600 多部汽车司机承担运输任务，夜以继日地为灾区灾民运送各种救灾物资。仅据 8 月中旬，不到一周统计就有：

1. 熟食 467 万斤　　2. 面粉 208 万斤

3. 大米 11 万斤　　4. 小麦 300 万斤

5. 麻袋 64 万条　　6. 草袋 68 万条

7. 帆布篷 282 块　　8. 毛竹 10000 根

9. 苇席 7.4 万条　　10. 油毛毡 4000 卷
11. 塑料薄膜 40 吨　　12. 火柴 3350 件
13. 橡皮船 192 只　　14. 汽车轮胎 201 只
15. 人力车内胎 1000 只　　16. 药品价值 43 万元
17. 各种衣物 17.4 万件　　18. 白矾 6 吨

（以上数字，是根据许昌地区各灾区运往总数计算，郾城灾区最严重的为沙北的几个公社，分到物资数目多少不详）

解放军某部医生到水灾第一线开展防病治病

许昌驻军、友邻地区部队、邻县、开封、洛阳、郑州等地都派来了大批医疗队，深入灾区，为灾民防病治病，保证健康。医务人员自带医疗器械，以最快的速度赶到灾区。他们不怕洪流和泥泞，不顾个人安危，不怕疲劳，到最艰苦的地方去。有的为灾民看病的同时，还参加抗洪抢险斗争，抢救被淹的群众。有的乘坐橡皮船，到被洪水围困的灾民那里去，给灾民治病，使灾民群众倍受感动，称赞他们是“毛主席派来的好医生”。

六、生产自救重建家园

郾漯沙北8月7日—9日沙河决口多处，特别是8月8日十五里店沙河堤段（今学校西边）溃决，口大水猛，和原沙河他处决口之水汇合一起，滚滚东流，这样一直持续到8月11日历经四个昼夜。直到8月12日，洪水逐渐退落。107国道、京广铁路可以行人了，但庄稼地里，泥泞没膝，无人敢进。灾区到各处疏散灾民，男女劳力先慢慢回家查看情况，准备扒找东西。但到家一看，如孟庙公社之拦河潘、拦河刘、八里庙、西营等村，受灾最重，整个村子几乎夷为平地，村内之原住宅位置大多找不到，房屋倒塌以后，梁檩埋没泥中，有的被水冲走了，房墙剩个根脚，但被泥所埋，不好辨认，无奈只有从偶尔存在的几棵没有被水冲走的大树或其他标志为依据，来寻找自己原家庭的住址。

村中牲口，有的转移了，有的淹死了，家里的猪羊等家禽，早被水冲得没信了。砸埋在地下的家什、衣服、被褥、粮食几种东西混合在一起，确实不好扒。指头抠、手端、锹拆，一下一下，累得难忍，指磨烂了，手创伤了，但社员们硬是忍着疼痛，一天一天地把被砸的东西挖出来。粮食霉烂了，家什砸坏了，衣服沤得损伤了，只有洗洗、晒晒，求得勉强应用。水泡了的麦子扒出来，摊在公路或塑料布上晒几天才干，吃起来有些臭味，还肚子发胀，但社员们也舍不得扔去。

大约是8月17日以后，水势退去，地里棚住了脚，原转移到商桥、召陵等地的灾民，陆续地返回家中。到许昌的灾民，因铁路被冲坏，火车不通，大多沿京广铁路或107国道步行返回。

接着就是住的问题。社员们凭经验想出办法，用泥中扒出来的砖，檩条、椽子，再找一些木棍、塑料布、草类，支起棚来，在原房基处或其他地方搭成大庵、小庵，尖的、平的、斜面的等各种形状，星罗棋布地散布在村前村后，县、市把各地捐来的救灾物品帆布篷、苇席、油毛毡、塑料薄膜、各种衣物（皮、布、呢、大衣、上衣、裤）等分发到各公社，再发给各大队。大队根据情况发给社员，但不是平均分配。

就这样，在党和政府的关怀下，在各地兄弟般的援助下，我沙北地区数十万灾民生活得以安定下来。

随后，郾城县委又下发了《中共郾城县委关于当前救灾工作的几点意见》《关于今冬明春群众生活和生产自救亟需解决的几个问题》等文件，各公社传达后，大大鼓舞了社员们自力更生、艰苦奋斗、恢复生产、重建家园的信心和决心，促进了抗洪救灾的顺利进行。当时按季节已过立秋好几天了，在一片白地里再种秋作物已不可能。各供销社为社员们送去了大批的萝卜种子等趁墒抢种，秋后仍获得了好的收成。

9月，遵照政府指示，沙北灾区各校陆续开学了。开学怎么办？学校一无教室，二无教具，但教师凭一颗忠诚的对教育事业的赤心，发扬自力更生，艰苦奋斗的革命精神，搭庵棚，找大树荫，有的教室被水冲后剩下了的一间两间收拾一下，四周用破席、塑料布、破箔、树枝挡住风雨，还有少量救济的帐篷等，也可以作为教室。如孟庙乡路堂学校（中、小学），以原来猪场作为校址，饲养员原住的三米高两米深的两个小屋（全砖结构）作为教师住室、办公室，伙房露天。西莹高山庙学校全部冲完，水后无奈，挪到村内较高地址，无教具，老师们发扬刻苦精神，支砖台、棚棍板，几根细棍连一起可以做一宽板，一块板可供七八个学生用，坐凳靠学生自己搬，家没有的，摞几个砖也可以坐。

修旧利废，是另一个解决桌凳的办法。教师们把埋在水泥里的桌凳扒出来的，支离破碎的桌凳零件，自己刨刨、楔楔、锯锯，组合起来，放在教室，虽高低大小不齐，但总可以利用。

有了教室、桌凳，其他问题都好解决了。9月中旬以后，各学校教学基本走上了正轨。

七、亲切的关怀巨大的鼓舞

党中央、毛主席和各级领导对受洪水袭击的人民群众十分关心，除立即发慰问电、慰问信外，并派乌兰夫副委员长带领中央慰问团于同年8月15日到22日到许昌地区灾区进行慰问，8月19日到达郾城北八里的八里庙村视察，慰问被洪水洗劫后的广大社员群众。

八里庙村是受水灾较严重的村庄。这个大队据统计倒塌房屋 2000 多间，冲走牲口 140 多头，猪羊 420 头，还有外贸经营处在八里村收购的活猪 100 多头，整个村庄几乎夷为平地。当乌兰夫副委员长率中央慰问团到八里庙慰问的通知接到后，群众奔走相告，聚集街头，迎接党中央慰问团的到来。上午 10 时，乌兰夫率中央慰问团到达八里庙村。大队书记王尽中、大队长王国恩、妇女主任王秀莲、治保主任王瑞莱、贫农代表胡金山等，找来了被水冲走的一张小方桌、五六把小木凳，又不知从何处找到一个茶瓶，摆上几个碗，在村里东西大街路北放下，这就是当时对领导同志的“盛情”招待。

乌兰夫同志首先传达了党中央、毛主席对灾区人民的亲切慰问和无比关怀，接着详细询问了村里受灾情况。王尽中详细汇报了全村被水淹没 2 米多深，房屋倒 1900 多间，全体干部在水中冒着生命危险转移了 800 多人的事实，又汇报了在被洪水包围期间，飞机一天三四架成麻袋投下馒头、油饼、饼干等。副委员长接着到路边全村第一个搭起庵棚的胡盘珠家，又到社员王培英家，看了以后称赞说：“很好嘛，把大家组织起来，先搭庵住，安排好生活，恢复生产，重建家园。只要无伤亡，我们就放心了。”

当听到村里房子大多是土墙而被冲毁的，乌兰夫说：“坏事可以变好事，草房冲了盖瓦房，盖排房。”

乌兰夫指示干部，一定要把群众时刻放在心里，千方百计保证社员身体健康。

中央慰问团在八里村停留了三个小时，就要走了，大家依依不舍。王尽中紧握乌兰夫的手，久久不放，并激动地说：“我们八里的社员群众的心永远向着党中央、毛主席，我们一定要以愚公移山的精神，团结一致，自力更生，重建家园，为社会主义祖国争光。”

八、结束语

郾漯沙北“七五·八”洪灾，自1975年8月5—7日暴雨如注倾泻而下，8月8—11日，沙河猛烈上涨，南北决口67处，特别是8月8日，十五里店等处决口，汇合舞阳、叶县东流之水，洪流滚滚，波浪滔天，历经4个昼夜，沙北地区除人和少数牲畜转移外，其他一切尽付东流。8月12—16日，洪水停滞，一些低洼地带积水仍多，仅靠蒸发和下渗，不能再排，故地面水干，费四五日。8月17日以后，灾民陆续返回，自力更生，重建家园，前后历经20余日。

附一：郾漯沙北各乡镇“七五·八”洪水受灾情况统计表

郾漯沙北各乡镇“七五·八”洪水受灾情况统计表

乡镇	村数	户数	人口	耕地（公顷）	面积（平方千米）	附记
孙庄乡	9	1945	10100	510	10	公顷 =100 公亩
孟庙镇	75	11096	56358	3977	65	
裴城乡	38	9623	44602	5214	79.7	
新店乡	50	9363	43001	4216	67	
十五里店	89	11691	53240	4311	68.8	
黑龙潭乡	34	6159	29504	3185	约 30	限于河西、沙东为非灾
商桥镇	沟张 洼孙	471	1968	约 850（淹）	约 18（淹）	仅限于颍河南、河北非灾
共计	297	50448	238773	22311	335.3	

说明：

1. 商桥镇除沟张、洼孙二村全在颍水南灾区外，其他乾勒桥、坡边、刘孟、甄庄、大杨、小杨等10多个村庄在颍河北或东，为非灾区，部分耕地在颍河南或西，为灾区，因而在耕地、面积项内，注“淹”字。

2. 商桥镇原自然村56个，8404户，耕地3426公顷，面积56平方千米。

附二：郾城县“七五·八”洪涝灾害损失统计

1. 淹没大队：246 个，占全县大队 78%。

2. 淹没生产队：2947 个。

3. 倒塌房屋：393000 余间。

4. 损失粮食：2.5 亿斤（国家 1400 万斤，集体 6000 万斤，社员群众 1.76 亿斤）。

5. 早秋绝收：75 万亩（全县早晚秋 97 万亩）。

6. 死亡人数：近百人；

牲畜：20000 多头；

猪羊：130000 只。

7. 各种动力机械损坏：6000 多台。

8. 县财贸系统损失折款约：600 万元。

9. 工业系统损失折款约：450 万元。

10. 受灾严重公社：八个，裴城、新店、十五里店、孟庙镇、城关镇（前）、阴阳赵、大刘、空冢郭（后）。

前几个公社受灾面积较大，损失也较大。

11. 受灾较轻的公社：邓襄、万金（老王坡北堤漫溢）。

12. 部分受灾的公社：召陵、砖桥（青年）。

参考书目：

1.《许昌大事新闻录·“七五·八”洪灾与救灾》

2.《郾城文史资料·郾城“七五·八”水灾》（四辑）

3.《大河报·写在“七五·八”大洪水二十三周年》1998.8.7

4. 1988 年《漯河市地名志》

选自 1999 年 6 月《漯河文史资料》第八辑

漯河东南隅大雨我先知

——“七五·八”洪水琐忆

王连收[①]

我村坐落在市区东南10华里，地处郾城、西平、源汇区三县区结合部。西有干河故道，南有老王坡蓄洪区，地势低洼，以水为患。

我家的住房建在漯上公路（漯河至上蔡）故道一侧。这条故道是旧社会的所谓官道，因往来人车频繁，乃至路面低洼，被当地称为“路沟”。曾记得孩提时，每逢雨后，就在这条路沟上堵鱼。古人云：“水往低处流。”这条路沟在洪水期间，自然是首当其冲。村西是澧河的一条支流，俗称干河，因长年断流，河堤早因社员打坯烧窑，起土建房而荡然无存。河床故道缺口正与“路沟”相通，大水是不导自流。

1975年8月5日，瓢泼大雨昼夜未停。幼年堵鱼的“官道”变成了一条河。下午3点多钟，水漫进我家宅院。我和父亲一起在院子门口堵了一道土堰，用盆子向外舀水。尽管我们累得腰酸肩疼，然而不仅无济于事，水势却继续上涨。傍晚时分，我回西配房拿东西时，突然发现屋内红薯窖周围有裂痕（房子是后盖在红薯窖上的）。我们慌忙往外搬东西。因为这间屋只有七八层砖基，全是泥垛墙，若红薯窖塌陷，屋子自然随之轰然。当我们仅把床和桌子抬到院中，“轰隆”一声，泥屋已四角落地。这是我村倒塌的第一所房子。

次日，水势仍在上涨，首先威胁到我们生产队的仓库。我队的仓库、牲口屋等正在村西河床故道面向我村的豁口边。村里其他人还不以为然袖手旁观，我队的青壮年劳力已投入紧张的搬迁之中。扛粮食，拉

① 王连收，源汇区后谢乡河东王村人，生于1951年。驻马店师范学校（大专班）历史专业毕业，曾任漯河师范学校教师。

牲口，搬农具，把集体财产临时放在学校里（当时学校正放暑假）。尽管我们冒雨抢运，水汗不分，往来穿梭，但财产尚未运完，几十间房子轰然卧在洪波之中。

水势在继续上涨，噩耗接踵而至：板桥水库冲垮了！石漫滩水库坝冲了！昭平台水库又放水了！老王坡的水也来了！沙河河堤眼看守不住了！这些消息顿时引起了全村的惊慌，青壮年自发地冒雨前往，欲在村西筑坝保村。但一昼夜的辛劳仍没有堵住凶恶的水魔，接二连三地房倒屋塌，夹杂着妇幼的哀叹和哭泣，人们陷入无奈之中。当时村子里水有齐腰深。

我的全家被迫临时搬到前谢舅家。几十口人菜面吃完，只有煮麦子吃，前谢各家都住满了逃水的难民。在万般无奈情况下，有的家庭甚至已在商量万不得已的逃生办法——临时造筏，随水漂流。有的抱头痛哭，宁可死在家里。绝望笼罩着难民，难民渴望着新生。

洪水无情人有情，困难面前显英雄。在大难当头之际，党组织发挥了战斗堡垒作用。大队干部带着民兵，扛枪拿绳，命令劳力一律去打堤。根据地势，决定在供销社北边，西起干河堤，东至徐庄，打一道长达4000米的堤堰，确保前谢、徐庄、靳庄三个自然村。我因比其他人早干了两天两夜，身体是蛤蟆驮坯——强支哩。但看到前来避难的灾民都投入了战斗，就胡乱吃点东西又去打堤了。当时供销社的马提灯、手电筒也全部用上了，经连夜奋战，三个自然村安然无恙，而我们河东王村却处在汪洋之中，水深处达五米以上。几百名老弱病残尚困在洪水之中。

为了及时抢救水困人员，临时组成了抢救突击队，我又参加了救人的行列。因水势猛，流速快，从学校高地下水，游到对面村中能歇脚处，就会被斜冲近29米。进村后，逐家找寻被困群众，又要给不愿撤离的老人做工作。首先，把人集中到村东距徐庄东头较近的一块高地，然后分批用临时制成的木筏送往安全地带。经一天的抢救，被困人员全部脱险。

这场百年不遇的洪灾，在共产党领导下，万民齐心奋战，终于被降服了，这使我更深地体会到：在中国共产党的领导下，任何困难都会被人民克服的。

选自1999年6月《漯河文史资料》第八辑

世间自有真情在　有情何必曾相识

——重建家园纪实

王连收

1975年8月，历史罕见的洪水袭击了我的村庄源汇区后谢乡河东王村。大水过后，村子一片废墟，房子塌了五分之四，树木只露绿冠，满眼尽是浑浊的黄汤，地是一片汪洋，苞米地里鱼虾漫游，各种杂物到处漂浮。人们衣食无着，无家可归，无奈困扰着人们。

在人们恐慌，万般无奈之际，党中央及时发来了慰问电，乌兰夫副总理亲飞漯河慰问。直升机降落在东货场的消息不胫而走，党的关怀振奋了人心。有共产党的领导，就一定能恢复生产，重建家园。

一方有难，八方支援。全国各地，各行各业，纷纷伸出了无私的援助之手。我们吃到了飞机空投的还散发着余温的馍，穿上了带有阶级深情的救灾衣。一批批救灾物资，源源不断地送到我们每一个灾民手中，党的关心、同胞的援助，又一次次唤醒了困惑的灾民。我们就地取材，搭起窝棚，甚至住上原始的半地穴式的庵棚，村里冒出了炊烟，人们又有了笑脸，在困难重重的情况下，投入了紧张的冬播工作，为来年小麦的丰收打下了良好的基础。

农活就绪后，发扬互助精神，自发联合起来，清淤垫基，和泥垛墙，逐家解决。在互助情况下，灾民们具备了过冬的基本条件。这种互助联合还扩大到周边村庄。亲戚朋友，相互联合，有力出力，有物捐物，能工巧匠，各显其能。我曾去过郾城的辛庄、白坡、西平的高桥、前董等村，帮助清理废墟，搭棚建屋，协助中有很多人互不相识，真正应了“有情何必曾相识”的古话。

有情的援助，使绝望中的人们看到了光明，看到了希望，暖流涌动全身，友情化为干劲。冬去春来，灾区人们身着同胞脱给的衣服，手拿国家送给的农具，投入了春耕大生产。历史证明：精神之花结出了丰硕的经济之果。1976年夺取了有史以来的小麦最好收成。

“七五·八”洪水使我甚至是每一个灾民，落下了癖好——只要祖国出现任何灾难，就会义不容辞，心甘情愿地献出自己的一份爱心，像今年[①]长江流域、松花江流域的特大洪水消息传来，我市人民迅速行动，捐款捐物。不说是将心比心，至少是祖国人民的向心力强。只要心往一处想，劲往一处使，我们的祖国定富强。

选自1999年6月《漯河文史资料》第八辑

① 指1998年。

澧河堤段上的抗洪战斗

孙留柱口述[①] 邢海红整理[②]

漯河市委 8 月 6 日通知，第一抗洪斗争分指挥部，即抗洪领导组成立。由孙留柱、王克运、王兆立、田群领、陈敬德五同志组成，孙留柱、王克运二同志任第一抗洪分指挥部正副指挥长。担负从干河口至马夫张村北五华里堤段的抗洪抢险任务，具体分包马夫张、姬崔、毛寨、干河陈四个村大队和邻近的磷肥厂、灯泡厂、电工器材厂、冶金厂、针织厂。7 日上午我从北京开会回漯河，火车未进站就看到漯河的雨大，河水也大。我把提包放家，连隔墙住的老母亲也未去看望，便急忙往厂里跑。厂里遍地是积水，当询问生产情况时，厂部办公室的同志转给我一个紧急抗洪通知。我和厂长朱春堂、党委副书记李继尧等同志简单开个碰头会，就急忙到河堤上检查汛情，发现三个不到位。下午，我首先召开了抗洪分指挥部成员会，统一思想，明确责任、领导者必须现场指挥到位。接着，以抗洪分指挥部的名义，召开分包堤段单位的负责人会议，传达市委的抗洪紧急通知和分指挥部的抗洪任务，要求迅速组织抗洪队伍，备好工具，各单位的人员要立即分班上堤，日夜坚守，观察堤段险情，发现紧急情况，要全力以赴，排除险情。会议要求，分指挥部成员要检查各分包堤段单位落实措施，现场召开办公会，责成各单位按分管堤段架上电线，安上电灯，备好草袋、麻袋和抗洪工具等。我们深知，此段河堤比市区的河堤低三寸，抗洪任务显然更加艰巨，因此，市人武部政委张作珠同志也亲临现场坐镇指挥，当晚迎战了第一个洪峰。

① 孙留柱，漯河市人，曾任原漯河市二轻局长。磷肥厂党委书记（厂长），漯河市横向经济联络办公室副主任。离休。

② 邢海红，漯河市人。生于 1968 年，大专文化，曾在源汇区天桥街办事处从事文秘工作。

市抗洪指挥部发布紧急通知，8日中午将有第一个洪峰到达漯河。下午2时许，汛情更加紧急严重，洪水超出堤面近两寸，普遍漫溢，冲刷着堤面，向堤外直流，随时都有决口的可能。我在2个小时之内，连续4次向市抗洪指挥部告急，随即市委副书记郭廷珍同志赶来，临战指挥，把33616部队调来增援，市抗洪防汛指挥部又调抢险突击队50多人，由夏公远、张新民带领跑步赶来，堤内是滔滔洪水，堤外是半米多深的积水，取土筑堤十分艰难，可英雄的军民并肩战斗，决心筑起抗洪堤墙，土从何处取呢？在这样的情况下，只有水中捞泥，装在草袋麻袋内将河堤加高，作临时抗洪墙。由于水中捞的泥含水多，加之草袋渗水，堤面上的水仍不断流，堤角长时间浸泡，决口断堤的危险越来越大，但那时大家只有一个信念：人在，河堤在，誓死保卫漯河。

紧张的抗洪斗争一直坚持着，人还没有喘一口气，市防汛指挥部通知，今晚8点钟以后还将有第三次洪峰到达，流量8000到10000立方米。为迎战第三次特大洪峰，我们在极度困难的情况下，又做了思想上和物资上的必要准备。虽然市委领导郭廷珍、张作珠都来现场指挥，但我并不感觉肩上的担子轻，因我是这一堤段的主要负责人，所以，我沿堤段不停（从8日晚6时至9日早4时许）地发动教育群众，坚持就是胜利，并用毛主席语录“不怕疲劳，不怕牺牲”和连续作战的作风，鼓舞大家，还向抗洪群众提出：现在是党需要我们，人民需要我们的时候！也是党考验我们，人民考验我们，我们报效国家，报效人民的时候！

艰苦的抗洪斗争我们一直坚持到9日晨4时25分，终于，灯泡厂北决开第一个口子，把近300名抗洪队伍隔离在口子的两端，我们与市委、市防汛指挥部失掉了联系，一时间人的思想万分恐慌，我们正做安定思想工作时，电工器材厂北、马夫张村北接连决开第二个、第三个口子，把我们紧紧围困在不足百米的孤岛残堤上，随时都有被洪水卷走、吞没生命的可能。我们在最困难的时候，几个负责同志研究决定临时成立党支部，发挥共产党员、共青团员的模范带头作用，做身边人的安定工作，把仅存的草袋和河堤上的树砍掉，用草袋和树枝护着残堤，避免洪水不断冲刷，以此保住残堤，保住人。另外，我们选派磷肥厂工人马得草（荣立抗洪一等功），是他冒着生命危险，面对滔滔的洪水游渡到开口子的东岸，给市委送信，请求市委迅速调船救人。市委立即决定，派市人民武装部副部长何顺卿同志负责，从一中西澧河口调船，邢富功全力协助何顺卿工作。因水大浪急，船划不上去，后改为先把船拖上岸，用汽车拉到干河口再下水，西划去救人。当船只第一次到达困人的残堤时，许多人感动得哭了，被围困的人此时高呼"伟大的中国共产党万岁！毛主席万岁！"

关键时刻体现党的领导，体现共产党员的大公无私。临时党支部安排，被围困的人要进行有秩序的脱险，先接妇女脱险，再群众，然后是党员，我和郭廷珍同志最后撤离残堤。

还应该特别记述姬崔大队党支部书记安发顺同志，他带领社员群众奋不顾身抗洪三天两夜未下河堤，当有人告诉他家中进水，财产被冲走时，他说："堤上抗洪需要我，我要坚守在抗洪大堤上。我不能顾小家，忘大家，忘全市人民！"结果，他的家产被冲走，洪水还夺去了他的岳母和爱女的生命。他是一位真正的抗洪功臣，是一位真正的为党、为民的共产党员。

选自1999年6月《漯河文史资料》第八辑

洪水滔天万物惊骇

张福祥[①]

公元1975年8月5、6、7、8日（农历乙卯年六月二十八、二十九，七月一、二日），漯河上空受3号台风形成的低气压控制，连续三四天降大到暴雨，沙澧二河暴涨，浊浪排空，涛声震耳，两条河流连成一片，不分沙澧，并多处决口，市区铁路以西各主要街道顿成泽国。

这一年我在市农业生产资料公司工作，家住勤俭街300号，300号是个大杂院，住12户人家，都是平房，大部分是供销社系统的职工。我家的门前铺了一大块青石，第一天下雨时，妻子接房檐水洗衣服，洗着她颇为得意地说，这雨洗衣服真得劲！可是，夜以继日大雨不止，她脸上得意的表情逐渐变为忧虑。天，一会儿是铅灰色，一会儿黑得又像鏊底，房檐下放个洗脸盆，要不了一分钟就能接满满的一盆水，到8月6日这一天，我们这个大杂院都积满了水。各家各户搬砖的搬砖，装土的装土，往各自的门前堵水，我侥幸我住的这两间房门前地势高，后墙还是临街的砖墙，不会进水，谁知到傍晚时分，临街的水越积越深，下水道早排不出去了，从我住的屋后开始往屋内灌。这时再去找土已经很不容易了，我就用破衣服往墙缝里塞，水越进越多，很快屋里的水埋脚脖深，我和妻慌忙将米面煤往床上放。天到7点多，我简单地吃些东西，就往南仓库跑，地点就在现交通路中医院对门，农机公司后院，后院是农资公司的仓库，放的磷肥，当时仓库的南间是简易棚，棚里堆放的是我和任献兰在湖南衡阳采购的硫酸亚铁（黑矾）。这是50吨优质农药，很受农民欢迎，已经卖掉10多吨，还有一多半在仓棚里堆着，黑

① 张福祥，漯河市人，生于1932年。1950年参加工作，先后在漯河市文化馆、文联、干部学校、供销社工作。曾编写《漯河市志》供销、牲畜部分。

矾是用草袋包装，遇水即溶化。我和农技员宛国超把草袋包层层堆码往上加高，仓棚漏水，草袋淋湿，溶解的黑矾水顺着裤腿往脚脖里灌，干脆将袜子、鞋脱一边，赤脚码垛，脚泡在黑矾水里，肉腐蚀得生疼。我俩将黑矾码有 2 米多高，这时公司有人通知，全体人员在公司集合，准备上河堤抢险。

我们穿着雨衣，肩扛铁锹、扁担、抬筐，手提马灯，在老大桥南头展开了河堤加高加固工程。月黑头天，雨还哗哗下个不停，汗水、雨水交加。8 月上旬的天气仍很燥热，把雨衣甩了赤膊上阵，快临近天明，下一班来接替我们才下来。

7 日上午，我徒步疾行而走，几乎是小跑去郊区范庄我岳父家接两个孩子。当我走到母猪圈河堤时，土黄色的沙河水波涛汹涌，咆哮如雷直奔母猪圈。俗话说“冲开母猪圈，淹了颍州（安徽阜阳）十八县”，不但豫东周口地区难保，连皖西也有灭顶之灾。那母猪圈近在咫尺的冯庄、龙塘、范庄几个村庄更别提了。基于这种情况，我得赶快把孩子接走。当我到岳父家，见两个孩子正在玩。岳父吸着旱烟袋谈笑自若很有信心地说：“不要紧，1954 年修母猪圈我在那儿干过，都是大红砂石包的，结实得很！”事实证明岳父的话很对，即便是这场百年不遇的洪水也没有将母猪圈冲垮。尽管如此，我还是将两个孩子接走。我们父子三人走得都很快，又返回到母猪圈河堤，看着一望无际的滔滔洪水，我不由胆战心惊，因为水离河堤仅有一尺，伸手都可触及。

当我们进入市区，但见街上的市民一个个惊慌不已，表情严肃，神态紧张，行色匆匆，像是预感到世界末日的来临。当我走到解放路与万祥街交叉口时，一群麻雀从头顶疾飞而过，它们好像也要去寻找一个安全的地方躲避。

我把孩子安排到源汇寨老槐树跟前我的老家，交给我母亲，这才放下心来。因为我家的地方是沙澧二河交汇处的南岸，地势最高，几次发大水都不曾淹过这里，我母亲接到孩子说：“我早就急着把他俩也接来。”

我把孩子安排妥当后，顺河堤往西走，当走到现在澧河桥时，但见澧河水如脱缰的野马狂奔而下，所过之处丁湾村房倒屋塌，很快沙澧二河连成一片，我在东岸看得非常清楚。当时我多想有一部照相机把这一情景拍下来，作为这次洪水的历史资料。

当我返回到南仓库看黑矾时，底部虽浸点水，上部盖得严实基本保住了。我顺路到家，妻正着急得不到我的消息，这时我急需的是弄点吃食。

正在转移的灾民

8日，澧河从马夫张决口，市区南部已过水。听说驻马店地区的板桥、石漫滩两水库相继漫坝溃决，洪水从西平县境往北漫延，并已进入市区。当我从老大桥上走过时，水已接近桥面，我仗着会水直走到桥的北头，但见洪水漫过沙河北堤，一个猛浪冲下将供销社大高庄综合门市部冲垮。这是一个很有规模的、五间门面的大型商店，供应着沙北几十个生产队的生产生活资料。上午10点多我返回家，大杂院人声鼎沸，人们慌乱地将细软包扎好准备往综合楼（现人民商场对面）避难。我和妻连忙将米面用袋子装好，背到二楼西头一个大会议室里。我们十多户不分男女老幼都住在这个大会议室里，大伙亲密无间，那时吃的仍按粮票供应，但都互相帮助，一时间不分彼此。上到综合楼以后不到3个小时，水从交通路和人民西路滚滚而来，很快主席像台台阶（那时交通路与人民西路交叉口有毛主席的像台，4 层楼高）被水淹没。下午我到家，扶住综合楼的墙角走，水深到我的大腿根处。勤俭街院内我的儿子和老赵家的儿子拿根棍在一只破铁油桶上撑船玩。我把孩子叫走，又返回到综合楼时，但见主席像台前一户人家用两根屋梁捆成的筏子，上有床铺、锅灶、小孩。我从这家的筏前蹚水去南仓库，挂念那几十吨黑矾不知怎样了。我赶到一看，黑矾全泡汤了。整个农机公司院内水泛红色。洪水下去以后，大半条街的白石灰墙都刷上一层赭红色的印痕，好像水位标码记录。

8 月 9 日大水渐趋稳定、回落。公司人员及时清理水淹财物及商品。那时生产公司对门是纺织品公司，他们把被水淹的布挂在生产公司未盖成的 4 层楼上，整座楼成了“大染房”。

选自 1999 年 6 月《漯河文史资料》第八辑

舞阳“七五·八”水灾回顾

王文华口述[①] 胡德周整理[②]

“七五·八”大洪水是1975年8月发生的，正值我到舞阳任县委书记的第二年。我原来打算三年大翻身，头一年了解情况，安定人心，抓安定团结，抓好生产，疏通河道，各项工作都很顺利，形势很好。1975年麦季是个丰收年，亩产300斤，秋禾也特别好，省生产指挥部和许昌地委的领导到舞阳检查都很满意。

谁也没有料到，8月初，3号台风竟会越过长江，突然向中原腹地冲来，狂风暴雨把南阳、许昌、驻马店、周口等地区都罩在里面。从8月5号开始，暴雨在泌阳、舞钢、舞阳等地区倾泻而下，雨水如天塌了一样往下倒，铺天盖地，几步远就看不见人影，真是倾盆大雨，甚至比倾盆还大，灾情十分严重。晚上我睡不着觉，起来找县委副书记李玉献商量咋办，并让通知王明寅书记明天上午8点开常委会。县委决定抽干部下去，常委包干负责制，我负责保和公社的上澧河店大桥；李玉献包吴城、九街；王保兴、王国林包拐子王、孟寨、马村；鲁长建包北舞渡；武装部长史林堂到侯集；副部长韩志华去九街；宣传部鲁金亭去马村；王明寅书记坐镇县委指挥，抓后勤，负责分配支援物资。后来泥河洼吃紧时王国林又调到那里，王保安去孟寨。

分工后第二天下去，全县抽了300多名干部，要求保人、保畜、保生产、保房子、保庄田，后来变成保人保畜。县委提出要将南半部的灾民接到北半部，北半部的人大部分接到舞阳岗，有的安排在郾城，县委

① 王文华，时任舞阳县委书记。
② 胡德周，河南舞钢市人，生于1962年5月。1980年至1984年在北京军区某部服役。历任舞阳县史志档案办副科级干部，县政协文化和文史委主任。

机关安排100多，人武部也安排了好几十个，党校安排的主要是枣林张卜庄、八台杨楼的，并且要求一天三顿发馍、饭。对于不能进入县城的则采取党员干部组织群众转移。他们有的上到岗上，有的上到河堤上，有的上到树上，总之是千方百计死里逃生。在干部的组织带动下，侯集东部的灾民都转移到大岗上，泥河洼的上大河堤，马村的大都上到大树上。雨不停地哗哗下，水越来越深，灾情更加严重。

我是6号到保和公社的，开始就到上澧河店桥上，在那里打电话与外地联系求援，组织群众转移到河堤上，然后用汽车把他们从澧河桥拉到县城里。我在大桥附近被水冲下去三次，幸好抓住了桑树，才死里逃生。军分区司令员郭天才听说我找不到了，派武装部副部长坐快艇找，省军区高书官司令也很着急，很支持。在洪水包围中，我用部队的电台同有关部队取得联系，请求他们给予帮助，救民于洪水之中。在那里，我请求五十八师的张师长给舞阳派100名会凫水的战士，水中救人。他说，要请示武汉，得三天。我说不中，一天就得到，情况太紧急；我又给武汉张振华参谋长打电话，把叶县住的炮兵团也要到了；又要南京军区政治部主任，舟桥部队8号就赶到了，立即架桥转移人。这个政治部主任是现在舞钢市武功乡的人。我还打电话到海军空降兵北京南郊丰台机场，他们的政治部主任是郾城大辛店人，他爱人是舞阳人，我们都有联系。他们都很支持我的工作，也给舞阳抗洪救灾做出了贡献。后来统计参加舞阳抗洪救灾的解放军共有1500多人。部队抗洪救灾的重点是在舞阳的孟寨、北舞渡、泥河洼；叶县的炮兵团主要是在保和、官庄，保上澧桥、保公路。后来他们又参加了修复公路，完工后又转移到北舞渡去修路，为舞阳抗洪救灾及重建家园立了大功。

为了保住舞阳北部，我们县委请示地区，计划炸开河堰街大堤，实行引洪。经同意后，8号炸堤，实现了分洪计划。随后，我从保和又去北舞渡，到泥河洼。当时为保漯河，上级要求泥河洼落闸，暗地里我不让落闸，减轻了拐子王、九街的压力和灾害。水灾中，县委要求干部都到第一线去，县直党员干部职工抽2200人投入救灾，谁也不能造成人为事故，否则处分。有赏罚分明的纪律，表扬好的，批评坏的，支持有功的，所以救灾工作很顺利。

在“七五·八”舞阳抗洪救灾中，我们最大的体会就是领导干部团结一致，共同战斗。当领导的要广交朋友，严于律己，宽以待人。所以，那时许昌地区 14 个县有 13 个都支援了舞阳。其次就是有一支得力的骨干队伍。

那时，我和河南日报、新华社记者站的都很熟悉，让他们帮助呼吁支持舞阳。我给他们说，眼下最急需的食品，不要蒸馍，光霉，要烙馍。禹县、鲁山、宝丰都响应，积极支援我们。特别是禹县县委书记臧文营、鲁山县委书记张家路、宝丰县委书记都是亲自押车到舞阳送馍。

水刚下去，地区商业局长李振甲就打电话，让去郾城孟庙战备库去拉布，我组织干部亲自去拉，所以舞阳的老百姓每家都有布，有的几十丈。我给纪登奎写信，要求豁免群众贷款，纪登奎又请示中央农业部农业局长同意，他领着国务院调查组到舞阳，舞阳老百姓的老账贷款豁免了 42.76 万元。

舞阳水灾共塌房 22.3 万间，淹地 72 万亩，所有河道全部决口，共死亡 104 人[①]，整个损失大得很。但舞阳的救灾工作，重建家园工作搞得好。灾后抓生产救灾工作，一是保证群众吃饱饭，了解情况，如实上报。第二是农业丢、副业得。当年工副业收入 1165 万元，财政收入 498.1 万元，比 1974 年 1000 多万元来说大大减少，可见困难程度之大。县委还决定号召群众种菜，小队百亩，大队千亩，在老坟上种油菜，并取得了丰收，有效地缓解了灾情。

重建家园最重要的是国家的支持。灾后第二年，头三个月就要回款 993 万元，这一年共要 1200 万。第三年要 400 多万元，粮食 4282 万公斤，贷款 85.53 万元，上级救济衣被 98.1 万件，布 87.2 万米。调拨给舞阳木材 500 立方。同时县里组织粮店、粮所磨面，烙馍给群众。

① 胡德周《我所经历的“七五·八”洪水灾害》记述为 80 多人。

为了便于恢复生产，灾后县委决定从北舞渡划出章化乡，从侯集划出太尉乡。在章化盖仓库，在北舞渡修大桥，再发水就不愁了。

灾后去许昌开表彰会，舞阳去160人，我去中南海受到李先念、纪登奎、乌兰夫接见。

选自1999年6月《漯河文史资料》第八辑

舞阳县“七五·八”抗洪纪实

曹恒彦[①]

舞阳位于淮河上游，有沙澧两条大河横贯全境，历来灾害频繁，1975 年 8 月遭受了历史罕见的特大洪水灾害。

一、雨情

8 月 5 日夜，全县普降暴雨，到 8 日 9 时，全县平均降雨量 692 毫米。澧河支流干江河上游，6—8 日，舞钢区的尚店降雨 1264 毫米，方城县的杨楼降雨 1550 毫米，叶县的关寨降雨 940 毫米，沙河上游均降了大暴雨，三天下了一年多的雨量。

二、水情

澧河：何口水文站保证水位 70 米，保证流量 1900 立方米 / 秒。由于雨量集中，河水猛涨，8 月 6 日 3 时，干江河关寨水文站洪峰流量由 3400 立方米 / 秒猛涨到 5380 立方米 / 秒，3 时 40 分罗湾进水闸开闸向泥河洼分洪，8 时上澧水位 82.9 米，流量 3900 立方米 / 秒，均超过了保证水位、流量，干江河开始漫溢，澧河部分堤段开始漫溢决口，部分村庄被洪水包围。7 日 8 时上澧水位 79 米，流量 1980 立方米 / 秒，水忽涨忽落。8 日 6 时，关寨出现洪峰流量 15000 立方米 / 秒，同时孤石滩水库下泄流量 3700 立方米 / 秒，同时汇入舞境。上澧 8 日 8 时水位涨到 83.3 米，流量 4000 立方米 / 秒，水势凶猛，历史罕见，造成干江河普遍

① 曹恒彦，河南省舞钢市人，生于 20 世纪 30 年代，曾任舞阳县水利局副局长。

漫溢，并在锅垛口决口一处，分洪流量约3000立方米/秒，澧河大部堤段漫溢决口，两岸水宽5千米左右，水深2～4米，成汪洋一片，水到之处，村庄淹没，房屋倒塌，人民生命财产受到严重威胁。

沙河：马湾水文站保证水位69.1米，保证流量2850立方米/秒。8日9时汝河上游紫罗山出现洪峰流量3950立方米/秒，8日11时白龟山水库下泄量3000立方米/秒，同时汇入舞境，沙河水位猛涨到70.96米，超过保证水位1.86米，泥河滞洪区7日沙、澧河进洪已蓄满，不能再分洪下泄，而沙河水急速上涨，有全堤溃决之势。许昌地委决定从沙河左岸的霍堰东炸堤分洪，由于水过大，炸堤口小且晚，造成部分堤段漫溢决口，沙、澧河之间洪水汇流宽9千米左右东流汇入泥河洼滞洪区。

泥河洼滞洪区：设计蓄水量2.36亿立方米，6—7日澧河进水量6406万立方米，沙河进水量6090万立方米，8日沙、澧河水汇流注入滞洪区约2.55亿立方米，滞洪区退水闸泄量700立方米/秒，库水位猛涨到69.51米，超过保证水位1.51米，蓄水量达到3.8亿立方米，超过设计蓄水量1.44亿立方米，有全堤溃决之势，地委决定从北大堤包头赵炸堤分洪，由于向滞洪区进水量过大，炸堤晚，口又小，造成大部堤段漫溢决口。

舞阳县小铁路两侧一片汪洋

舞阳南部：石漫滩水库8日零点30分垮坝，相继田岗水库垮坝，水头约5千米倾向北流，恰和干江河锅垛口决口分洪之水汇流于舞阳城南，除舞钢受灾外，舞阳南部15个大队全被洪水淹没。

此次特大洪水，从6日澧河开始漫溢决口，东往漯河尚可通车运送防汛物资；7日暴雨一天，为抢救澧河灾民还可到石漫滩水库借船4只；8日是全县洪水最高时间，除舞阳城东西一带岗区外，全县南北宽25千米，东西长32千米，普遍是水，汪洋一片，四周被水包围，电话中断，车辆不通；9日除九街、拐子王公社仍在水中外，其他地区水已下泄入槽，12日水全部入河槽。

涨水期间，各河道均超过保证水位和保证流量，在人力不可抗拒的情况下除漫溢外，澧河决口44处，长355米；沙河决口33处，长1768米；唐河决口28处，长1960米；骂子河决口23处，长1612米；灰河决口11处，长250米；干江河决口3处，长180米；河[①]决口12处（舞阳段），长500米；泥河洼滞洪大堤决口74处，长2615米。累计决口228处，总长12117米，决口总土方81万立方米。

三、灾情

全县13个公社324个大队，2162个生产队，91162户，46.49万人，耕地79.6万亩，受灾的有12个公社，266个大队，1778个生产队，39.5万人。毁坏农作物56万亩，倒塌房屋23.6万间，死104人[②]，死大牲畜5115头，死猪羊10.87万只，冲走和沤坏粮食7083万公斤，折合经济损失1210.9万元。

---

① 据2005年由河南水利厅编、黄河水利出版社出版的《河南“七五·八”特大洪水灾害》，舞阳境内有沙河、澧河、灰河、唐河、泥河、骂子河6条大中型河道。结合本文中已有“沙河、澧河、灰河、唐河、骂子河”5条河流的有关数据，独缺“泥河”，判断此“河”为“泥河”。

② 胡德周《我所经历的“七五·八”洪水灾害》记述为80多人。

洪灾中的舞阳县农村

（一）灾情站队（根据国务院规定标准）

1. 毁灭性灾情。一水三光（作物、房屋、财产全冲光），全县 15 个大队，105 个生产队，22 万人，农作物毁坏 2.9 万亩，塌房 2.1 万间，死 21 人，死牲畜 405 头，死猪羊 7500 头，冲走损坏粮食 412 万公斤。

2. 特重灾。庄稼绝收，塌房 85% 以上。6 个公社（拐子王、北舞渡、九街、姜店、章化、孟寨），118 个大队，741 个生产队，17.8 万人，毁坏秋作物 24.3 万亩，塌房 11.7 万间，死 44 人，死牲畜 3011 头，死猪羊 8.3 万头，粮食损失 3525 万公斤。

3. 重灾区。塌房 50% 以上，作物损坏 70% 以上。4 个公社（侯集、马村、城关、保和），114 个大队，800 个生产队，16 万人，农作物损坏 23.6 万亩，塌房 8.9 万间，死 35 人，死大牲畜 1595 头，死猪羊 1.98 万头，粮食损失 2430 万公斤。

4. 轻灾区。塌房 10% 以上，作物损坏减产 30% 以上，2 个公社（城关、保和），19 个大队，132 个生产队，3.5 万人，作物损坏 5.2 万亩，塌房 9000 间，死 4 人，死牲畜 104 头，死猪羊 136 头，粮食损失 116 万公斤。

（二）水毁工程

1. 机井。冲毁淤积 2220 眼，占总数的 62.84%，其中：淤 5 ～ 10 米的 1526 眼，10 米以上的 694 眼。井配柴油机、电动机过水能修的 2166 台，报废的 187 台，倒塌井房 2316 间，冲毁硬渠 124 条，长 2.83 万米。

2. 机电灌站。冲毁 153 处，占总数的 68%，柴油机毁坏可修的 100 台，报废的 36 台，毁坏变压器 24 台，补偿器 24 台，发电机组 10 台，倒塌机房 147 间，冲毁渠道 186 条，长 8.64 万米，毁坏渠道建筑物 220 座。

3. 冲毁生产桥 1277 座，涵洞 1075 座，涵闸 396 座。

（三）折合经济损失

1. 财产、牲畜、粮共损失 4623.7 万元。其中：房屋 23.6 万间，1180 万元；农具 4.58 万件，459 万元；粮食 7083 万公斤，1983.4 万元（其中国库粮 600 万公斤）。

2. 秋作物损失折款 5298.6 万元。其中：粮食作物 41.52 万亩，1575.8 万元；烟叶 6.35 万亩，2858.2 万元；其他 2.07 万亩，621.5 万元。

3. 抢险堵口水毁工程损失折款 556 万元。其中：水毁工程 383 万元；抢险使用物资折款 102 万元；决口堵复 71 万元。

4. 国营企事业单位损失折款 1488.6 万元。其中：商业系统 66.9 万元，交通 44.8 万元，文化教育 693.9 万元，畜牧 2 万元，广播 44.9 万元，银行 3.8 万元，水利 21 万元，工业 84.1 万元，邮电 14.9 万元，电业 19.3 万元，粮食 198.6 万元，供销 221.4 万元，科委 43 万元，五七干校 30 万元。

5. 集体单位损失折款 135 万元。其中：工业 14 万元，邮电 49 万元，畜牧 14 万元，电业 58 万元。

四、抗洪抢险

8月6日2时，接到汛情预报，县委立即召开县直机关防汛动员大会，机关、工厂除留少数人坚持生产和看门外，全部投入抗洪抢险。县委、县革委除留一位副书记（县长）坐镇防汛指挥部，组织强有力的抢险指挥班子，调动人力、物力投入抢险外，其他领导干部、职工奔赴沿河堤段发动群众抢险堵口，冒雨渡水，抢救灾民。沿河公社党委接到通知立即组织群众，分段包干，全力以赴，投入抗洪抢险，坚持水涨堤高，直到人力不可抗拒而漫溢决口。广大党员、团员、民兵在抗洪抢险中发挥了模范带头作用，出现了一批模范党支部和先进模范人物。中国人民解放军33610、33614、33598部队指战员，7日接到命令，长途涉水奔赴舞阳，发扬一不怕苦，二不怕死的革命精神，冒雨泅水，抢救灾民，军民奋战五昼夜，救出灾民10余万人。雨刚停、水刚落，党中央和省、地委派飞机、汽车运来大批食品和抢险救灾物资，兄弟县市相继送来大批食品，上级很快又派来医疗队给灾民防治疾病。特别振奋人心的是8月11日中央发来慰问电，又派乌兰夫为团长[①]的慰问团，对灾区人民是极大的安慰和鼓舞，当灾民看到中央慰问电，吃到运来的食品时，都感动得流下眼泪，一致反映说：“像这样大水灾，要是旧社会不淹死也得饿死，不饿死也得病死，现在有党中央、毛主席的关怀，有各级党委的正确领导，有人民解放军和全国各地的大力支援，再大的灾害，再大的困难，也能战胜！”水灾后，国家调来一批汽车、拖拉机等生产救灾物资，组织灾民，生产自救，重建家园，冲走一个旧村庄，建设一个新农村。

五、堵复决口加固堤防恢复水毁工程

洪水刚过，对各河道决口进行临时堵复，1975年冬至1976年，对

① 纪登奎为中央尉问团团长，乌兰夫为副团长。

决口处进行培修加固，沙、澧河进行全线大培堤，水毁井、站等工程进行逐年恢复。

沙河培堤。县成立沙河培堤指挥部，王保安任指挥，左岸全线大培修，右岸水毁段和堤身单薄段培修加固，堤顶宽由原来 3 米加宽到 5 米以上，共完成土方 58 万立方米，其中决口处加固土方 6 万立方米，国家补助经费 26 万元。

澧河培堤。县成立指挥部，刘连弼任指挥，按“七五·八”水情进行全线大培堤，堤顶宽达到 5 米以上，共完成土方 36.6 万立方米，国家补助经费 21.26 万元。

泥河洼滞洪区。泥河洼恢复工程省批准项目有：蓄洪大堤决口堵复加固、村庄围堤、水毁建筑物、电信设备、马湾至三丁道路整修等。由许昌地区成立泥河洼修复工程指挥所，刘大伦任指挥，动员 5 县民工 2.5 万人（鄢陵、许昌、临颍各 4000 人，郾城 1000 人，舞阳 1.2 万人），舞阳任务主要是村庄围堤、避水台（后改为避水楼），县成立民工团，王国林任团长。5 县共完成土方 184 万立方米，其中：大堤 93 万立方米，村庄围堤 84 万立方米，建筑物土方 7 万立方米，干砌石 2356 立方米，浆砌石 867 立方米，混凝土 33 立方米，工日 210 万个。

六、在抗洪抢险中的先进党支部和英雄模范人物

在“七五·八”特大洪水的抗洪抢险中，各级党组织和广大党员、团员、民兵都发挥了战斗堡垒和模范带头作用，涌现出了一批可歌可泣的先进党支部和英雄模范人物。中共舞阳县委舞组字（75）102 号文、舞组字（75）115 号文、舞组字（75）116 号文分别通报表扬。通报说：在这次抗洪抢险和生产救灾中涌现出许许多多的英雄模范人物和先进党支部，他们当中有一颗红心为人民，生死关头无所惧的共产党员和革命干部；有胸怀朝阳不怕牺牲奋战洪水的英雄；有在大风大浪中经受锻炼和考验的领导班子；有奋不顾身舍己为人抢救国家和集体财产的模范；有支援灾区的模范等等，县委将分别进行通报表扬。

抗洪抢险先进党支部〔舞组字（75）102号文〕

城关公社：潘戚庄[1]、杨文进、双庙、薛村、何庄大队党支部。
城关镇：西街、牛市口大队党支部。
保和公社：弯马、二郎、苗庄、孟庄、沟李大队党支部。
辛安公社：杨庄、官杨、杨楼大队党支部。
吴城公社：东王、南陈、坡杨大队党支部。
九街公社：大杨、崔庄、石岗、井李大队党支部。
姜店公社：路店、李湾、光国杨大队党支部。
孟寨公社：孟寨、效集、柴庄、柿园胡、邢王大队党支部。
马村公社：板张、马北、任桥、慕庄、玉皇庄大队党支部。
北舞渡公社：东魏、北舞渡五大队、泥河王、左沟大队党支部。
拐子王公社：包庄、玉皇庙、天边杨、韩砦、王寨大队党支部。
侯集公社：胡李、王小贵、西郭庄大队党支部。
章化公社：湾李、简城大队党支部。

抗洪抢险模范人物〔舞组字（75）102号文〕

保和公社：刘恩洲　宋庆德　李天友　赵玉顺　冯双喜
贾德甫　陈廷杰
孟寨公社：郭连芳　孟庆生　王秀兰　孟庆五　吴铁良
王广运　杨春宇
城关公社：陈聚安　段华信　王文堆　岳国彦　潘春季
郭桂兰　苗付文　张运法
马村公社：蔡喜报　寇怀臣　张天宇　陈金殿　于金成
王文德　乔翠苗　姚爱梅
北舞渡公社：陈建斗　孙德卿　程应勤　任秀花　侯云山
魏德领　吴金保　李绍堂　贾铁牛　郭海钦
拐子王公社：于德成　赵秀兰　鲁翠英　张荣珍　连梅英

[1] 今为潘齐庄。

巩广灿　韩　廷　石二财　陈金生

侯集公社： 张自甫　李德选　王恒山　苏子中　郭国珍
郭长松　王岑义　张建勋　潘仿洲　赵静莲

九街公社： 陈海清　李书莹　杨小五　史付新　贾永德
李民甫　王五云

姜店公社： 赵鸣锋　杨增良　赵廷会　李清兴　连合亭
王金字　尹云堂　牛锁根

吴城公社： 亢德新　徐发荣　苏金华　曹付岗　杨德章

辛安公社： 郭殿选　黄绍范　郭鸿甫　吴春和　张毛孩

城关镇： 韩国干　吴松领

县直单位： 刘广业　马荣山　章建修　曹恒彦　赵福来
郭德荣　崔秀花　王金保　刘木虎　郑万玉
刘耀堂

地委工作组： 赵俊兴　程广德

抗洪抢险突出事迹的模范人物

〔舞组字（75）116号文〕

奋不顾身抢救群众的王广运

孟寨公社武装部长王广运，冒雨蹚水到澧河察看水情，当他看到河堤决口洪水正向效集、孟王袭击时，他立即组织十余名民兵，进村组织群众转移，他连续奋战11个小时，才把2000多群众转移到高地，但他的腿已碰伤，鲜血直流，并累得脸色发青，公社书记郭连芳几次劝他休息，他坚定地说："救群众要紧，我这点伤算不了什么。"随后又划筏到柿园胡、赵马村组织群众向高地转移。

奋不顾身抢救知识青年的杨增良、杨成德

8月7日澧河决口，姜店公社光国杨村被洪水包围，离村一里多地的青年场处境危急，大队支书杨增良，民兵营长杨成德，立即组织9名民兵冒雨泅水向知青场游去，组织知青向高地转移，由于水势凶猛，两名女青年被洪水卷去，杨增良、杨成德立即泅水直追，追赶一里多地才把两青年救回脱险。

奋不顾身抢救队里牲口的魏明轩

8月7日九街公社后魏大队，平地水深1米多，大队会计魏明轩，冒雨涉水逐户动员群众转移，当全队群众都转移到高地，经清点人数，独缺他父亲困在菜园里，但他猛然又想起队里16头大牲口还在饲养室里，他不顾他父亲安危，立即冒雨泅水去抢救牲口，经过几次反复才泅过6米深的寨沟，到饲养室一看，牲口正在水中乱跳，他先把4头骡子拉出来，眼看饲养室将塌，他找把镰刀把12头牲口的绳全割断，把牲口刚赶出饲养室，房屋全倒塌，水在猛涨，他把塌房略整理，把牲口赶在塌房上，经过几个小时努力，才把16头牲口全转移到高地脱险，魏明轩舍己为公的行为得到广大群众的一致赞扬。

选自1999年6月《漯河文史资料》第八辑

“七五·八”洪水在舞阳

刘克贤①

“七五·八”是舞阳人民永远难忘的日子，它将罕见的特大洪水灾害载入舞阳史册。

舞阳大地洪水滚滚，恶浪滔滔，淹没了全县80%以上的良田美土，吞噬了104人②的生命，冲塌了236000多间房屋，冲毁和冲走了74200多户人家的家园和大部财产……使舞阳人民陷入了深重的灾难之中。

（一）

1975年8月5日晚10时到8月8日上午9时，舞阳上空一直是乌云密布，雷声滚滚，大雨如注，在近60个小时内全县降雨总量达692毫米，相当于一年降雨量的总和，特别是8月7日一天的降雨竟达399毫米。同时，舞阳沙、澧河的上游有的地方降雨竟达1500毫米以上，各水库相继开闸泄洪，顷时，洪峰汹涌波涛奔腾而来，使舞阳的大小河流由猛涨到漫溢到决口，从而汇成了一片汪洋，井、河、路、田难辨。告急！呼救的电信从全县各地纷纷传来。

澧河，是首先被洪水冲击的第一条河流。它的保证水位是70米，保证流量是1900立方米/秒。到8月6日凌晨3时，水位就达71.42米，超1.42米，流量3900立方米/秒，超2000立方米/秒，8月7日8时水位已达83.3米，超13.3米，流量4500立方米/秒，超2600立方米/秒，因此河堤先是有44处决口，长2554米，而后是普遍漫溢。

沙河，在舞阳境内是最大的一条河流，它的保证水位是69.1米，保

① 刘克贤（缺）。
② 胡德周《我所经历的“七五·八”洪水灾害》记述为80多人。

证流量是2850立方米/秒。8月8日，沙河上游的北汝河和紫罗山洪峰汹涌而来，加上白龟山水库开闸泄洪流量3000立方米/秒，汇入舞阳时，使沙河水位猛增到70.94米，超保证水位1.84米，流量达4500立方米/秒，超1700立方米/秒。虽然泥河洼已开闸进洪，河偃街炸堤分洪，但仍造成沙河33处决口，长1481米，继而普遍漫溢南下和澧河水汇成一片，一直持续3天之久，才逐渐回落。

泥河洼：是保漯河、保京广线而修建的泄洪区，设计蓄洪量2.36亿立方米，保证水位是68米。由于8月6日3时澧河罗湾进水闸开闸进洪，沙澧等河水入库，和8月7日20时沙河马湾进水闸开闸进洪，致使泥河洼泄洪区水位上升到69.5米，超保证水位1.5米，蓄洪量达3.8亿立方米，超1.44亿立方米，造成堤坝普遍决口、漫溢，决口处达74个，长2615米。

三里河，位于县城南端，8月8日零点30分，石漫滩水库垮坝，以5千米宽的汹涌波涛向北倾泻而来，翻越三里河直逼县城，再加干江河的锅垛口处决口，洪水亦汇入三里河，致使三里河两岸及舞阳岗以南的大部分村庄也陷入一片洪水之中。

舞阳县三里河桥的水毁状况

由于横贯舞阳全境的沙澧二河的决口漫溢致使二河的支流唐河、骂子河、灰河、泥河也相继漫溢，汇往一处，这就造成了南北宽40余里，东西长70余里的一片汪洋。水深的地方淹没树梢，一般在2米左右，积水时间长的达半月之久，一般也都在3 ~ 5天之间。

（二）

在这场历史上罕见的特大洪水灾害面前，舞阳人民在党中央的关怀下，在解放军和全国人民的无私支援下，表现出了英勇顽强的拼搏精神，使这场灾害减少到了最低的限度。

1975年8月5日夜晚，中共舞阳县委会议室里灯火通明，这里正在举行着县委全委扩大会议，研讨和部署如何贯彻中央军委扩大会议精神及如何抗旱保秋夺丰收的问题。10时许，忽然雷电交加，倾盆大雨从天而降。同时气象部门传来了大暴雨的预报，上级传来了防汛抗洪的紧急电信，一场喜雨霎时变成了一场洪祸。此时会议的中心立即由抗旱夺丰收转到防汛抗洪上来。县委当晚研究决定成立舞阳县抗洪防汛指挥部，下设北（片）、中（片）、西（片）、东（片）4个分部，分别由县委正副书记、常委任指挥长。同时要求县直、公社迅速组织防汛大军连夜奔赴抗洪防汛第一线，准备物资，组织群众上堤防汛。从此拉开了“七五·八”防汛抗洪战斗的序幕。

保河堤、防决口：开始由于对这次洪水估计不足，按照一般常规，防汛就是上河堤。所以县委在5日当晚就组织了县、社职工、干部3000多名，连夜奔赴沙、澧河险堤地段，发动群众，准备物资上堤防守。据报共组织防汛器材和物资达23万多件和600多万斤，组织防汛大军2万余名上堤护守，全力以赴保河堤。后来虽然由于洪水越来越大，河水普遍决口，但仍保住了不少堤段没被冲垮。突出的是侯集公社11名党委委员一齐上阵，组织万名大军护长堤。他们的口号是“誓与大堤同在”，日夜防守，加高加固险堤，抢堵决口，与洪水搏斗了三个昼夜，终于保住了沙河北岸48华里的大堤安然无恙。

保村庄、保家园：当洪水铺天盖地而来，河堤普遍漫溢决口，河堤已经无法再保的严重情况下，就立即提出了“保村庄，保家园”的口号，组织全村男女老少齐上阵，筑堤垒坝拒洪水。在滚滚洪水的冲击下，全县出现了不少的“堡垒村”“堡垒队”，出现了许多“村自卫战”“队自卫战”“人自卫战”的英雄事迹。全县约保住了100多个村庄免遭洪水吞没。突出的如章化公社湾李大队（一个自然村）北靠沙河，南临灰河，处于夹河套之中，是抗洪中最危险之地，但是他们在被洪水包围的三天三夜里，全村700多口人，团结一致，日夜奋战，献木料，献砖石，献衣被，甚至献身躯拒水堵口，奋战了三个昼夜，终于保住了村庄，保住了家园，使该村成为一片汪洋之中的一块绿洲。

保人保畜：在万民陷入洪水滚滚的紧急情况下，在保堤保村的同时，帮助转移、抢救人民群众于水火之中，已是十万火急的紧迫任务。在县委领导下，全县组织了2万多人的抢险大军和9万多件救生器材，组成100多个抢险队，和3000多名人民解放军一起并肩战斗。他们顶大雨，涉洪水，不分昼夜，不畏饥寒，不顾自己亲人家园，不管个人生命危安，劈洪水斩恶浪，奋战了三个昼夜，从洪水中共抢救和转移出灾民35万多人，保住了大牲畜近2万头，使人民损失减少到了最低限度。

解放军解救舞阳灾区群众

在这场惊心动魄的抗洪战斗中，涌现出了许多可歌可泣的英雄人物，谱写了一曲曲气吞山河的壮丽诗篇。他们有在与洪水搏斗了一天一夜、粒食未进、一眼未合，抢救出落水群众数十名，而自己终因筋疲力尽被洪水卷走6个小时后才被救出的英雄连队“杨根思连”的好战士李才满同志；有由50多名解放军战士跳入激流手挽手、肩并肩筑成人的堤防，帮助300多名群众安全脱离险境的33604部队；有死守工作岗位，在木筏上向上级通报水情，最后，筏散落水而献出生命的泥河洼管理所副所长马合寅同志；有生死和人民群众战斗在一起，4天4夜不休息，抢救出灾民100多人的好书记赵明锋同志；有率领全村群众战洪峰、堵决口、保堤防、保村庄奋战两天两夜没合眼，终于保住了本村没进水，一人一畜没伤亡的大队女支书任秀花同志……

（三）

“七五·八”舞阳特大洪水的电信传向了北京、传向了全国。

党中央迅即发来了慰问电、慰问信。

8月7日上午11时，中央防汛指挥部直接来电询问灾情，表示慰问。当日，省委负责同志刘建勋、王维群同志受中央委托代表党中央来灾区向舞阳人民问好！地委第一书记王延太同志乘直升机亲临舞阳灾区及县城慰问、视察、指导。各新闻单位也在舞阳上空对洪水灾情录像拍片，向全国播放。洪水刚过，乌兰夫同志代表党中央在许昌亲切接见了舞阳抗洪英模。

中国人民解放军多支部队，先后派出指战员共1500多人，从四面八方赶来，参加抗洪抢险战斗，派医疗队扑灭疫情，防病治病；派飞机向舞阳灾区空投了大批食品和物资。

全国人民也伸出温暖之手，给予无私的支援，先后共收到全国各地特别是兄弟县市送来的饼干、熟食品达490多万斤（其中有大寨大队送来的三包熟食）；面粉600多万斤；收到各地支援的物资有布匹4600多杠，衣被100多汽车，油毡13000多卷，架子车1000多辆，拖拉机100多台，小拖130台，北京“130”汽车21部等；收到全国各地、单位和个人发来的慰问电、慰问信有十几万份，收个人寄来的现金 3281.5 元，粮票 5060 斤，布证 75 尺。他们当中有解放军战士、工人、农民、知识分子、在校学生、革命干部……有许多人是不留姓名的。许昌地委三所（招待所）有化名“桑一叶”的同志就寄来现金 700 多元。

大批医疗队奔赴舞阳灾区

暴雨刚过，北京、郑州、洛阳等地以及人民解放军都纷纷派出医疗队奔赴舞阳灾区，帮助灾民防病治病。北京军区后勤部的卫生部罗副部长亲自带领 40 名医疗队员从京连夜赶到我县灾情最为严重的泥河洼、北舞渡等地帮助群众防疫治病。省人民医院抽调 82 名医护人员，分成 5 个医疗队，分赴拐子王、九街、北舞渡、章化、姜店 5 个公社帮助群众治病防疫。他们深受灾区人民的衷心欢迎和爱戴，使灾区人民无不感动得热泪盈眶。

以上这些，对舞阳人民的抗洪抢险、生产自救、战胜灾荒、重建家园，在精神上、物资上都给予了极大的鼓舞和最有力的支援，这是舞阳人民永远忘不了的，也是无比感动的。全县人民无不同声欢呼：毛主席万岁！社会主义好！

选自 1999 年 6 月《漯河文史资料》第八辑

舞阳县“七五·八”洪水略记[①]

邢智勇[②]

1975年8月，舞阳遭受千年一遇特大洪水灾害，兹将当时的雨情、水情、灾情简记如下。

雨 情

8月5日夜22时，突降特大暴雨。至8月8日9时，全县平均降雨量692毫米，8月7日一天就降350毫米。沙河、澧河上游也连降大雨和暴雨，干江河上游降雨量竟达700 ~ 1000毫米。

水 情

澧河是我县洪峰出现最早的河流。澧河的保证流量为1900立方米/秒，保证水位为70米。自8月5日夜22时降雨开始，至6日早上7时第一次洪峰到我县时，澧河流量达4000多立方米/秒，水位71.42米，高出保证水位1.42米。加上干江河水从东岸普遍漫溢翻过舞阳岗地区的霸王城北上，直接泻入澧河，又大大加剧了澧河洪峰，造成澧河两岸决堤44处，滚滚恶浪向两岸低洼地区咆哮奔涌。8月7、8两日，又出现两次更大的洪峰。7日的洪峰使澧河流量猛增到4500立方米/秒，水位高达82.3米。8日，澧河上游关寨段流量剧增至10200立方米/秒，持

① 本文和本卷曹恒彦《舞阳县“七五·八”抗洪纪实》一文记述数字有出入，曹文也是从“雨情、水情、灾情”三方面叙述。

② 邢智勇，河南舞阳县人，生于20世纪50年代，曾任舞阳县广播电视台副局长。

续一个小时之久，加上孤石滩水库开闸放水，洪水到我县时，已分不出河道与陆地了，平地积水普遍在 2 米左右。这次洪峰一直持续到当天的 18 时才逐渐下落，河水开始归槽。

沙河的保证流量是 2850 立方米 / 秒，保证水位是 69.1 米。8 月 8 日，由于上游的北汝河和紫罗山的洪峰汹涌而来，加上白龟山水库放水，使我县沙河水位急剧上涨到 70.94 米，超过保证水位 1.84 米。此时，泥河洼滞洪区已蓄水 3.75 亿立方米，超过保证容量 1.39 亿立方米，沙河大堤和泥河洼大堤普遍漫溢、决口。沙河决口 33 处，泥河洼大堤决口 44 处。沙河洪峰持续达 3 天之久，至 8 月 10 日才逐渐下落。

洪水已将横贯境内的沙河、澧河、灰河、唐河、泥河、骂子河等 6 条河道连作一片，形成东西长 35 千米、南北宽 20 千米的一片汪洋。

县城南边，由于 8 月 8 日零点 30 分石漫滩水库垮坝，加上干江河在锅垛口决口，致使舞阳岗以南、三里河两岸（包括舞阳县 16 个大队），也成了一望无际的泽国。

灾　情

全县 12 个人民公社（镇）的 316 个大队、2160 个生产队、827 个自然村、9.1 万户、47 万多口人，均受到不同程度的灾害。

重灾区内的房屋倒塌 70% 以上，土地全部淹没，秋作物基本绝收。当时重灾大队达 260 个，占全县大队的 82%；生产队有 1882 个，占全县生产队的 87%；自然村有 583 个，占全县自然村的 70%；户数有 7.5 万户，占全县户数的 82%；人数有 40 万，占全县人口的 85%。

轻灾区房屋倒塌 30% 以上，粮食减产 50% 以上的轻灾大队有 15 个，占全县大队的 4.7%；生产队有 95 个，占全县生产队的 4.4%；自然村有 41 个，占全县自然村的 4.95%；户数有 365 户，占全县户数的 0.4%，人数有 20200 口，占全县人口的 4.29%。

花灾区房屋部分倒塌，烟叶、芝麻等经济作物基本绝收。粮食作物减产 30% 以下的大队有 38 个，占全县大队的 12%；生产队有 183 个，占全县生产队的8.47%；自然村有203个，占全县自然村的24.5%；户数有15300户，占全县户数的16.8%；人数有49800口，占全县人口的10.59%。

全县耕地79万亩，被水淹没和过水的有72.6万多亩，占91.8%。秋作物67万多亩，因遭受重灾而绝收和基本绝收的有54万亩，占80.59%；遭受轻灾（有50%以上收成）的有3.9万亩，占5.8%；减产30%以下的有9.12万亩，占13.6%。共倒塌房屋22.35万间，冲走、过水和霉坏粮食达810万公斤。有82人[①]被洪水淹死，有22人失踪。全县3.25万头大牲畜，被洪水淹死的有5000多头，占15%；全县存栏的猪羊近20万头（只），被洪水淹死和冲跑的有11万头（只），占55%。

大批救灾物资运抵灾区

当灾民被洪水围困之际，中央和省委立即派解放军奔赴灾区抢救，并派飞机空投食物、药品和衣服等。全国各省市和兄弟县也以大批人

① 本卷关于舞阳县被洪水淹死的人数，有三种记述，即胡德周《我所经历的“七五·八”洪水灾害》一文为80多人；其余均为104人。

员、衣物、食品、药物、农具等进行支援。洪水之后，疫病大作，中央和省委又及时派医疗队来县扑灭疾疫，为恢复生产重建家园创造了有利条件。

选自1999年6月《漯河文史资料》第八辑

我所经历的“七五·八”洪水灾害

胡德周

1975年8月上旬，由于连降暴雨，淮河上游新中国成立初期修建的第一座山涧水库——石漫滩水库以及它的副库田岗水库，一夜之间坝垮水崩，近两亿立方米的洪水冲出库区，汹涌澎湃，咆哮而下，顷刻之间，席卷广大山村田野，使舞钢区、舞阳县及邻近的一些县、区、乡城镇的农舍、林荫树木、工厂学校、商业门店等尽被淹没在滔滔的洪水之中，史称“七五·八”洪水灾害。

洪水无情。洪峰虽然只有短短的几天时间，但它给人们的生命财产造成了不可估量的损失，是一次毁灭性的洪水灾害，是一场罕见的灭顶之灾。凡洪水过处，大小树木连根拔起，房屋倒塌，农田遭到毁灭性毁坏。遇难者的尸体和猪、羊、牛、马、鸡等动物的尸体密密麻麻顺流而下，仅我们老家舞钢市就有2400多农民群众死于洪水，10000余头牲畜不复存在，国家物资损失达2043.2万元，冲毁及霉变粮食1390多万公斤，倒塌房屋约计12万间，域内公路和通往舞阳、泌阳及外地的公路断绝，电话线路中断，各种设施遭破坏，整个工农业生产、群众生活陷于瘫痪。我所工作的舞阳县虽然距石漫滩及田岗水库较远，洪峰没有舞钢的那么大，但由于受到石漫滩水库坝垮的株连和暴雨袭击，河水暴涨，洪峰异常凶猛，也给全县人民生命财产造成了巨大的损失。据统计，在洪水中全县共倒塌房屋184578间，死亡牲畜31121头，冲走、霉坏粮食5544.8万斤，淹地72万亩，80多人[①]丧生于洪水之中。1975

① 本卷王文华口述、胡德周整理的《舞阳“七五·八”水灾回顾》，曹彦恒《舞阳“七五·八”抗洪纪实》，刘克贤《“七五·八”洪水在舞阳》，范振江《“七五·八”洪水灾害 党领导重建家园》均为104人。邢智勇《舞阳县“七五·八”洪水略记》记述为82人。

年至今已23年，弹指一挥间，但那场灾难给予人们的巨大创伤并没有淹没在时间的长河里，仍然令人记忆犹新。

下面，就我的亲身经历和所掌握的有关洪水灾害资料概述于后，以资政育人。

1975年8月5日，豫中南包括舞钢市、舞阳县、方城、泌阳、西平、遂平、驻马店、叶县等广大地区开始连降暴雨，一连几天未曾间断，积水四处漫溢，河、塘、沟、田一片水泽。舞钢地区从8月5日14时至8月8日8时，几天时间降雨量达到1264.7毫米。舞阳县从8月5日22时至8月9日平均降雨692毫米。用“大雨倾盆”来形容当时的雨水之大可以说是恰到好处。那雷声轰鸣，震耳欲聋，那雨水是水连地，地连天，几步远就看不见人影，如果拿脸盆接雨水，从屋里往外一伸手缩回来就是一满盆，不多时，积水成灾，许多村庄不是被水围，则是被水泡，一些农舍草房、土墙房相继倒塌，许多树木被刮倒或被刮断，鸟虫绝迹，地上到处是被淋死的麻雀，人们的生活已处于灾难之中。

我那时还是一个十几岁的顽皮少年，不论大雨下多大、多凶也不曾有什么担忧，总是头戴一顶破草帽，光着上身，裤腿挽起老高，和村里一般大的小伙伴们不停地在没膝深的水中蹚来蹚去。草绿色的裤子被雨水淋得全湿透了，缠在腿上，沉甸甸的，却不感到累，反而感到有种无穷的乐趣。到了吃饭的时候玩劲也不减，往往是乐而忘返。吃完饭立马又要出去，蹚着水，冒着大雨在村里串了这家串那家，好像要看一看谁家的水大似的。我们村东西两头有两个坑塘，一个大的一个小的，因为到处是水，水塘和道路已无法分清，是我们蹚水嬉玩的好去处，总是三五成群地在那里非常兴奋地玩水。但我们最喜欢观看的还是村西那条河。这条河源于石漫滩水库下面的田岗水库，河坡东岸是一条灌溉渠，也源于田岗水库，是这一带的农民用来灌溉稻田用的。由于距水库只有近10华里远，渠水早已涨得满满的，河水也满满的，滚滚地向北流去。渠的堤子很高，河水只差四五寸而不能淹没我们的村庄，可是河水已超出了河堤，与西面一二里远的一个村子的水见了面，一片汪洋，有的低危房屋开始倒塌，树木也被雨水泡得根基松软，歪倒在地。我们几个小伙伴不顾风狂雨大，照样沿着渠堤南来北往地看河水，心里却很平静。正玩得起劲的时候，村里人纷纷议论说，一旦漫过渠堤，整个村子就保不住了，气氛很是紧张。我们家居住在村西头，距河最近，但宅子地势高，还没有被水浸泡住，但由于风大雨大，家里的厨房已倒塌，好几棵碗口粗的泡桐树已被风刮倒、刮歪，父亲不得不放弃去广州出差的机会，在家帮助抗灾。他用棍子支顶厨房，用新捻制的麻绳拉起欲倒的泡桐，拴在另一棵较大的树上，风里雨里一直忙个不停，这时我才感到大灾大难要临头了，心里害怕起来。

8 月 7 日上午，我正在村里村外跑着看水，听到村里有人议论说，晚上石漫滩水库就要炸开了，洪水一旦冲出库区，可危险啦，连我们村也要被冲走；有人说雨下得这么大，西面河水就要漫过来了，一旦进村，整个村子就被淹没了。我一听感到很害怕，加上整个村里气氛十分紧张，大雨哗哗地下个不停，炸雷、狂风一个劲地轰鸣、呼啸，水浪打着渠沿岸，眼看河水就要漫过渠堤了，更使我感到可怕，真是触目惊心。更让人可怕的是听说石漫滩水库要炸掉，一听炸水库，心里就懵了。我小心地跟在别人身后打听消息，不停地追问炸水库的消息是从哪里听来的。当时人们议论纷纷，有人说是一个叫秀花的嫂子说的。于是我就跑到她家问个明白，她告诉我是从娘家人那里得到的消息，而且很准，说晚上 11 点半要炸坝。听到这里我再也顾不了别的什么了，慌忙跑回了家，动员奶奶去垭口山上避难。但家里人都不同意，爷爷还说：我都活了 70 多年了，哪里会有啥大水呀，净胡扯。一遭到家里人阻拦，我心里更紧张了，总想着河水滔滔的样子，是那么的吓人。又想到了万一水库炸掉，洪水冲出库区，整个村庄得被淹没，人们的生命财产将遭到严重破坏，后果不堪设想。记得在我观察渠水上涨的水情时，邻居一个老太太专门叫住我，让我和她一起到山上去避难，因为她女儿出嫁到石漫滩水库南面的山村里，要不，大水一来，人会活不成的。她还催促我回家再给奶奶、爸爸说一说，让吃过中午饭后和她一起走。想到这里，我很快回到家里，向家里人说明要跟老太上山避难的事，可爷爷还是一个劲地摇头说不会发那么大的水，咱也不上山，人走了家里的东西咋办？我急得哭了起来，说如果您不走我就自己跟村里人走，非走不可。最后，奶奶、爸爸等商量了一番，说同意走，家里只留爷爷、爸爸和哥哥三个人。随后就找来绳索，决定绑上一个架子车，用雨衣搭上小棚子，作为挡风避雨之用，并由我拉着奶奶、妹妹、弟弟与母亲、伯母一起上山避难。正在全家忙着准备搭架子车棚的时候，我又到村里去看动静。这时听说有好几家都已经走了，我心中更加慌乱。于是又跑到伯母家，告诉她吃过中午饭就要出发向南山去避难。

通知完伯母，我又到渠堤上去看河水，正好遇到同龄的国晓也在看水情。他家住在村子的最北端，孤零零的一家，村子里有什么消息很难传到他家。我把晚上要炸水库的消息讲了后，国晓十分害怕，计划同我一起上山并商定我在原地等他，待他回家请示父亲后再决定。一会儿工夫，他回来了，很沮丧的样子，说父亲不让走，又骂了他一顿。我给国晓出主意，让他不要吭声一走了之，不要让父亲知道，但国晓不敢。无奈之下，我只好回家。从此我与他永别了。大水过后我才知道，国晓就是当天晚上被洪水冲走的，他父亲和他的两个弟弟都冲走了，全家死了四人。听村里人讲，那天晚上洪水过来时，国晓被冲到村外一块秋田地头，猛地抓住了一棵小树，声嘶力竭地喊爸爸、爷爷，后来干脆叫他父亲的姓名。他父亲在树边的另一棵树上实在不忍心再听儿子那撕心裂肺的呼救声，就下水去救国晓。他刚离开那棵树就被滚滚的洪水吞没了，国晓也不知去向。水后，国晓父亲的尸体在村外沟边躺着，已经变了形，后来又听说在周口地区的一个医院有一位十几岁的少年被人们打捞上来，抢救了好几天，没抢救过来，说是国晓，但却没有具体的依据，只是传说。现在想来，假若国晓那天和村里人一起逃上南山，不怕他父亲的责骂，也绝不会被洪水冲走。

1975 年 8 月 7 日下午，中午饭后，我就用搭绑好的架子车拉着奶奶、两个妹妹和小弟弟向舞钢垭口山上逃去，伯母和妈妈帮我推架子车。当时马路上的水已没膝盖深。那时，两个妹妹还不到 10 岁，弟弟才一二岁。回想起来，如果我们兄妹几人不离开村子向山上跑，可以说都将被洪水冲走。我拉着架子车头也不抬地往前走，感觉马路上有不少人也在慌慌张张地往南去。雨仍下个不停。当我们走到武功镇时，妈妈让停下来，她要去喊姥姥一起走。姥姥邻居们在村口向妈妈说，姥姥已经决定不走了，她舍不得离开那个家和她的两只羊，而我的唯一的傻子舅舅已经去了垭口，大姨一家也都走了。有人劝导妈妈说，武功镇公社的礼堂内有几百人都没走，不碍事，姥姥不走也行。妈妈无奈，只好继续往南去上山。没想到，我们走了的当天晚上，洪水就把整个武功镇冲了个精光，礼堂里的近 300 人全部遭洪难，姥姥的尸骨也不曾找到。在上山的路上，遇水逃难的群众成群结队。在武功，我们看到舞阳钢铁公司的汽车正由南向北，接那些往山上逃难的群众，我们就坐汽车上了垭口山，把架子车交给村里的一位叔叔，回去接婶子。车到垭口山后，我们被拉到现在的技工学校院内。当时那里的大厂房成了我们宿息的地方。我们到时厂房内已聚集了很多人，只感到灯光暗淡，人声嘈杂，整个屋子到处弥漫着人体所发出的气味，尤其是被雨淋湿后又被身体暖干的衣服所发出的气味，更是臭气刺鼻。

当时的我是又累又困，也不知道妹妹、弟弟、伯母、妈妈他们是怎么个休息法，隐约感到人们都是东倒西歪的，坐的坐，躺的躺。到了半夜，忽然听到两声闷雷般的巨响，大厂房内顿时一片喧嚣，听奶奶说是崩坝的声音，后来才弄清是石漫滩水库和它的附属库田岗水库大坝于 8 日凌晨 1 时 30 分垮坝的声音。原来人们传说要炸坝的消息也并不是不准。据说，由于连降大雨，当时的石漫滩水库和田岗水库水位已经超出坝顶，8 月 7 日晚 11 点多，石漫滩库的水位已接近 107.9 米，而它的设计允许水位是 108.9 米，防洪库容是 8700 万立方米，泄洪是 434 立方米 / 秒，当晚的泄洪量已提到 430 立方米 / 秒。这时，石漫滩水库上游的袁门水库垮坝，1000 万立方米的洪水突入石漫滩水库，使库内洪水达 1.25 亿立方米，水位高出坝顶 1.9 米，下游的田岗水库压力也难以承受。当石漫滩水库需要加大泄洪量，准备按照有关专家的意见炸开田岗副坝泄洪时，当时的水库“革委会”两派的头头为争权夺利，整整吵了一天，等作出决定时已经来不及了，致使石漫滩、田岗两个大坝被洪水冲垮，五层楼高的洪峰从它的头上越过，连坎基都给冲得一干二净，十二道闸门的田岗水库大坝本来是南北向，洪峰过后却变成了东西向，且离开坝址几十米远。洪水由库区咆哮而直泄东、北两个方向，北方倾泻到舞阳县城以南地区。洪水到处，房倒屋塌，洪水中挣扎着求生的人们，有的抓住树枝树干，有的扒住屋檐，有的爬上漂浮的麦秸垛，很多人因抓不到东西而被卷入洪水之中，有的人在睡梦中丧生。当时的舞钢区（现舞钢市）至舞阳县的通信设施、公路交通全部中断，公路上被冲倒的白杨树横七竖八倒在路面上，密密麻麻，还有冲到公路上的麦秸垛，各种农具、家具、房檩等，一夜之间这一地区变成了水的世界，面目全非。

8 月 8 日上午，我们全家从大厂房内出来，到垭口山的山丘上。那时的垭口山光秃秃的，只有几间破草房，接近路边是两排平房，住着一些职工家属。在山丘上我看到的一幕幕景况至今令人难以忘怀，到处是身穿破旧衣服、裤头单衣的灾民，很多都是在洪水中险些丧命而刚刚跑上山的，个个疲惫之极，有的放声大哭，寻找亲人，那种场面真像是逃难。记得有一个近 20 岁的姑娘，光着脚丫子，衬衣湿得紧贴在身上，哭得很痛，有人问她是什么地方的，她说是武功附近的，家里人都冲走了，只剩她一个人。我们全家因出逃时带了 20 多斤的白面，在垭口山找到那个用我家架子车接婶子的叔叔，他大儿媳那里炕了不少饼子，维持了两天。其间我堂兄身穿裤头来到垭口山上找到了我们，说家里爷爷、父亲、哥哥、嫂子和堂姐都没出什么意外，爸爸已经回到舞阳单位里，让我们都去舞阳县城。在回家的路上，我拉着奶奶、妹妹、弟弟和伯母，妈妈艰难地走着，恨不得一步到家，看看水里逃生的亲人。这时，由舞阳钢铁公司机修厂组织的抗洪抢险突击队已从朱兰桥开始正在公路上打通去舞阳的通路，清除路障，他们把横在路上的杨树砍掉，麦秸垛推走，把死牲畜、死人挪开。在朱兰店东边水坑赵村附近，接人的几辆汽车正歪躺在路边沟中，有的司机死后仍在驾驶室中。到武功时，在马路上远远看到姨家的房屋基石裸露着，房屋已被冲走。一路上我看到树杈上、路面上、公路两边沟壑中，田地里有很多死猪、死牛、死羊、死马和人的尸体，千姿百态。在枣林街北头，我看到有母子三人遇难后手仍然紧紧地拉在一起，横躺在路的一边，看后令人心寒。我们在艰难中步步行进，心情十分沉重，走到枣林北一里处，只听一声轰鸣，抬头看去是飞机在头顶上盘旋，远处还有公社的干部正在往田里中间拉扯一幅长长的红布呢。我奶奶和伯母、妈妈都不知道是干什么的，就停下来看，经打听才知道红布是用来做标志，飞机要往下投掷食品。一会儿工夫，几麻袋食品就从天上丢落下来，砸得田地中的淤泥飞溅很高。很多群众迅速奔向麻袋，深一脚浅一脚地在淤泥中跑。公社女武装部长大声喊叫，阻止哄抢，但无济于事，她鸣枪制止，仍不奏效，食品还是被一抢而光，然后抱着那些半干的烙馍四处跑散。我那时还是个孩子，看到淤泥那么深，也不敢往前去，伯母、妈妈也没力气跑去抢，只好拉起车子继续前行。又往前走一二里路程，碰到前面正走着的一位盲人，他一手用木棍往前探路，另一只手却抱了不少的烙馍。同行间互相说起话来，当得知我们没有弄到飞机空投的食品时，他硬要把自己抱的给我们一部分，态度很坚决，伯母只好接收。直到今天，我心中仍没有把那位盲人忘掉，一种感激之情总时不时地在心头出现。

我们顶着强烈的阳光，较为顺利地来到了舞阳县城，住在父亲工作的单位——教体局。幸好父亲所住的房屋是三间，还住得下我们全家七八口人。教体局办公地点和舞阳县党校是一个大院，我们到时，整个大院里，党校的教室、宿舍都集满了灾民，约有几千人，据说大部分是来自舞钢市枣林以北的灾民，其他的有保和公社官庄、沟李、上澧河店及县城以南附近村子的灾民。舞阳北部及北舞渡泥河洼、沙河、澧河一带由于雨水和河水连成一片，一百多里全是一片汪洋，灾民无法进入县城，只得在洪水中挣扎。对进入党校的灾民，县党校负责人王金成按照舞阳县委副书记王明寅的指示，专门安排吃住，组织人员到北大街面粉厂拉面粉，在党校大食堂内摆了两口大铁锅，二十四小时不停地蒸馒头，一连蒸了三四天。随后，从禹县运来了十几卡车食品，如饼干、烙馍等，很快分发到灾民手中。继之，其他各地支援的救灾物资也陆续到县。此时，舞阳县委、县政府已全力组织人员开展救灾工作，从粮食系统筹集大量的苇席、布匹、牛毛毡等发到广大乡村农民手中，搭起临时帐篷；武汉军区、河南省军区、许昌军分区部队官兵也先后到达舞阳，很快投入救灾工作之中，他们送来了许多帐篷，使农民度过灾荒。

我和奶奶等家人在舞阳县城住了二十几天。父亲和哥哥在家里搭起了茅草屋后，我们就回家了。进到村里，到处是房倒屋塌的凄凉景象，人们都在扒那些倒塌房屋里面的家具等什物，到家后我才了解到爷爷、父亲、哥哥他们在洪水中脱险的情况。原来8月7日晚上，村里青壮年劳力轮流值岗，手掂提灯不停地在村里村外转，观察西边河水是否将会漫过渠堤。8日凌晨后，像坦克群一样轰鸣的洪峰声传到村中，值岗者已意识到这种不祥之兆，便大声呼喊："涨水啦，大水来了！"听到喊声后，人们迅速抢占制高处。当时，父亲听到洪峰的轰鸣声，立即意识到大水将至。他翻下床，叫起爷爷和哥哥，三人一起往门外冲。刚下床时，水已没膝，鞋子已找不到了，走到门口时水已深至下巴处。他们手拉手迅速凫到距房屋十几米处的一棵碗口粗的苦椿树跟前，紧抱住了这棵中间没有树杈的椿树。此时水已涨到一丈多深。顷刻间，自家的房屋和南面三爷家的房屋倒塌声猛然传来，隐隐约约地听到村里的呼救声。这个时候只要稍微松下手，人会被立即卷入水中，永远不能生还。正当他们三人在直挺挺的树干上难以支撑时，南面三爷家的一根房檩冲到他们跟前，父亲迅速将它揽到树干上，才有了稍好一些的支撑。不多时，父亲感到脚上被什么东西缠绕着，用手一触摸，原是前两天他用来牵引泡桐的麻绳冲了过来，他即用麻绳把房檩绑到树上，三人抱着房檩坚持到洪水下落。天亮时，爷爷和邻居家的爷爷、奶奶已经冻得不能说话了，三奶奶被水冲到村子中间，抓到了一棵树，才得以活命，父亲看到这种惨状，立即将他们抬回家，并扒出被砸埋在房子下的小荆条箱子，拿出里面的几瓶酒，让几个老人喝下，温暖过来。救了我们家祖孙三代人的那棵老椿树时至今日我们也不舍得刨掉，已经长得很粗了。

堂哥、嫂子、堂姐三人都较为年轻，当晚就不曾入睡。他们提前来到邻居叔叔家盖房用的石头垛上，洪峰一来，就上了石头垛中间的一棵树上，尽管堂嫂身怀六甲，也安然无恙。

这场大洪水，我们这个小自然村死了6人。其中4人是国晓家的，另外一个是几个月的小孩子，由于洪水太猛，他母亲未能抱走而冲走；再一个则是我家西邻的奶奶，是个盲人，洪水来时，她的儿子认为不要紧，打算先将那只值钱的老绵羊从屋里牵到屋外，再回过头来把老娘扶到树上去，但未等他回到屋跟前，洪水已将房屋冲塌，他老娘已被压在下面，所以待水过后村里人都说他是顾羊不顾娘。

我们村之所以死的人较少，是因为大部分人都提前跑到垭口山上了，尤其是妇女、老人和孩子，一部分跑到枣林卫生院，那里全部是砖瓦结构的房屋，水冲不倒，很多人上到房顶上，才幸免于难。但我们一个大队的王莲芳村，则因事前没有得到垮坝的消息，村里人都没跑出去，80 多口人丧生洪峰之中。

“七五·八”洪水之后，党和人民政府迅速组织救灾，安排恢复生产，各种救灾物资先后发放到群众手中，群众很快用席子、牛毛毡搭起了简易房，顺利地度过了灾荒。1976 年夏季便取得了麦粮大丰收，到是年秋冬，一些农户即开始建造新的房屋。群众都感慨地说，如果是旧社会，不知道要饿死多少人，没有共产党真是不行。我自己乃至我们全家也都深深地感受到了这一点。

选自 1999 年 6 月《漯河文史资料》第八辑

舞阳洪水灾害及河道决堤漫溢基本情况

胡德周

一

雨情：8 月 5 日夜 22 时，全县突降暴雨。至 8 月 8 日 9 时，全县平均降雨 692 毫米，其中仅 7 日一天就降雨 399 毫米。同时，沙、澧河上游也连降大雨和暴雨。干江河上游降雨量达 700 ~ 1000 毫米，舞钢市的尚店地区 6 日一天降雨达 520 毫米。

水情：澧河是舞阳洪峰出现最早的一条河流，原保证水流量只有 1900 个立方米 / 秒（以下简称个），保证水位 70 米。但自 8 月 5 日夜降雨开始，到 6 日凌晨 3 时的五个小时内，澧河上游的关寨河水流量由 3800 个急增到 5380 个，当 7 时洪峰到舞阳时，澧河流量已达 4000 个，水位 71.42 米，高出保证水位 1.42 米，加上干江河水从东岸普遍漫溢，翻过舞阳岗地区的霸王城东，北上直接泻入澧河，大大加剧了澧河的洪峰。尽管澧河下游罗湾分洪闸从 6 日凌晨 3 时 40 分开始分洪，但水势仍不能减弱，造成澧河两岸决堤 44 处，恶浪滚滚地向两岸低洼地区直泻而下。当第一次洪峰过后，8 月 7、8 两日又连续出现两次更大的洪峰。7 日的洪峰使舞阳的澧河流量猛增到 4500 个，水位高达 82.3 米，超过保证水位 12.3 米。8 日，由于关寨流量达 10200 个，持续一小时之久，又加上孤石滩开三孔闸门放水 3000 个流量，洪水到舞阳时，已是河道、平原不分了。一片洪水翻滚，面积越来越大，积水越来越深，平地积水普遍在 2 米左右。这次洪峰一直持续到当天的 18 时，后逐渐下落，河水开始归槽。

沙河保证水位是69.1米，保证流量2850个，但到8月8日，由于上游的汝河和紫罗山的洪峰流量3950个，直下而来，加上白龟山水库放水3000多个流量，同时汇集舞阳，使沙河水位急剧上涨到70.94米，超出保证水位1.84米。这时泥河洼蓄洪区已储蓄水3.75亿立方米，超出保证库容量1.39亿立方米，造成沙河大堤和泥河洼大堤普遍漫溢。沙河决堤33处，泥河洼大堤决口44处，洪水四处泛滥。虽然上级决定在襄县的霍堰扒堤分洪，但舞阳沙河洪峰到8月10日才开始逐渐下降，持续近三天之久。

由于洪水泛滥，致使横贯全县境内的沙河、澧河、灰河、骂子河、泥河、唐河六条主要河道洪水连成一片，东西长70华里，南北40华里，形成汪洋大海。

三里河位于县城南边，紧靠县城。8月8日零时30分，由于石漫滩水库垮坝，加上干江河在锅垛口决口，致使三里河北岸的16个大队形成了一片湖泊，同县城北部一样形成了严重水灾。

灾情：当日舞阳全县12个公社普遍受灾。全县319个大队（包括三个青年场），2162个生产队，827个自然村，9.7万户，47万多口人受灾。其中有9个公社遭受重灾，有3个公社部分大队和生产队受到重灾，其余受轻灾和花灾。

重灾：在这次水灾中，房屋倒塌70%以上，土地全被淹没，秋作物基本绝收。遭受重灾的大队为266个，占74%；生产队是1882个，占86%；自然村583个，占70%以上；户数7.5万户，占83%；人数是40万，占85%。

轻灾：房屋倒塌30%以上，粮食作物减产50%以上。受到较轻水灾的大队15个，占4.6%；生产队95个，占4.3%；自然村41个，占4.4%；户数365户，占4%以上；人2200口，占4.2%。

花灾：房屋部分倒塌，烟叶、芝麻等经济作物基本绝收。粮食作物减产30%以下的大队是38个，占21.4%；生产队是183个，占19.7%；自然村202个，占25.6%；户数是15300多户，占13%；人49800多口，占10.8%。

全县总耕地79万亩，被水淹没和过水的是72.6万多亩，占92%。全县共种早、晚秋67万亩，绝收和基本绝收的为55万亩（7万多亩烟叶和4万多亩芝麻等经济作物几乎全被淹死），占82%。粮食作物遭轻灾，50%以上收成的是38800多亩，占5.6%。秋作物减产30%以下的面积是91200多亩，占13.4%。全县共倒塌房屋223500多间，其中集体倒塌房屋29900多间，有956个生产队房屋全部倒完。共冲走、过水和霉坏粮食16200万斤，其中国库2200多万斤，集体4000多万斤，社员家庭储粮11000多万斤。被洪水淹死82人，失踪22人。全县共有大牲畜32500头，被水淹死5000多头，占15%。全县猪羊存栏近20万头（只），被淹死和冲走达11万多头（只），占55%。

二

舞阳因8月5日22时突降暴雨，上游其他地区也降暴雨，致使沙、澧河流量大大超过保证流量，河道决口、漫溢，情况如下：

澧河：在舞阳县流经保和、城关、孟寨、姜店、九街、拐子王等6个公社，长47千米。澧河保证水位70米，保证流量1900个。8月6日，当澧河店洪水流量达到3800个时，澧河西岸大堤从5时到9时相继决口38处，其中右岸17处，左岸21处。8月8日，当泥河洼滞洪超过保证容量后，造成蓄洪大堤溃决，洪水冲垮下游拐子王公社澧河堤段6处。至此，澧河大堤共决口44处，总计长度2554米，深度1～6.5米，堵复需土方14.1万立方米。

造成澧河决口的原因是：澧河水源主要是干江河、澧河的区间径流水。叶县孤石滩修一水库能够拦蓄一部分洪水，而干江河因上游没有拦蓄工程，所以成为澧河洪水来源的主要河道。简而言之，就是澧河决堤主要是干江河洪峰过大（据关寨水文站测报，第一次洪峰流量5380个），加上地面径流水超过澧河保证流量一倍多，使澧河承受不住所致。当第二次洪峰到达舞阳时，除老口继续扩大外，其他没有决口。澧河上游干江河因流量过大舞阳段漫溢决口6处，长180米，堵复需土方1.06

万立方米。注入澧河的唐河、骂子河，因澧河水位高，不但不能注入澧河，而且又受顶托倒灌造成漫溢决口。

沙河：在舞阳流经北舞渡、侯集、拐子王等 3 个公社，长 41 千米。保证水位 69.10 米，保证流量 2850 个。8 月 8 日，上游北汝河和紫罗山洪峰流量 3950 个，加上白龟山水库放水流量 3000 个，均注入沙河，致使沙河水达到 70.94 米，相应流量 4865 个。自 8 日沙河右岸相继决口 33 处，总长 1481 米，决口深 1.1 ~ 7 米，堵复需土方 51694 立方米。

造成沙河决口的主要原因是：在沙河没有达到最高水位时，泥河洼蓄洪区就蓄满洪水，沙河水不能进入滞洪区；再者为了保证下游漯河市京广线路的安全，马湾拦河闸适当控制下泄流量，沙河水无法排泄，造成决口。注入沙河的灰河、泥河，因沙河水位高，河水不但不能排入沙河，而且又受顶托倒灌，造成漫溢决口多处。

泥河洼滞洪区，最高蓄洪水位 68 米，相应滞洪容量 2.36 亿立方米。8 日，沙河水位达到 70.94 米时，蓄洪区蓄水 3.75 亿立方米，大大超过保证蓄洪水位和蓄洪量，造成蓄洪大堤决口 43 处，长 2445 米，深 1 ~ 10 米。漫溢 30 处，长 421 米，堵复需土方 282057 立方米。

选自 1999 年 6 月《漯河文史资料》第八辑

“七五·八”舞阳县部分乡镇洪灾情况概述

胡德周整理

为了反映“七五·八”期间舞阳县农村水灾及抗洪救灾情况，通过对当时的部分公社书记、副书记石贵生、朱庆德、王宪章、张法根、陈建斗等人的调访，在他们回忆的基础上，整理出这个材料，使人们较具体地了解保和、九街、北舞渡以及章化等地区的水灾情况。

回忆保和公社“七五·八”洪水灾害

根据石贵生同志回忆整理

1975年8月5日，开始下雨，瓢泼大雨，人无法出门。这天，召开了公社党委会，晚上又在保和街开了一个老农座谈会，研究生产情况。正开会时，公社通讯员去叫我，说县委副书记王明寅打电话来，让我回去接。我一拿起话筒，王书记就迫不及待地说：“老石，澧河水暴涨，你马上上堤看情况，情况十分紧急。”放下电话，我即通知社直负责人开党委会。人还没到齐，我又叫生产组长（副书记）要公社拖拉机站的老马，让他开过来一台东方红链轨拖拉机，赶快让张遂江坐拖拉机先到河堤上去。张遂江到堤上就打电话回来，说河堤要垮，让弄300条麻袋装土用。我想麻袋只能向粮局要。还没安排好，张遂江又打电话来，说赶快带人到河堤救人，水已很大了。我坐拖拉机去上澧河店的堤上。我到时，社直干部都在背群众，那情形都很紧张了，雨还一个劲地下。

到天亮，公社邮电所把电话从村里挂扯到路边，便于使用。这时正好有外地的两个汽车从周口拉桐树走到上澧河店，过不去桥了，我们就把他们的桐树卸下来，绑成筏子，电话放上去（记得水下去后赔了人家些钱，桐树也不要了）。这时候公社干部和很多群众都上到乔沟村的土丘上，上澧河店学校也集中了很多人。天亮时县委书记王文华也到了现场。王文华书记当时驻点在保和的湾马村。他到后也和公社干部一起背群众。在上澧用电话通过县委和上级联系，随后部队也到了。部队到时，正好上澧河堤西头开口子，他们用皮划艇救人，往高处拉。当时救的主要是上澧、湾马、乔沟一带的群众，再往上游没法去救。部队在这里一天就走了。

王文华书记坐小快艇亲自往外救人，让我在桥北头接应，然后再转给社直干部，再把群众运到公社院。当时的公社院到处是群众，屋里住得满满的。6 日下午，水已稳下来了，群众都在公社院，我让公社新搭了几口锅台，从粮所弄面不停地蒸馍。救出的群众一到公路上我就安排给他们发放馒头，还专门组织保和街几个劳动力，专门蒸馍。晚上，长葛、禹县的救灾物资车就到了，长葛县委书记杨村民，禹县县委书记臧文营亲自押车。

7 日、8 日水下去后，郑州派来了飞机，说是给群众送食品的。之前，县里打电话让弄个红布单子作标记，飞机好投物资。收到物资后，公社干部再把物资分给群众。这边刚安排住接收食品的事，南半部又告急了。于是我马不停蹄，带人去公社南半部的村庄给群众送食品。我们绑一个木筏子，划着、蹚着去高堂。群众真是饿坏了，一看我们给他们送来了食品，就乱抓乱夺，我的腿部弄伤了。随后我又蹚水去贾庄、奶母营等村。贾庄的群众也真是饿坏了，都是用刀子割死牛、马的肉吃，吃南瓜等。后来吃的供给上了。

保和公社受灾主要是周围的上澧、湾马，西到卸店以及以东的高堂，全公社大约死了 10 来个人，大部是干江河地区的，那里水猛、急，其中卸店东边的柴庄淹死了几个。

县委书记王文华很能吃苦。披个雨衣，蹚水到处查看，看望灾民，水下去他住下来了。10 日，我和王文华书记坐车来到县城，我打算了解一下枣林老家的情况，可又无法打听到，后随王书记坐吉普车回保和。澧河水当时已平河槽，冲下来的东西很多，我和王书记一人弄了一个大南瓜。

洪水过后，公社就召开会议。安置灾民、开展防疫、搭帐篷。真正开始建民房是1976年冬季。整个来讲，救灾工作很顺利，县委重视，医疗队也到了，物资也十分充足，群众思想也很稳定。

回忆保和公社的抗洪救灾工作

根据朱庆德同志回忆整理

“七五·八”时我是保和公社的副书记兼武装部长。刚开始下雨时觉得是场好雨，心里挺高兴。可在我参加县里召开的武装部长会议的傍晚，雨开始下大了，大得像瓢泼一般，记得我和武装干事蔡玉旺在门口把脸盆伸到门外接雨水，伸出去拉回来就是一满盆，真是大得很。

晚上3时，县里打来电话，通报了雨情，要求组织抗洪救灾。按照县里的指示，我们公社立即召开紧急会议。公社书记石贵生要求，要全力以赴，责任到人，立即奔赴各自的堤段。我分工的责任段是湾马村东头到陡沟陈村中间这一段。分工后我带着王永勤、徐书亭、李金章、马付加、孟歪头、蔡玉旺等跑步上澧河堤。走时特意让蔡玉旺带上手枪，让供销社的车也去。我们跑到秦庄，让该村民兵营长秦宝件先跑步到陡沟陈去，顺路叫住楼宋等村的民兵都集合到堤子上。我们跑到楼宋时，水已长到腰部深。有人说水太大过不去了，我说，不中，过去。折断树枝当拐杖，我会水，走前头，互相拉住手，抓住树。到陡沟陈时水已与河堤平了。陡沟陈的支部书记也到了，华庄、宗堂的干部民兵也到了。我说，看这样子澧河上游是决口子了，要马上把群众转移到小河堤上。水快要淹住陡沟陈村了，我们一边转移群众，一边奋力去堵楼宋村堤灌站的口子，堵不住。待群众都转移到护河堤上时，天已亮了。

第二天上午，村子已被水吞没，半小时的光景，全村的房子一家家的全塌了，发出很闷的声音，村民都在河堤上大哭。到下午，有一处漏了水，我们把绳子拴在树上，一头拴在腰上，下水堵口子，被子都用上了，很快堵住了。我们在河堤上看到水往外漫，就用准备好的草袋，发现有问题就堵，坚持轮流查看，分段把关，坚守在河堤。第二天下午，水有点往下落。突然发现有一处塌一个口子，王永勤一喊，其他人都吓得乱跑。我掏出手枪说，谁也不能跑，这是战场，并立即命令民兵一起冲过去堵住了塌口。化庄的民兵陈合顺、化有勋在堵口子中不怕苦，不怕累，表现得很突出。口子堵住后，陡沟陈的群众都说，要不是化庄的民兵，我们都完了。通过这场事，原来陡沟陈与化庄因争地边闹矛盾的恩怨也化解了。

被救群众坐满了船，领航员正在领船开道

当时记得许昌军分区司令员下命令说，干部党员不上河堤者一律开除。县委书记王文华说，澧河是舍北保南，沙河是舍南保北。第三天水下去了，有人说白龟山水库的水要过来了，我们就组织群众转移。陡沟陈的群众有的自己往外跑。有一名老太太背着一个小孩，跑不动，我要过来背在身上，一直跑到乔沟。这时干江河的水又下来了（可能是舞钢的水），剩下的人跑不了啦。在这紧要关头，舟桥部队的皮划艇连赶到了，他们两个人划一个，往外运人，有时人载多了机器就熄火。遇到这样的情况，只得让会水的下去，手拉着树，再发动机器。后来，皮艇干脆就发动不着了，我就让蔡玉旺、马付加留在原地照顾群众。有的上了麦秸垛，我划着小艇到对岸，找会水的人划，用砍下的树干当船桨。划到石碾王与二朗村东北角处，麦秸垛上的群众在蔡玉旺等帮助下上了皮艇，蔡玉旺、马付加、宋书亭上不去了。下了皮艇，由粮所宋玉堂将群众送到袁集，然后上公路。一停下来，宋玉堂因劳累过度晕了过去，喊了好长时间才醒过来。

天已经黑了，蔡玉旺、马付加等上的麦秸垛也冲走了，他们只好上到树上求生。在这千钧一发的情况下，县委书记王文华和我商量怎么办？正发愁时，湾马村几个人划的皮艇游过来，我们一起又回到袁集附近。这时，舞钢的水过来了，保和南半部的朱耀环、苗庄、高堂、贾庄等到处都是水。无奈，石贵生书记和公社干部徐来彬只好领着先正南，我和蔡玉旺到南边的刘庄组织群众抗灾。

记得水下去后，澧河堤里面坡堤一批一批地往下滑塌，几丈长，很吓人。“七五·八”洪水，就整个保和公社讲，受灾较重的是贾庄。救灾工作很顺利，抓得也好，这主要是石贵生、徐来彬负责。当时城关的群众都烙了很多馍，送到保和群众中。尤其是禹县送救灾物资及时得很，送到的馍还热乎着呢。灾后，公社党委分片包干，号召群众种菠菜渡荒，然后种麦。从1975年受灾中，感触最深的是党和干部对群众的关心。县委书记王文华亲自救群众，很能吃苦。我们公社干部都是一心为群众，和群众在一起共患难。那时我家在舞阳北部，也受灾了，房子都塌了，我爱人都吓出病了，可也没想着回家，只顾和当地群众在一起救灾。我的大儿子那年才8岁，和我在一起，开始上堤时我把他交给蔡玉旺的爱人，后来又交给秦庄生产队长秦乾子照顾。水下去后，公社干部任克亮说起了自己的家，禁不住哭了起来。我儿子哭着喊起了奶奶、姥姥，我也控制不住哭了起来。

水灾后，乌兰夫副委员长在许昌接见，开表彰会，我也去了，还给我记了功。

九街公社 1975 年 8 月洪灾情况

根据王宪章同志回忆整理

“七五·八”那年，我和薛桂三对调了工作，我由拐子王公社书记调任九街公社任书记。到任后几个月就赶上“七五·八”大洪水。当时，何口是生产重点，我在何口驻点，平时工作都是按县委布置干的。记得开始下雨时，县里就安排防汛，公社随后就召集社直干部及大队干部开会，充分认识到九街的严峻性。因为九街北面是澧河，南边是塘河，整个被包围着，险堤就有几处。特别是李湾、左庄防汛任务更重。会议一结束，干部都下去了，我去了何口。当天晚上县里打电话说，水涨了，雨又下得很大，情况很紧急。大队干部、生产队长我们都正开会，放下电话，我就让大队去一个人到水文站看看水涨得啥样。人拐回来后，说问题不大。这时水文站又来电话，说水涨了，赶紧上堤。我们往堤上跑着跑着，水都涨到下巴处那么深了。到处都是水，就剩九街一块没有水。九街南的崔庄、李湾、左庄、王桥、边庄、胡庄、大杨、伸张、田庄及马岗、殷庄以东也都是水。轻一点的是九街、胡岗、何口、藏湾、范庄，因为崔庄、马岗、伸张南面就是塘河。那时水不仅面积大而且涨得快，很快就涨到房檐那么深了。树杈上都挂有草，平地可以行舟。水是慢慢涨的，都是下的雨水，从坡地上过来的。所以，有的群众也绑了些筏子，有的开始向高处转移。

我们几人手拉手凫水到王桥。当时公社副书记陈海清在县里开会回到九街，和我们联系了，可是过不来，只得凫水到王桥。这时有的河堤都已开了口子。群众在河堤上，听说房子都塌了，乱哭。后来说全村都倒了，也不哭了。正紧急关头，解放军救灾来了。县委副书记王国林也来了。他和周参谋长坐着橡皮艇由九街到拐子王去，又指挥九街，又指挥拐子王。人都在河堤上，几天动不了，也没吃的。我们公社干部不停地找村干部，清点人数，要求干部不离群众，查各村人少了没有，牲畜丢了没有，有淹死的人没有。随后县里组织的支援救灾物资送到了，烙馍都送到群众手中。县委李玉献副书记包的九街。那时吴城到九街的公路才修好，所以，运往拐子王的衣服、烙馍、面粉等救灾物资得通过九街。所以九街的救灾物资相应多了一点。我是从拐子王出来的干部，对那里熟得很，来回坐橡皮艇同王国林书记去拐子王送物资。禹县县委书记臧文营还亲自领着当地的公社书记到九街慰问，给群众很大鼓舞。九天以后水下去了。当时虽然困难，群众情绪不稳，但公社干部不能动，会议还得开，工作还得干。于是，我们分片包干，下到村里，带领群众开展生产救灾。那时干部责任心也强，整天在村里，查看各村损失情况，组织生产自救，对运来的物资根据不同情况区别发放。李玉献书记包住在崔庄，将从县里带去的王昆峰、万革命等六七人组成工作组，设立指挥部，搭帐篷，安电话，指挥重建家园。

回忆北舞渡“七五·八”洪水情况

根据张发根、陈建斗同志回忆整理

1975年8月洪水期间，我在北舞渡公社担任党委副书记。当时，北舞渡是54000多口人，197个生产队，是舞阳县较大的公社（那时章化乡还没有分出去，属北舞渡管辖，1975年9月成立章化公社）。记得1975年8月上旬的一天，我们在县城参加县里的抗旱工作会，准备抗旱，开完会回公社就开始下雨。那时公社干部都经常住村、分片。公社书记陈建斗及副书记孙德卿等包着北舞渡以及东半部，我是包着西半部，就是现在的章化乡那一部分，我住在李吉村。吃过中午饭，正在村里开村干部会，研究防汛问题，公社干部郑延海打来电话，说河水涨了，沙河水流量已达到8000多立方米每秒。我一听水这么厉害了，还咋防汛呢？就马上给水文站打电话，询问情况，电话还没打通，水可过来了，进村了。也就是下午三四点钟，整个李吉村全部成水了，我们赶快组织群众上河堤。那水很突然，一会儿村子就淹了，群众都跑到石墓潭岭堤上。这时，魏庄、李吉、前后古城、智王、榆林等村的群众也都跑到这里，人挤得满满的。在堤上，群众都看着房子一所一所地倒塌，开始有的群众看到自家的房子倒了就哭，后来一看都倒了，也就不哭了。西边章化台庙上（现在学校）也挤了 1 万多人，再往西白干渠堤上也挤了不少人。

北舞渡公社，尤其是现在的章化乡，本来光下雨也不会造成太大的灾害，但由于上游叶县境内的水一个劲往下压过来，最严重的是叶县杜杨与舞阳店街之间的舞阳堤决了一个大口子。水本来是由店街方向向南冲向灰河的，可灰河水已满满的，河道以北到处都是水，沙河上游也决了十几个口子，这样，杜杨方向的水直泄东方，从石墓潭东边向东北流去，把整个章化地区淹了进去，水量增大很多。由于水大，村里的电话也中断了，没法与上级联系。第二天，群众在堤上也没吃的，有的群众带了些麦子，在堤上煮一点，这个一把那个一把都分点。有的带点馍，都分一点，那场面真动人。周围都是水，就那一块高地，挤得满满的，连大小便都没处去，开始还害羞，不好意思，后来不论男女就地就解。

晚上，水已经基本下去了，可又有人传说，白龟山水库炸了，水马上要到舞阳了。群众害怕了，男女老幼齐哭乱叫。现在回想起来，头天涨大水时也不害怕。可这时群众乱哭，真害怕，心里想，万一白龟山水库大水过来，那可真完了。我也着急得很，堤上的几间房子里也挤得都是人，村干部也着急，一片哭声。咋办哩？后来想起，村里教师跑出来时背了一部老式三用机，有电池，就让教师背着，弄个喇叭，从东往西，由西往东来回不停地喊，说大家不要害怕，白龟山水库的水过来是假的，那是谣传，公社干部都在这，不要害怕。这样，才算不哭了。

可后来，水真是大了，这时公社就决定在侯集柿园杨北边章化梅湾的东边炸开一个大口子，这样沙河水才下去了。

水下去后，群众进不了家，村里还有水，有的群众就蹚水进村。也没吃的，就扒点红薯，找些玉米棒。随后，救灾物资就到了，但没路，无法送到村里，都暂放在北舞渡。后来就由村干部带领群众到北舞渡去领物资，有烙馍等。另外一部分物资由叶县境运到杜杨，可我们这边过不去，没法弄过来。

当时整个北舞渡，包括现在的章化全部都淹了，南边到马村北的板张、玉皇庙都是水。玉皇庙的水是澧河开口子过去的。我老家是马村板张的，当时家人住在玉皇庙老岳父家。北舞渡水下去后，我没有马上回去，主要是在李吉村安置群众，稳定群众情绪。那时的干部任劳任怨，一心向着群众，就是让你走你也不走。当时电话也断了，公社也不能及时联系，包村干部都是各自安排灵活掌握，自己想办法。

“七五·八”洪灾感触最深的是，救灾物资到得及时、快，而且也充足。记得光章化公社的各种救灾物资、款项就有8000多万元，公社成立时仅公社办公房就拨4万多。灾后，漯河孟庙的国有备战库有大量的布匹，都是好布。公社干部领着群众去拉，每家每户都分十几丈、几十丈，满院都是布。想一想真是党领导得好，要在旧社会那么大的灾，群众就没法活。

那时北舞渡公社32个大队，洪水涨后，除了简城、北舞渡二大队、五大队及穿心阁外，房子全都倒了，一片汪洋，土地全部淹完。

记得下大雨时，电话一直和县里保持联系。这天，吃完早饭，我和黄宪宇到北舞渡南边看看情况，刚到田地头，看到水从南边过来，我们就往回拐，走着走着水就很深了，群众都往河堤上跑。当时水涨得猛，但下得也快。涨水时，北舞渡的农房全部倒了，群众在堤子上乱哭，穿心阁那也聚集了不少群众。因为是白天涨的水，群众上河堤也及时，没有伤亡。

第二天，大概是8月9日，县委副书记王国林坐着橡皮艇到北舞渡，在河堤上了解情况，随后他又去泥河洼水电站，那里有管理所，有电话总机。第二天我们公社干部去那里向王国林汇报情况。洪水刚下去，飞机开始空投物资，有饼干等。投下的食品由大队干部组织分发。接着，辛安、吴城的烙馍都送到了。县里救灾人员都凫着水，扶着公路边上的树赶到了。县委常委卢长建也到了。县里来的工作组都住蒙古包帐篷，自带炊具，一个大队一个工作组。救灾物资有席子、被子、衣服。当时公社粮所的粮食也淹浸了，酸味熏天，扒出一晒分给群众。

接下来就是组织群众排水，重建家园。中央、省地的医疗队也到了，全公社设了几个医疗点，每个村都有一个包村的医疗人员，主要是防疫，搞好卫生，搞好饮水卫生等。

后来，传说白龟山水库的水过来了，群众慌了，乱跑。公社干部分片包干，组织群众，做思想宣传，稳定情绪。为了便于搞好救灾工作，9 月将北舞渡公社划出一个章化公社，原来因为面积大，不好搞。接下来组织群众修护庄堤，王国林副书记亲自指挥，指挥部就设在北舞渡烟站。灾后，乌兰夫副委员长在许昌接见，我也去了。

选自 1999 年 6 月《漯河文史资料》第八辑

抗“七五·八”洪水灾害 党领导重建家园

范振江 [1]

1975年发生的“七五·八”洪水灾害，是舞阳县有史以来罕见的大洪灾。致使舞阳县776.7平方千米的土地，有500多平方千米被洪水淹没。全县827个自然村，有624个被洪水冲毁。洪灾发生后，在党中央毛主席亲切关怀下，在省、地委领导下，在人民解放军和全国各地人民的支援下，中共舞阳县委带领全县人民，与洪水斗、与天斗、与地斗，硬是斗出了灾区的新面貌，夺取了抗洪抢险、生产救灾、恢复生产、重建家园的伟大胜利。1976年夏季超额完成了全年的征购任务，人民生活和社会秩序井然有序，充分显示了社会主义制度的无比优越性。

历史上罕见的洪水灾害

1975年8月5日夜至8日，舞阳县遭受了特大洪水的袭击。3天内连降大雨暴雨共692毫米，相当于一般年景降雨量的总和。仅7日一天，就降雨399毫米。同时沙、澧河上游也连降暴雨。据了解，干江河上游降雨量为700 ~ 1000毫米。特大洪水汇流入境，这就造成了历史上罕见的洪水灾害。

由于西部、南部来水流量大大超过河槽容量，干江河南从邱店、北至任庄洪水普遍出岸，洪峰越过保和西马岗一级站，一部分顺河入澧，一部分越过舞叶公路与澧水溢水交织成两千米宽的水带，直入唐河坡。澧河洪峰出现最早，澧水的保证水位原为70米，流量为1900个立方米/秒（以下简称个）。从5日晚至6日7时，流量已达4000个，水位

① 范振江，舞阳县人，曾任中共舞阳县委党史办公室主编。

71.42米，两岸决口44处。7日，流量增到5000个，水位高达82.3米，超过保证水位12.3米，河道与平原不分，遍地洪水翻滚。沙河保证69.1米，流量2850个。到8日，上游汝河和紫罗山的洪峰流量就达3950个，加上白龟山水库放水3000个流量，同时汇集舞阳，水位急剧上升到70.94米，右岸决、漫溢33处。虽然上级决定在襄县霍堰扒堤分洪，但沙河洪峰到8月10日才开始回落，泥河洼蓄洪区已储水3.75亿立方米，超出保证容量1.39亿立方米。造成泥河洼大堤漫溢30处，决口43处，决口长度达2871米，深度1～10米。由于洪水泛滥，致使横贯全境的沙、澧、灰、马、泥、唐6条主河道洪水连成一片。全县除舞阳岗和侯集乡部分高地外，全部被水吞没。平地一般水深1～4米，深水处救护船都在房顶上行驶。形成了东西70华里，南北40华里的一片汪洋大海。

位于县城南边的三里河，上游来自舞钢市。8月8日零时30分，舞钢境内的石漫滩水库垮坝，洪水一泻而下直逼舞阳县城南门，致使三里河北岸的16个大队又形成一片湖泽，造成了舞阳县有史以来的第一次特大水灾。

当日舞阳县1镇11个公社普遍受灾，其中重灾公社9个，城关镇、辛安、吴城部分大队和生产队重灾，其余轻灾和花灾。全县2162个生产队有1749个重灾，占81%；全县91162户，有73930户受灾，占80%；农业人口465753人，有370844人受灾，占79.6%。全县耕地79.88万亩，被水淹没和过水的72.6万亩，占92%。秋作物50.8万亩，绝收的417945亩，占82.3%；半收的38800亩，占6%，其他也都减产30%左右。

灾区集体、社员原有房屋313434间，倒塌229169间，占73.2%。集体、社员共损失粮食12967万斤，加上国库损失1100万斤，共计14167万斤。猪羊冲走淹死11万（头只），大牲畜伤亡5115头。洪水中有104人丧生（其中22人到舞钢区串亲戚遭水灾死亡）。这是舞阳有史以来受灾面积最大，受灾人数最多，灾情最重的一次。但是，在共产党领导下，也是灾害损失最小，恢复最快的一次。

党领导下的抗洪斗争

“七五·八”抗洪斗争，是在各级党委领导下进行。8月5日，中共许昌地委通知：“我区受3号台风影响，即降暴雨，要迅速做好各种防汛准备。”中共舞阳县委立即进行研究部署。除留副书记王明寅坐镇指挥外，其他常委都分别带人到较大河流险段进行检查抢修，并且还设立了政治宣传、物资供应和水情调查小组，向全县党委、团员、干部和群众发出抗洪斗争的紧急动员，号召全县人民要严阵以待，迎接洪峰的到来。当天组织18部汽车和广大群众，把23万件和60多万斤防汛物资都运到了抗洪工地。组织抢险队80多个，有2万多人参加，医疗组26个，并发动群众准备了木筏和其他救生器材9万多件（个）。

8月6日凌晨2时，接到汛情预报，县委立即动员县直机关、工厂的干部、职工，除少数人值班外，全部连夜上堤，投入了抗洪抢险斗争。县委书记王文华连夜赶到保和公社上澧指挥抢险。副书记王国林为查清水源，从上澧沿澧河堤到下澧河店，中间泅过10道决口，多次被洪水卷下去。经过几个小时的拼搏，才到达下澧村对岸的潘戚店，转移到大堤上的群众无不感动。

8月6日下午，澧河北岸孟寨公社的孟王村被1丈多深的洪水包围，村里80多位老人、妇女、小孩没来得及转移，困在村西北角一小块坟地里。暴雨在下，洪水在涨，被困群众惊慌失措。公社书记郭连芳闻讯，带14名抢险队员涉水赶去抢救。当离被围群众200米时，河堤又被洪水冲垮一大段，咆哮的洪水切断了救援的去路。有人建议绕道过去，郭书记看看村内房屋在倒塌，水越涨越高，群众呼救的声音越来越急。他忘却了一切，扑入了激流，向被围群众泅去，抢险队员都游了过去。他们用檩条、门板绑成大筏，把群众安全转移出来。

8月5日，姜店东边南岸，老堤漫溢，新堤决口，情势万分危急。公社书记蔡金累、县法院副院长王盈川带领700多人跃入决口，肩并肩，手挽手，筑成四道人墙，犹如中流砥柱拦住了洪峰。经过5个小时的拼搏，终于堵住了决口，保住了6个大队，10多个自然村万余人的生命安全。

北舞渡公社的简城，位于舞、叶、襄三县交界，沙河、汝河在村东汇流。8月6日至8日平地水深4米，整个村庄成了水中孤岛，电线杆被冲倒，与上级失去了一切联系。在大队党支部领导下，动员全村男女老少齐上阵，分段把守，谱写了一曲赞歌。8月7日，村北护庄大堤，从5米深水的下边出了漏子，洪水直射堤内。公社防汛干部孙木勤高喊“为人民利益献身的时候到了，决不能让洪水进村！”他抱了两条被子扎下水去。几十个基干民兵也都抱着被子、麻袋钻进水中堵塞水眼。由于水深流急，被子放不住就冲走了，漏子越冲越大。在这堤溃村毁的时候，女社员程梅婉、四年级小学生李国章从家里顶来了自己的大锅，民兵潜入水下按在漏洞口上，装满泥土的麻袋和包了泥的被子，一个一个压了上去，直到露出水面，又垫土夯实，才避免了一场危险的事故发生。

下午，村东南护庄堤决口，党支部副书记孙石头、队长孙合秀等身先士卒，带头堵口，激战三个小时，将决口堵住。

8日，村东大堤上有80多米长洪峰跳了堤顶。党支部副书记孙天义身患肺病、胃病仍率众抢险，边指挥、边运土打堤。提出“水涨1寸，堤增1尺”的口号，连续战斗6个多小时，使堤增高了3尺。简城人在党支部领导下，连续作战5个昼夜，硬是战胜了历史上的特大洪水，拒激流于村外，保住了人畜生命安全。

章化乡的湾李村（原属北舞渡公社），位于灰河与沙河之间，历史上屡遭水患。8月8日，湾李大队党支部带领广大群众英勇奋战三昼夜，做到水长堤高，硬是保住了村庄没进水，全大队人畜无一伤亡，被誉为“抗洪斗争的堡垒村”。党支部书记任秀花，家有两个小孩和70多岁的婆婆，爱人在外地工作。在抗洪斗争中她置家庭于不顾，两天两夜没下堤，她的东屋和厨房都被积水泡塌。有人劝她回去看看，她说：“大家的情我领了，可我不能回家顾我的四口人，不顾全大队700多人的生命，这里就是我的战斗岗位。”

拐子王公社史渡口大队贫农社员史二才，是抗洪斗争中舍己救人的典型模范人物，8月8日，泥河洼滞洪区、沙、澧河普遍漫溢，数十里一片汪洋。史二才绑好木筏去营救被水围困在电杆上呼救的女儿史凤霞，突然看到史渡口水文站院内被洪水围困的群众在频频呼救。史二才不忍心看着他们被洪水吞没，毅然放弃救自己的亲生女儿，先向堤边划去。他把带的一盘铁丝的一头牢牢地拴在堤边的柳树上，牙咬住另一头拼命地向水文站游去。由于风大浪高，加之第三次特大洪峰袭来，浊浪排空，他一次次被洪水压下去，一次次又顽强地冒出水面。他头被撞破，腰被碰伤，强忍剧痛，终于把铁丝拴在了水文站的一棵杏树上。群众扶着铁丝越过激流，转移到了浅水的河堤上。这时，水越来越大，浪越来越高，决口在延伸，堤段在一米一米地缩短，女儿凤霞的呼救声撕心裂肺。得救的群众看在眼里，记在心里，流着眼泪催促史二才快去救凤霞。史二才斩钉截铁地说："我们43个人困在这不足1丈长的堤上，随时都会出现危险。我不能丢下大家不管，去救我女儿！"说着他又拉着绳冲入激流，用尽全身力气泅到了对面堤上，42人抓着绳子一个个越过决口的激流，转移到安全堤上。可这时，当大家回头看时，电杆已不见了，他的女儿史凤霞早被洪水卷去了。

解放军某部在洪水中搜救被淹群众

舞阳遭受特大洪水灾害的消息早已传开。正当群众生命受到严重威胁的时刻，河南省军区、武汉军区派来了亲人解放军。首先到达舞阳的是33610、33614和33598部队的600多名指战员，他们以惊人的速度赶到我县投入战斗。他们带汽车23部、橡皮船13只、汽艇2艘和抗洪器具等。7日上午，33598部队160名指战员，在刘副团长、戴副政委带领下到达保和公社，听到陡沟陈群众被水围困，不顾饥饿劳累，劈风斩浪，泅渡到该村。经过一天的战斗，将全大队1400多人全部营救脱险。从东北方向赶到舞阳的解放军指战员，在九街公社王桥用橡皮舟营救出300多群众。33614部队，在拐子王公社史渡口抢救群众时，河堤突然决口，水深流急。50多位指战员跃入激流，手挽手，肩并肩，用身体筑成一道堤坝，保护几百名群众安全转移。33612部队三连战士李才满和连队一起到城关乡潘戚庄抢险，激战一昼夜，他一人就救出几十位群众。当完成任务部队撤离时，他又发现有两位老人尚未转移出去，就重返回去，把两位老人背出来安排在河堤上。这时水还在涨，这段河堤有可能被水淹没，河堤上的几百条生命也有冲走的危险。他决定泅水出去与部队联系，群众劝不住他，由于他过度劳累，加上连冻带饿，被洪水卷进了澧河，顺流而下，冲了十几里才被救上岸。他刚一清醒，就报告险情。被救群众无不啧啧称赞，被他不顾自身的大无畏革命精神所感动。

四十三军指战员从孟县急行军900多里，于8月10日夜12时赶到舞阳九街公社抢险。武汉33764部队的226名指战员，在洪副团长、秦副政委带领下，跋山涉水，急行军200多里，于10日黎明赶到北舞渡公社抗洪前线。当得知朱左大队1000多人被洪水围困三天没吃上东西时，他们不顾疲劳，泅水15华里，送去馒头400多斤。当被困群众接到食物时，都含着热泪高呼："毛主席万岁！""人民解放军万岁！"为抢救泥河洼近4万人的生命，他们奋战一昼夜，堵住了80米长、2.8米深的沙河决口，修通了公路，使一辆辆满载熟食的汽车、拖拉机驶到灾区，把党和毛主席的温暖送给灾区人民。由于全县党、政、军、民团结战斗，战胜了特大洪水，把灾情压缩到了最低限度。

一方有难　八方支援

舞阳遭了灾，党中央发来了慰问电，鼓励全县人民“发扬艰苦奋斗的革命精神，奋发图强，自力更生，恢复生产，重建家园”。同时，派来了人民解放军、医疗队，调来飞机、橡皮船以及各种救灾物资。河南省委书记、许昌地委书记和二十军负责同志，乘直升机分别于8月10日、11日来我县视察灾情和慰问。王延太、李纲和二十军负责同志乘的飞机分别在舞阳县城及拐子王降落，传达党中央毛主席的关怀，鼓励我们要连续作战，夺取抗洪抢险、生产救灾的新胜利。在此之前，派飞机空投大批食品和救生物资，散发了省委、省革委、省军区的慰问信。党的关怀给全县人民增添了巨大的精神力量，增强了排除万难争取胜利的勇气和信心。

全国各地兄弟县市发扬共产主义风格，以最快的速度，最好的质量，派出最得力的同志，赶制和赶运了大量食品。还有不少人把平时省吃俭用节余的钱、粮票、布证等寄来。正如许昌消防中队的一名解放军战士信中所说：“为了战胜灾害，自己不添斤也要加两，不能添砖也要加瓦。”他尽自己的能力寄来10元钱，支援舞阳的抗洪救灾，恢复生产。据统计，这次洪水，国家和兄弟县市先后运来救济粮8564万斤，款993万元，衣物98.1万多件，水浸布4630杠，煤53829吨，食盐、白糖等日常食用品2722吨：建筑木材6770立方，水泥、钢材688吨；汽车、小拖、柴油机等机械639台（辆）；军马585匹；各种生产、生活资料200多万件（斤），基本解决了灾后群众生产、生活上的急需品，保证了灾后群众生产、生活水平没有降低。特别是漯河、禹县、长葛、郏县、襄县、许昌县、地直单位和33614部队家属等，及时运来各种食品250多万斤，及时解决了灾后人民群众的吃饭问题，对安定灾后群众情绪，重建家园起了积极的作用。

解放军某部医务人员到水灾一线为群众治病

为了保证灾区人民生命的安全和身体健康，防止灾后疾病蔓延，中国人民解放军、卫生部、省、地市和兄弟县先后派来14个医疗队。他们带着党中央的慰问电，涉深水、踏泥泞，夜以继日，走遍灾区的千家万户，为民治病、防病。33610部队医疗队，8月7日12时赶到舞阳，饭不吃，脸不洗，就去灾民点巡诊，在短短7天时间里，给灾区人民治病3380多例。115部队医疗队，在拐子王公社被洪水围困在河堤上，虽然几天吃不到食物，仍坚持给灾民治疗，还协助灾民抢救物资，充分表现了人民子弟兵全心全意为人民服务的英雄本色。许昌地区医疗队，乘飞机到达拐子王灾区，了解到灾民被洪水围困，既吃不上东西，又被雨淋水泡，很多人生病无药治疗时，立即派人乘飞机返回，运来40箱药品。卫生部中医研究所医疗队，主动要求到灾情最严重的大队去。总参通信兵“五七”干校医疗队的于丙荣同志，家住驻马店地区，他家也遭到严重水灾，给家里发三次电报均无音信，全家人下落不明，但他始终没离开工作岗位，日夜巡回治病。宝丰县医疗队的12位同志每天踏泥涉水几十里，巡回给两万多灾民防病治病。鲁山县医疗队司军权医生，患有血管硬化症，巡诊中曾两次晕倒，仍坚持工作。在那抗洪救灾的日日夜夜里，数百名白衣战士的辛勤工作，有效地防止了灾后疾病的蔓延，保证了灾区人民的生命安全和身体健康。

自力更生　重建家园

洪水过后，县委根据党中央提出的“自力更生，奋发图强，恢复生产，重建家园”的生产救灾方针，发动和带领群众积极开展生产自救。在全县范围内开展了“百斤粮，千斤菜”的生产自救运动。灾后抢种荞麦3万多亩，蔬菜6万多亩。秋后作物和荞麦收入510万斤，加上救灾粮款、物资和外援的代食品338万多斤，干菜90多万斤，从而安排好了灾后群众生活。在牲畜饲养上，除在禹县、郏县寄养5000头外，又从外地运回草料110万斤，盖起饲养室7183座[①]，发牲口烤火煤1450吨，使11500头大牲畜安全过冬，为恢复农业生产提供了必要条件。

为了深入开展生产救灾工作，县委及时提出了“一年恢复，二年发展，三年大变”的战斗口号。在农业方面，胜利地完成了53.5万亩小麦和5万亩油菜播种任务后，广大干部群众披星戴月，顶严寒、冒冰雪，立即转上大搞农田基本建设和修复水毁工程，出现了社社有工程，队队有任务的局面。经过一冬春的努力，共完成土石方980万立方米，平整深翻土地11万亩，全部完成了220处河堤决口的堵复任务，清理水毁机井1664眼，新打机井347眼，大小机电灌站开工恢复的129处，完成62处，新建的16处，恢复土渠354500米，硬渠49980米，增灌溉面积2万亩；恢复新挖排水沟448条，恢复新建桥涵闸380座，增除涝面积7万亩。

与此同时，普遍开展了多头多路的工、副业生产和多种经营活动。没有资金自己筹，没有原料自己找，没有工具自己造，没有技术干中学。在各个部门的大力支持下，实行产、供、销挂钩，逐步把集体工副业纳入社会主义计划经济的轨道。全县开展工副业的大队332个，生产

① “座”或为“间”。当年舞阳县有2162个生产队，一般来说一个生产队建一座饲养室（约3间）。

队1684个，组织各种工副业小组2681个，参加劳力18000人。10个月纯收入317万，加上畜产品、食品、废品、小秋收等多种经营，总收入达848万元，基本上完成了任务。同时也涌现出一批工副业开展好的先进典型。孟寨供销社党支部，认真发动广大职工，急灾民之所急，帮助受灾队组织铁业、木业、竹业、编织业、染房等180个工副业小组，实行产销挂钩。他们还走村串户发动群众搞好小秋收，仅苦楝子就收购45万斤，投款1800元。介庄大队先后组织起挖煤、木业、搬运、纺麻、砖瓦、轧油、做算盘等11种工、副业生产，投入劳力116人，截至1976年4月，半年收入36000元。用这些资金买了8头牲口，1万多斤化肥，饼肥6000斤，建烟坑26座，盖饲养室34间，仓库58间，还有架子车、桑杈、笤帚、薄膜等，还归还贷款700元，安排社员生活，救济困难户和给危重病人治病8000余元。工、副业的开展起到了保人、保畜、保生产的作用，从而为今后发展社队企业积累了经验。

共产党是灾民的贴心人

中共舞阳县委和各级党组织是抗洪斗争的领导者，也是生产自救、重建家园的核心，灾民的贴心人。灾后，县委把生产救灾列入重要议事日程。书记挂帅、全党动员，层层建立生产救灾的领导班子和办事机构，并从县直机关抽出800名干部，组成救灾工作队，同灾区人民同甘苦共患难。各公社党委书记、副书记和广大干部都到受灾队搞生产自救。同吃同住同劳动，从而团结了群众，增强了战胜灾害的信心和决心。在整个抗洪救灾工作中各级党组织始终加强政治思想工作的领导。灾后“看村无房，看地无粮”，灾民情绪悲观。在这种情况下，出现了一些煽动群众外出逃荒或轰抢救灾财物的不良现象，有的甚至趁机贪污盗窃、宰杀耕牛、奸污妇女。对此，中共舞阳县委充分发动群众，及时组织进行侦破，抓获61名罪犯，大张旗鼓地进行游斗和批判。同时，在抗洪抢险斗争中，对那些贪生怕死、贪污多占和私分救灾款物的个别干部和职工也进行了严肃的处理。在此基础上，发动群众，清理防汛物资，搞公物还家。仅姜店公社不完全统计，就收回木材 120 多方，保证了救灾工作的顺利进行。

在安定社会秩序的基础上，县委拟定了宣传教育提纲，在广大群众中大讲毛主席、党中央对灾区人民的亲切关怀；大讲中央慰问的“十六字”救灾方针；大讲社会主义制度的无比优越性，一方有难，八方支援；大讲自力更生，艰苦奋斗的革命精神。同时在群众中大讲抗洪抢险中的英模事迹，评选先进单位和模范人物。县委召开了 3000 多人的表模大会，表彰了 56 个单位和 516 个干部和群众，编印了《抗洪抢险先进单位、个人模范事迹》材料，发至全县各个基层单位学习，从而鼓舞了战胜困难的决心，掀起了生产自救的高潮。许多在旧社会饱经风霜的老人深有感触地说：“过去受灾淹死的人没有冻死、病死、饿死的人多，真是上天无路，入地无门。今年的灾最大，人损失的最少，生活安排得最好。真是新旧社会两重天。”

为使生产救灾工作做得扎实细致，县委拟定了生产救灾的八项标准，要求项项落实，条条做到。根据不同时期的重点，县委还组织四次全县范围的救灾普查。特别是大雪封门之际，县委领导带领 1000 多名干部，冒着漫天大雪，跑遍了千村万户，深入灾民庵棚访灾问苦，问寒问暖，发现问题当场解决。春节期间，全县干部不放假，都带着县委的慰问信到灾区进一步安排好灾民生活，发放好春节供应物资，使家家有肉食，户户吃饺子。群众高兴地说：社会主义好！共产党好！通过大灾看得更清楚了。党真是俺的贴心人啊！

经过 10 个月的艰苦奋斗，夺得了 1976 年灾后第一个夏粮大丰收。全县 53.5 万亩小麦，单产 392 斤，总产 21000 万斤，创造了历史最高水平。全县 5 万亩油菜，总产 600 多万斤。交售爱国粮 4500 万斤，超额完成全年征购任务。除群众住房外，胜利实现了县委“一年恢复”的战斗口号。

灾害已经过去 20 多年，水灾留下的痕迹早已不见，灾后盖的新瓦房，现在又在改造，向平房、楼房发展。有些老人幽默地说：水灾是坏事也是好事，它冲了千年落后的村庄，送来了房成排、树成行、菜园场地在村旁，生产、生活都舒畅的新农村。

选自 1999 年 6 月《漯河文史资料》第八辑

“七五·八”灾情纪实

王耀九[①]

1975年8月5日至7日，连降暴雨三天三夜，降雨量1269.3毫米。造成了石漫滩水库和田岗水库于8月8日先后垮坝，五层楼高的洪峰倾泻而下，使舞钢区几十个村庄遭到房倒屋塌人畜伤亡的悲惨灾情。现仅就这次灾情抢救者——舞阳钢铁公司工人老大哥们在暴风骤雨中，抢救人民生命财产的事实，作以下略述：

（一）大坝溃决的瞬间。8月5日至7日，暴雨下了三天三夜。石漫滩水库水位不断上升，影响大坝的安全，一旦溃决，将危及下游的几十个村庄，危及几十万人的生命财产，危及舞钢。公司党委召开紧急会议，作出与洪水做斗争的决议，组成一支年轻力壮的抢险队伍。在公司经理郝玉明同志领导下，顶风冒雨向大坝进发。当队伍走到职工医院拐弯处，暴涨的库水已经吞没了即将收割的大片庄稼，分不清哪是路、哪是沟。水没过了膝、没过了腰。抢险队伍手挽着手，肩并着肩，艰难地行进着。暴雨打得人睁不开眼，每前进一步，都要遭到巨浪漩涡的袭击，再往前走，水没过胸膛，队伍才停止了前进。聚精会神地注视着大坝，眼睁睁地看着汹涌的波涛，漫过了高大结实的坝顶，冲刷着背面的土坝。一大片一大片长着护坡草的土坝被冲走，由小到大由少到多。突然一声撕心裂肺的巨响，大坝溃决了。浑浊的波涛，咆哮着、狂啸着，直奔下游的田野和村庄……

（二）清障开路报灾情。水库决坝、通信联络中断，必须尽快打通

---

① 王耀九（1912—2008），曾用名王西宾、王瑞祥、王赖。河南舞钢市杨庄乡马庄村人。1939年加入中国共产党，1941年春脱党。1945年9月曾任舞阳县尚店区区长，后务农。

舞钢至舞阳县城的公路，把灾情上报省里。机修厂抗洪抢险突击队打头阵，任务是从朱兰桥开始，清除公路上的障碍物，只要能通摩托车就行。谁知在朱兰桥东头就遇到了难题，一辆解放牌汽车被洪水冲得底朝天。几十个人使劲推也推不动，后来找几根粗钢管铺在车下边，利用滚动原理才推出了公路。过了水坑赵庄就更难了，路边上的白杨树横七竖八地倒在路上，还有冲在路上的麦秸垛、家具、死猪、死牛。死了的人让人惨不忍睹，有男的女的，老的少的，穿衣服的，赤身裸体的，闭着眼的，瞪着眼的。这一切可悲的景象使大家惊呆了。从早上 7 点到下午 5 点，队员们没喝一口水，没吃一点东西，整整搏斗了 10 个小时，终于清除了路障，送走了远去省城的摩托车。

（三）抢救灾民送温暖。天刚蒙蒙亮，通往舞钢的公路上，挤满了车辆、灾民。人们互相搀扶着，成群结队地向寺坡涌来，一辆辆汽车装满了老弱病残。不到中午，舞钢的广场上、学校里、空闲仓库里、厂房、办公室和职工家里，都住了灾民。公司机关全体同志都动员起来，投入了紧张而繁重的救灾工作，党委副书记申毅同志亲自指挥，下分若干小组，分别负责伙食、衣物、医疗。帮助灾民渡过难关重返家园。那阵子舞钢职工的心特别齐，精神格外振奋，党委一声令下，成千上万件衣服，通过各厂，迅速集中到公司大楼，各个办公室。办公室日夜通明，细心的女同志把一叠叠的衣服打开，认真检查，把开缝的、掉扣的挑出来，用灵巧的手密密匝匝地缝好钉结实。在公司的指挥下，寺坡的大小食堂都开足马力蒸馍烧水。职工家的小伙房也一齐上阵，烙饼、蒸馍、烧汤、炒菜。一沓沓卷着葱花的大油饼，一盆盆飘着香味的面条，送到灾民面前。洪水刚过时，舞钢车拉来的是满身泥水，一脸愁容的灾民；现在送走的却是衣衫整齐，满怀信心，返回家乡重建家园的壮士。

（四）抢救国家物资，保证生产建设。公司党委接到机修厂“仓库倒塌，仪器设备仓库进水……”的报告。当即召开紧急会议，做出与洪水做斗争、坚决抢救物资的决议。机修厂的仓库已经倒塌，同志们踩着泥泞，蹚着浊水，一件一件地搬运。刚刚结束，连口水也没顾上喝，又转移到大路南侧的设备仪器仓库。公司党委书记卢嵩和政治部主任王庭同志走在队伍前面。仓库院子里已经灌满了水，大雨仍倾泻如注。大家扔掉了身上的雨衣，抬来木板，架起临时小桥，一箱箱，一件件，肩扛手提，将所有的仪器设备，全部搬上汽车转移到安全地带，当同志们回家时已是深更半夜了。

近万立方米的洪水，在几小时内一下子涌进了舞钢铁古坑采场，两台电铲被淹没了。每台电铲，自重180吨，价值70万元，是矿山的主要大型设备，关系着矿山生产和建设的命运，必须马上抢救。在现场指挥战斗的矿山领导同志，立即召开现场紧急会议，决定一面截洪，一面排水。舞钢矿山所有水泵都用上了，六冶井卷公司的大口径水泵借来了，舞钢的消防车开来了，几十部水泵开足马力，粗大的管口喷泻出几十条水龙，可水位仍继续上升。必须采取紧急措施，抢救电铲上所有电机。舞钢矿山铁古坑工区的几位领导带着抢险队奔向四〇四和四〇五电铲。他们来到距电铲最近的小高地上，呈现在眼前的是一片浊浪翻卷的汪洋。暴雨在扯天连地地下着，气温急剧下降。同志们忘记了寒冷，忘记了疲劳，忘记了饥饿。为了保护国家财产，顽强地战斗着。在水下打捞设备是极其艰难的。没有潜水服，只能先在水面上深深地吸一口气，屏着呼吸再钻到水里。先摸到电铲机棚顶上的一米宽两米长的检修孔，然后再从这里钻进去。电铲内是浊黑的污水，散发着刺鼻的气味，呛得让人恶心。在这样的机棚里要摸到不同位置的电器元件，拧掉元件底下尺寸不同的地脚螺丝，然后再挂上绳索，通过里边的宽窄不同，方向不一，高低不平的通道，运到与机棚检修孔垂直的位置，再一件一件地运到水面上，这该要多大的力量和毅力啊！电铲外边水深虽只有两米，山洪激起丈把高的水柱，使水面形成一团团的涡流。山上的树木和施工用的方木被山洪冲了下来，横七竖八地漂在水面，互相撕打着、撞击着。万一撞到身上，轻则一道口子，重则性命危险。同志们全然不顾，直到把能拆的部件全部拆完为止。可是要把大电机全部运出洪水淹没的场地，就得靠吊车了。水深路滑，天黑无灯，看不见指挥者的手势。坦克吊车司机关群山同志，凭着多年的经验，平稳而准确地把吊车停在距电铲15米远的陡坡处，并安全操作起落吊钩，及时灵活地移动着车位，在起重工的配合下，终于安全运出了六台十几吨重的大电机、变压器和机部件，望着这些捞出来的设备，队员们才松了一口气，露出了胜利的微笑。

（五）抢救灾民脱危难，一腔热血贯长虹。8 月 7 日晚 10 时，洪水像万马奔腾冲过田野，冲进八台公社。共青团员黄振岳同志接受党委命令带领第一批抢险队，肩负着矿山党委的重托，怀着矿山工人对灾区人民的深情厚谊，冒雨出发了。暴雨劈头盖脸地朝他们泼下来，这时上游的洪峰已经压了下来，水势如山呼海啸由远而近扑了过来。水情就是命令。他们站在水里围成一圈，分析急剧变化的形势，如果上游的洪水一到，八台公社的父老乡亲的生命，将面临更大的危险。他们当机立断涉水前进，坚决赶到洪水前面，抢救亲人。黎明时分他们来到现场。只见眼前是湍急的河流，河那边是一道长堤，堤那边是白汪汪的一片。河堤上有四五百人被水围困，等待救援。还有不少人被围在村子里。他们看到这种情况，忘记了一夜疲劳，忘记了饥饿，忘记了浑身剧痛。他们双眉紧锁，咬紧牙关，跳入水中拯救亲人，把被围的人们救出险境。还没顾上喘口气，突然风雨中传来呼救声。原来是一位大嫂和四个小孩抓住一个救生圈，从远处顺流而下，救生圈挂在水中的一棵大树上，水急浪高，随时都有被激流卷走的危险。他们又一次跃入激流，每前进一步都是非常艰难。激流把他们冲得很远，他们又从激流中钻出来，终于把这五个灾民救出来。舞钢矿山公司共派出四批抢险队，把围在水中的灾民救了出来，转移到安全地带，脱离了生命危险。刚刚离开险区的灾民激动地握住队员的手说：“是你们给了我们生命，是你们不怕牺牲才换来了我们的生命，我们子子孙孙永远忘不了你们啊！”

选自 1999 年 6 月《漯河文史资料》第八辑

“七五·八”洪水见闻

王耀九

1975年8月5日至8日，历史上罕见的特大暴雨，整整下了三天三夜。暴雨裹着咆哮的山洪倾泻而下。石漫滩水库和田岗水库于8日黎明时，先后决坝。水势如脱缰之马一泻千里。人们不及提防，造成了百年不遇的洪水灾害。仅就我亲身所见所闻，略述于后：

马庄灾情：马庄是石漫滩水库上游受害最深的一个村庄，400多间房屋全部倒塌，80多户、400多口人陷入困境。原因是：平舞工区修了一条公路，路面高于村内房屋。由于暴雨过猛，村内水流不出去，路外洪峰漫过公路，以至村内积水，深的两米多，浅的一米多，房屋大部分都是土墙草房，在积水淹埋中全部泡塌。就连唯一的一所瓦房，也无幸免。

我们全村在7日下午逃出村庄到机修厂楼上避难，路上积水已有腰深，逃到楼上看到一片汪洋，村上房屋一座座相继倒塌，人们只有咒天骂地来泄心中的悲愤。到8日天将黎明时，突然一片洪水不见了，才知道石漫滩水库大堤冲垮，接连田岗水库也被冲毁。

洪水上来时我村杨文德、胡辛庚等人，在瓜园看瓜。瓜园离公路不足百米，眼看被洪水包围，杨文德仗着自己年轻，又会水，为了营救别人，冒险跳入水中向村中游去。谁知一到水中身不由己，一个浪头将他打倒，就再无音讯了。到次日在石漫滩水库中才找到尸体。韩书芳的女儿因双目失明，也被淹死在水中。

大水过后，全村400多口人，无衣、无食、无住处，在政府的救济下，才清除场地每户盖起一个像马鞍那样的窝棚。我家五口人就挤在这样的窝棚中。幸得到寺坡钢厂送来的热汤热馍和救济物品，才免冻饿。

灾后亲耳听到的有以下几件：①田岗水库住的职工 10 余人，仅王廷一人逃出，其余全部牺牲。我村附近有冯庄冯春林书记，胡庄郭培忠二人。②南庄南天祥老师被洪水冲走十几里地，他抓住一根木头幸免于难。③晁张村张广先老师被洪水冲到砖墙上，抓住墙洞里的一团麻才幸免于难，其妻淹死在院里。

选自 1999 年 6 月《漯河文史资料》第八辑

“七五·八”水灾洗礼的泥河洼

王秉钧[①]

我家住在东西宽30华里，南北长15华里的泥河洼滞洪区中段——姜店乡大王村。沙、澧二河交夹，历史上为水灾严重地区。群众俗谚说：“沙河涨，澧河让，夹河里头喝白汤（水灾）”，就是这里的真实写照。

1975年秋，满坡庄稼丰收在望，玉米正灌浆，西瓜满地滚。7月29日起，大一阵小一阵的连阴雨，下得沟满河平。县、公社派出的防汛队伍，带领社员战斗在沙、澧河沿岸，日夜守卫。

8月2日晚，两三个小时的瓢泼大雨，震动了沿河水文部门，不断给沿河干群发出信号：这是一场特大的险情！命令马湾、罗湾水闸，3日12时以前一定开闸放水……

舞阳县群众自己动手编木筏求生

8月3日东方天亮，村里的防汛组往来如梭，噩耗频传，沿河哪个地方决口了！哪个地段外溢了！大、小队干部忙成一团，通知社员各生门路，采取搭高架、漂筏、低处衣物向高处转移，烙干粮等措施，防止洪水的吞噬。

于是，各村因地制宜，河堤上，护庄堤上，较高

① 王秉钧（缺）。

地段站满了人、畜，堆满了粮食、衣物。村里大树上搭起了容纳十几人的架子。

约 8 时许，我村传出东护庄堤涵洞决口的消息。我忙中无计，背着 80 多岁的母亲，后跟妻子、儿女，蹚水向护庄堤避难，大队支书王全宇已在街上大喊让社员设法逃难。

我们好不容易到了堤上，那里已站满了乱哭乱叫的人群，望着水天一色，四周只见树梢，汹涌的波涛拍打着待平的堤岸，眼看不分“光棍眼子”就有拌“面疙瘩”的可能。

妻是沿河村庄长大的，也从来未见过这样大的水面，哭叫得更加厉害：“咱回村里架子上去吧！一家人死也死在一块儿！”

我才想起我搭在村里高处的大架子，村里有树，水势会平稳些，折马而回，可能会是良策。

约 10 时许，护庄堤内开始灌水了。水从低处向高处涨啊、涨啊！漫过一座座房屋的砖跟基，泡透了土墙，开始像沉船入水一样，阵阵“忽隆”“咕通”之声，一座座房屋被埋在水底，牛、羊、猪、狗在水里横泅乱窜，都在寻找安身的地方，人们在架子上、树枝上、倒塌的房墟上、队里高大的麦秸垛上相互转告安慰。

泥河洼滞洪区河道堤防浸溢决口后的情景

下午1时许，水势平稳下落，人们捞起西瓜、冬瓜，连皮也吃掉，充饥止渴。

直到5日，干粮都吃完了，人们在倒塌的房坡上支起锅灶，漩涡里搁浅的死牛、死猪、死羊，开始发酵，也成了人们唯一的“佳肴”。

这时，在我村住队的县纪检委书记胡全德同志，在河堤上守护三天三夜，急得说不出话来，回村见社员们都还活着，激动地说：“我们在河堤上听说，咱大王村只剩下三个饲养员去郏县拉煤没回来，其余全部淹死了。不用说，居住在夹河中间的其余几个村庄也是如此了。”

说真的，这虽是局外人从汹涌澎湃、辽阔无垠的洪水面前发出的猜测，如果没有党和政府的领导，及早提防，谁也难以逃脱这场灭顶之灾。

仅仅一两个小时的短促罹难，人虽没死，个个像经历一场噩梦。也有的老人痴呆了，小孩发生夜惊了。

天气放晴了，道路通畅了。上级派来的救灾队伍，带着大车小车的面粉、干粮、衣物、布匹、医疗队源源而来，空中的救灾飞机，不时投下饼干等食品，人民子弟兵一步一滑地把救灾物品送到亲人手里，感动得社员们热泪盈眶。一方有难，八方支援。灾区人民的心和全国人民贴得更紧更紧。

人们开始搭庵建棚，筑起临时栖息之所。国家很快从外地调来了荞麦、油菜种子，开展生产自救。说起来奇怪，灾区人民搭配吃了一冬曾经水浸发酵的“臭麦”面，第二年春天，青年人反而个个红光满面。人们都自慰地说：“大难之后，必有后福。”

是的，是党和政府给灾区人民造下了后福。首先拨款给各大村建起了混砖到顶的“避水楼”。接着，一批批建房款发到手里，正像我们在水中泡着时几个人议论的：“擎等着住排房啦！”灾后三至五年内，泥河洼地区村村排房鳞次栉比，特别是改革开放以来，房屋建设的档次更高了。经过洪水的洗礼，人们也聪明了，再不建造过去的里生外熟瓦房，而以混砖或水泥到顶所代替，再不怕洪水袭击了。当人们住在宽敞明亮的独家小院里，每谈及“七五·八”受灾的情景时，无不由衷地感谢党和人民政府对灾区人民的关怀之情。都会回忆说:“要是在1942年的灾荒,水不淹死,水下去也得饿死,这都是托共产党的福啊!”

选自1999年6月《漯河文史资料》第八辑

郾城人民在“七五·八”抗洪斗争中

孟新安①

1975年8月，郾城县遭受了历史上罕见的特大洪灾。人民生命财产受到严重威胁。在党中央、国务院的关怀下，郾城县委、县政府带领70万人民抗洪抢险，日夜奋战，把洪水造成的损失减少到了最低限度，谱写了一曲抗洪救灾、重建家园的颂歌。

1975年7月中下旬，豫中地区久旱不雨。社社队队组织社员群众投入紧张的抗旱保苗工作。但是从8月5日傍晚开始下雨，倾盆大雨一直持续三四天，降雨量达450毫米，郾城县西部、西南部大刘、新店、裴城等公社降雨量500到600毫米。全县16条排涝河道全部漫溢。同时，流经县境的沙、澧、颍河上游地区也连降暴雨，其中，襄县、鲁山、宝丰等县降雨600到700毫米，最高达1000毫米。由于上游雨量大，导致山洪暴发，造成沙、澧、颍三条河河水猛涨。如澧河上游的官寨，洪峰流量约1500立方米/秒，超过河道安全量的4倍。沙河上游马湾，洪峰流量达3140立方米/秒。汝河上游襄县洪峰流量达2700立方米/秒。三河洪峰同时向郾城压来，加上昭平台、白龟山两水库和泥河洼蓄洪区水量均大大超过了设计安全库容。为保水库安全，避免垮坝，决定两水库同时各放约3000个流量。泥河洼蓄洪区除退水闸全开外，又在大闸西扒口，使退水量全入沙河。蓄洪大堤的南北堤段仍然漫溢，使沙澧河和蓄洪区的水面连成一片，极大地加重了境内河段的泄洪负担。8月8日，沙澧河在漯河汇流后，洪峰流量达3750立方米/秒，超过安全保证流量750立方米/秒，最高水位达62.8米，超过了安全保证水位1.1

① 孟新安，河南省郾城人，1943年生。1962年毕业于漯河师范学校。曾任郾城县志办工作，郾城县政协常委。

米。郾城从 7 日到 9 日连续发生河堤决口，经核实共决口 125 处，总长 10428 米。其中沙河决口 67 处，长 6828 米；澧河决口 45 处，长 3180 米；唐河决口 13 处，长 420 米。加上襄县霍堰沙河决口，使我县京广线以西的裴城、新店、十五里店、孟庙、城关、阴阳赵、大刘、空冢郭等 8 个公社和黑龙潭公社沙河两岸的村庄变成一片汪洋。京广线以东，由于西平老王坡蓄洪区水量大大超过安全库容，北大堤普遍漫溢，淹没了邓襄、万金两个公社和砖桥、召陵两公社的南部，全县被洪水淹没的地方水深一般 2 米多，最深达 4 米。

由于大小河道水位高，坡地水排不出去。老窝、李集、商桥三个公社内涝积水也相当严重，全县被水淹没的大队 246 个，小队 2947 个。倒塌房屋 39.3 万间，有 45 万人口的房舍垮塌，无家可归。由于洪水来势猛，群众转移时衣被粮食来不及搬出。全县 97 万亩早晚秋秧，有 75 万亩绝收或基本绝收。死亡人数 88 人，死亡牲口 2 万多头，猪羊 13 万只，损坏各种动力机械 6000 多台（部）。

县财贸系统的商业、外贸、粮食、医药等单位，部分房屋倒塌，商品损坏，折款约 600 万元。工业系统，16 个县营厂和 11 个社办厂，设备损坏，房倒屋塌，原材料冲走，损失折款 450 万元。

汛情发生后，全县人民在县委、县政府领导下，迅速投入抗洪斗争。8 月 6 日晨，县委就召开紧急常委会议，研究决定把抗洪斗争作为全县的临时突击中心。立即召开电话会，要求各公社党委迅速动员和带领群众投入防洪、抗洪斗争。县委常委除留少数同志坐镇机关指挥外，大多同志深入灾情比较严重的社队加强领导，参加战斗。县、社、大队都建立了防汛指挥部，组织突击抗洪抢险。把所有的运输力量和防汛器材，集中使用到抗洪斗争第一线。全县集中汽车 10 多辆，给重要险工堤段运送草袋 20 多万条，以及麻袋、木杆、铁丝等抢险物资，基本保证了抗洪抢险的急需。当抗洪斗争进入紧张时刻，县委又召开广播大会，动员全县人民组织防汛队伍，大造木筏、竹筏、搭架高庵，做好万不得已时的转移准备工作，农村社队、农户、城镇、机关、学校、工厂齐动员。由于准备工作做得充分，在抗洪抢险中处处主动，有条不紊，大大减少了人员伤亡和财产损失。

灾情出现后，县委一方面积极组织抢救被水包围的群众，一面做好思想鼓动，以统一思想，树立必胜信心。县委组织各级干部向群众认真传达中共中央发来的慰问电和省委办公厅的通知，鼓励广大干群振作精神，昂扬斗志，坚决同洪涝灾害做斗争。发扬自力更生，艰苦奋斗的精神，树立生产自救，重建家园的信心和决心，对转移到召陵、城关、商桥等地的灾民，妥善给予食宿安排和疾病医治。

在抗洪斗争的关键时刻，党中央和毛泽东主席非常关怀郾城人民，发来了慰问电，派来了以全国人大常委会副委员长乌兰夫为副团长的慰问团，省地领导亲临现场指导，解放军带着救生工具和救灾物资，赶来参加抗洪抢险；各兄弟县市各部门支援了大批食品、物资；极大地鼓舞了全县人民战胜洪水的信心和决心。当灾民接到空投的食品和救生器材后，无不心情激动，热泪盈眶，高呼“毛主席万岁！”“共产党万岁！”纷纷表示一定要战胜洪水，克服困难，发扬艰苦奋斗的精神，奋发图强，自力更生，恢复生产，重建家园，以实际行动报答党中央毛主席的亲切关怀和各级领导、各兄弟单位、人民子弟兵给予的无私帮助。

全县广大群众，在这次抗洪抢险斗争中表现出高度的政治觉悟和一不怕苦、二不怕死的革命精神，在各级党组织的领导下，同洪水进行了英勇顽强的斗争。城关公社党委，在汛情危急的关键时刻，积极行动，突击抢救，组织了 175 人的抢险小分队，配合医务人员，利用 7 只橡皮船、7 艘木船，分 3 个小组深入被水淹没的村庄，进行抢救。他们冒着生命危险，出没于洪水之中，夜以继日，救出灾民 5983 人，救出牲畜 243 头，粮食 3.5 万多公斤，社员群众感动得流出了热泪。邓襄公社党委委员陈法领，家在孟庙公社坡陈村，当家被洪水淹没，家人下落不明时依然坚守工作岗位，带领他所负责的后乡大队抗洪抢险。黑龙潭公社广播放大站干部李安民，十五里店老家房倒屋塌，领导多次劝他回去看看，他执意不肯，他还说：“我家房子倒塌，只是一户。全县这么多村庄被淹，我不能只顾小家而忘大家。”

轻灾队支援重灾队，阶级友爱暖人心。召陵地处高岗，转移到那里的灾民较多。这个公社的干部群众，在公社党委领导下，积极为灾民准备食品，安排住处，帮助解决生活上的具体困难。黑龙潭公社沙河西岸的 10 个大队被水淹没，沙河东岸的 10 个大队全力支援，及时给灾民送来了粮食和柴。老窝公社党委积极组织群众赶制大批熟食，涉水踏泥送到灾区。邓襄公社铁炉、张庄、黄埔店等大队，也是受灾队，但洪水刚退出村，就去支援沱沟、孔营等重灾队。

选自 1999 年 6 月《漯河文史资料》第八辑

郾城县“七五·八”洪水见闻

戴满经[①]

自古道“水火无情”，我们的炎黄先民首先遇到的大敌就是洪水泛滥。水给人类带来了沉重灾难，所以历来治水有功者，如战国时代的李冰父子修都江堰，汉武帝刘彻治理黄河等，都被后人写入史册称颂。更有甚者，大禹治水有功而被拥立为王，掀开了华夏文明的第一页。

郾城是座古城，旧址在现城西南沙澧河之间的古城村，大概是为了逃避洪水，才迁到了沙河北岸，选择了现在这块不足4平方千米的小岗上，修下了这座城池，倒座依水面坡，西来之水折南又向东，把这个小城垣曲卷怀中，使城的两个南门和一个西门都面对逝波。

那个道光九年（1829年）铸造的镇河铁牛，铁骨铮铮，饱经沧桑，说明沙河之水古来就不驯服，在洪水面前铁牛显得至关重要。甚至在那十年浩劫中，能“横扫一切”的造反派都没有敢动它一根毫毛，是不是造反派也怕洪水，或者是人们在铁牛身上还寄托些什么呢?

刚刚解放，我到郾城上中学，当时郾城县虽经过战争的摧残，但五个城门基本完整。印象最深的是我每次回家都要经过的西门，那时我总感觉西门较其他四门多了些险要气势。出了西门城楼的10米，拦头一道齐腰横墙，墙外青砖护坡，河水滔滔，这道墙的作用就是怕出危险，迫使行人和过往车辆掉头往北沿着城墙下的河堤走向去北舞渡和襄城县的“官道”。那时人们泛指西门以外为西关，其实郾城县并没有西关，所谓西关是指沿北岸河堤西去一华里的一个小村，和县城根本不连，西关的叫法是很牵强的。

1955年夏，沙河水暴涨，西关出现险情，当时我在共青团郾城县委

---

① 戴满经，男，1933年生，大学文化，高级讲师。曾任郾城县多所初、高中校长。

工作，跟着县委书记于庆义，宣传部长李运怀和我的同事李国修等参加了这次抢险，我曾坐小划船顺流而下到铁路东催运防汛物资，记得当时芦斌在那里负责防汛物资的调运工作，碌碌劳形，记忆犹新。

1955 年政府采取了“以退为守”的策略，放弃了城西门外以南的堤防，把城墙夷为平地，就势南北拉一道围堤，接着又修筑了石护岸，使堤岸后退了约 30 米，把原堤内前人打的防水木桩留在那里，至今还在，它成了原河堤留下的唯一印记。那时人们没有忘记那个横眉瞪眼的铁牛，让其犄角逆水而卧，凝视着西来的激流。

20 年后的 1975 年，我已到了不惑之年，时任郾城县第二中学校长兼党支部书记，校址处在城西街路北原唐代佛教圣地彼岸寺内，这里距河沿不足 200 米，我自己的住室临大街，“七五・八”大水时正逢学校放暑假，只有郾城卫校的 100 多学生在校借读，学校地势高，空房多，是灾民聚居的好地方，我目睹了这个惊心动魄事件的过程。

一、大刘遇险

人最不幸的遭遇，莫过于洪水猛兽了。地处郾城西南 30 华里的大刘（旧称刘店乡政府所在地）和我有着特殊的缘分，我一生在这个地方竟遇到了两次灾难，一次是“猛兽”，一次是洪水。

我的姨母家住大刘，1945 年我 11 岁，在我姨家闲住，一天上午日本鬼子突然包围了大刘寨，杀人放火拉牲口，姨父母怕外甥在自己家中有什么不测，先把我推到门楼棚子上，后来又感到不保险，又把我和大表姐藏进了一个菜园的红薯窖里，窖口用柴草封起来，虽有幸躲过了这场灾难，但由于惊吓回到家里我大病一场，几乎丢了性命。这是一次“猛兽”的袭击，刚好 30 年后的夏天，“七五・八”洪水肆虐开始的一天，我正在大刘。

1975 年，“文化大革命”尚未结束，二中驻有“工人毛泽东思想宣传队”，简称工宣队。工人进驻学校，在当时的历史条件下，它的背景是什么，功过是非本文不予评述，但就郾城二中的工宣队来说，至少有一件事是功不可没的。这年春天，工宣队的魏志楷同志设计的回收硫黄土炉实验成功，接着我们发动师生把第一化肥厂的脱硫废渣运回学校，土法上马炼出了合格硫黄，日产三吨，受到了省化工部门领导的重视和上级教育部门的表彰，不少领导来校视察，外地来参观学习者接踵而至。为此我参加了郾城县教育界先进事迹报告团，并于1975年8月5日到阴阳赵学校作报告，晚上赶到大刘中学参加联欢文艺晚会。节目开始不久，骤然狂风大作，紧接着暴雨倾盆而下，人们来不及躲开，都成了落汤鸡。

雨一夜未停，第二天还未起床，大刘中学校长李俊葆同志隔着窗户给我们讲：公社通知干部都上河堤防汛，你们的领队有专人安排，说完匆匆忙忙地走了。招呼我们吃早饭的仅剩一个炊事员，每个人一大碗菜，显得很冷清。上午雨仍继续下，整个校园空寥无人，报告团成员成了一群寂寞无立的客人。

防汛前线澧河岸不断传来形势严峻的消息，我渐感空寂，无聊进而着急起来，一心想冒雨回城，大家劝我待雨停了再说，但我决心已定，非走不可。找不到雨具，有人给了我个小孩的塑料雨披，仅能遮住头，我推着自行车上了去漯河的柏油公路，上午10时左右，天渐渐黑了起来，一个炸雷似乎在我头顶引爆，大地为之一颤，接着大雨滂沱，电闪雷鸣，附近一棵杨树“咔嚓”一声拦腰折断，露着参差不齐的白茬。我不相信龙王和雷公，但却知道雷电的厉害，想折回学校，但碍于面子又不想回去，我只有硬着头皮顺着公路冒险东进。

雨越下越大，小雨衣不起作用，干脆扯下来夹到车子上，雨水从头顶往下浇，我不时地摇摆着脑袋好使眼睛睁开，嘴也不断地大口吹气，驱散顺脸而下的雨水。本来就高出地面的公路上已经积水，淹没了我车轮的三分之一，路面是看不见了，只能看着路两边的树排，走两行树的正中间。隐约发现前边有一个骑车子的人，我竭力地想赶上他，好壮个胆，结果在大陈村他又下路了。我只有“孤军独行”，环顾一下四周，白茫茫的一片，使我产生了孤独与畏惧的感觉。

进入漯河市区，风急雨横，极少人影，五一路北端的拐弯处，水淹自行车轮，只能推着走，滨河路南侧树下停着一副白茬棺材，旁边一个女人头上无任何遮盖，披头散发坐在地上，哭声使人毛骨悚然。

交通路大桥，似乎要被洪水抬起来，走在上面头晕目眩，滚滚激浪如万马脱缰奔腾咆哮向东，桥上零星的防汛人员显得那样的渺小和无力。桥北大高庄面临公路的几户人家正用盆子从屋内往外大盆大盆地刮水，我竭尽全力蹬车，跑得更快了。

洪峰过后一周，我碰到了报告团成员马荣菊，她给我说，在大刘幸亏你早走了一步，下午我们就出不来了，是公社领导组织群众用肩膀扛着门板一个一个把我们送出村，才回到漯河。到漯河后听说郾城已被水包围进不去了，把我们安置在漯河宾馆不准下楼，住了一星期。我听后很感慨，领导对我们太关心了，可又想，要是我不提前回城，把我困在漯河宾馆一星期，孩子老婆吉凶未测，我会成什么样子呢！

二、西关紧张

8 月 6 日下午，我到西关看水，河堤上人很多，好像人们心中并不是很紧张，不少是来看水凑热闹的，大家议论着说水还没淹住老龙头。人们说的老龙头是指原西门河沿上部的峭壁上，镶着一个青石龙头，是什么时候镶上的已无从考证，1955 年修石护岸时，人们把龙头拆下来换上块大青石，仍立在原来的地方，大家还习惯地称它为老龙头，原来那个龙头双目炯炯嘴朝河心呈吸水状。传说河水再涨也不会超过龙头，龙头的作用在于镇水，其实龙头的位置正和对岸的制高点是一个水平，水到了龙嘴下对岸就漫堤了。

半夜里县委调卫校的学生上堤，又听到郾城驻军列队跑步由东而西，街上人声嘈杂，彻夜未断，事态严重了。凌晨 4 时，我和几个教师拿着手灯去河沿，一看老龙头不见了，河水透过原来的护堤花墙触及外堤，防汛的队伍顺堤逆行疾步向西走去，还有运送稻草、袋子的架子车夹杂在人流中，人们说前方有险情，我心情开始沉重了，回到学校，通知教师和家属准备些干粮和衣物作最坏的打算。

8月7日黎明，卫校的师生撤回来，个个浑身泥浆进校门，他们给我讲：城西北大堤上河水横溢，情况紧急，解放军手挽着手躺在堤上挡水，有的抱着土袋往水里跳，英勇顽强。我听后很激动，人们都赞叹不已，出了校门看见有解放军的部队回来换防，他们个个都成了泥人，但仍呼着“一二一”跑步前进，情绪高昂，不失英姿。

从7日开始，乡里群众大逃难，一溜水似的进城，男女老少，扶老携幼，肩上扛着，手里提着，还有掂着鸡跟着狗的，个个面有难色。传说十五里店以西大决口，究竟有几处决口，一个人说一个样。反正郾城县城以西，沙河以北一片汪洋。进城的群众除投亲靠友者外，有的进了学校、机关，最后来的都停在大街的两侧，晚上露宿街头。我们二中校园最早“开放”，教室、寝室、餐厅包括校门过道都住上了人，整个校园熙来攘往，处处炊烟。操场北侧学校种有10亩玉米，只有舍弃了，还有死者掩埋于校园北墙下。

8日上午，水继续在上涨，远望对岸，水天相接，隐约看见稀疏的树木在水中摇曳，对岸西河村房子坍塌的状况清晰可见，每塌一所，上边就冒出一团泥黄色的烟雾，每当这时我的心就会往下一沉，人群中发出“噫”的惊叹。女教师安曼琳站在铁牛身边，望着西河村双眼泪流，声嘶力竭地叫喊着她女儿的名字“小苹，小苹！”她女儿小苹在西河村教书，为救护学生未能过河回家，眼看着西河村的房子都塌完了，人到哪里去了？她说她看见小苹在一个高处向她招手呢，这时她发疯似的哭叫，其实那是她盼子心切而产生的一种幻觉。

高音喇叭播出县委书记张继增的讲话，他要求全县各级党组织、党员干部要和人民群众一起同舟共济，抗洪救灾。指令县委机关给灾民腾房子住，号召群众能搬迁就搬迁，来不及搬的就搭台子爬高自救。我受到启发，组织二中教工用木梁和铺板钉了个足有50平方米的大木排，四角都挽在大树上，好让它随波起伏，并规定只有妇女小孩才能上木排，男人一律在下边护卫。这个举动好像给大家带来了一线希望，但更多的引发了不少人特别是女人们的困惑，她们面面相觑，看来水真的要进城了。

晚上，我和兰筠在院里百无聊赖地静坐，忽听街上一阵混乱，妇女小孩齐哭乱叫，人们潮水般地向东拥去，紧接着又向西乱跑，一个老年妇女哭叫着说:“孩子，放下我！不要管我，你逃个活命吧！”她的声音使人撕心裂肺。半小时后平静下来，才知道是一场虚惊，像这样夜惊式的慌乱，当晚就闹了三次。其间只要一个人说一声:“水来了！”马上就会引起一场拼死舍命式的乱撞，大水把人们折腾得真如惊弓之鸟啊！

当时我的心事很沉重，因为我的三个孩子尚小。魏志楷同志看准了我的心事，主动给我讲:“孩子的事没要紧，有我们一帮年轻人，保证没事。”这对我是个极大的安慰，患难识友情，志楷的话我终生难忘，我们之间的友谊保持至今。

8 月 9 日，河水达到了最高峰，上游已多处决口分流，水虽不再上涨，但仍然持续不下，波涛汹涌，使人望而生畏。

袁定是我 20 世纪 50 年代“三同”时期的老朋友，我仅知道他在孟庙某工厂当工人，这天他在北关外贸附近的一个楼上给我捎来个小纸条，要我给他送去一个裤头。南关支部书记宁德兴赤脚到我家里穿走一双烂了底的塑料鞋，像这样的同志竟达到了“一贫如洗”的程度。王堂学校教师王西元疲惫不堪地来到我家，坐在那里欲言又止，我问他吃饭没有？他反问我有馍没有？我立刻意识到他是饿了。“有”，伸手先抓给他两个馍，他接过馍却夺门而出，嘴里哼出一句:“孩子在北关等着哩。”我急忙再去拿馍，他快步消失在人流中，可怜天下父母心啊！

县委领导分工包干，组织大批干部蹚水下乡防洪救人，他们的工作重点在各公社，救人民于水灾是我们共产党人的天职啊！县防洪救灾指挥部夜以继日超负荷高速运转，据说县委书记张继增四天四夜未合眼，声音嘶哑，形体消瘦。地委书记王延太来到了郾城，全国人大常委会副委员长乌兰夫来到城北八里庙慰问灾民，条条消息，振奋人心，催人泪下。从 8 日起就有飞机在空中盘旋，传说是省里领导视察灾情，10 日空投开始了，空中的飞机基本不断，投下的有饼干、烙饼和衣物。我亲眼看到饼干包扔在二中大坑西沿，曾有一包投在我的住室窗前，小圆形饼干蹦到地上一大片，孩子们抢着吃，传说东街有饼干包砸伤人的现象。

城西北大操场以东，柿树园北边的空地上设一个直升机着陆点，县委派有专人迎接和分发，群众吃到的有郑州、开封的饼干，还有洛阳和新乡的烙饼。

三、下乡找教师

9 日以后，水位开始下降，我清点我校教师，有惊无伤，基本齐全，有的虽不在校却有信息，知道他们的位置，唯有十五里店乡栗庄的栗廷焕和仲李的李继长没有消息，而且他二人的家都处在决口的下游，属危险地带，这引起了我们的各种猜疑，应该立即派人去找，派别人去我不放心，我是领导，水性较好，那就当仁不让了。11 日上午我和教师刘光前、工友刘小舟背了 60 多个馒头，捎了一身救生衣，一个马车内轮胎，每人手里还拿一根两米多长的竹竿上路了。我和刘光前都是上身穿一个背心，下穿一个运动裤头，活像个长跑运动员，但是都赤着双脚，我腰间特别束了一条宽皮带，目的是凫水有劲。刘小舟赤着脊梁。

我们步行到城西八里的小王庄，沿着一条支渠小堤往北走，这时后面一个中年妇女，手里托着一根棍子拼命地追我们，我以为她是想叫我们帮助她过水，谁知她到我们跟前就跪下了，伸手向我们要馍，她是看到我们背的馍袋子了，一个中年人饿不到一定的程度是不会有此动作的。我叫小舟给她三个馍并向她说明我们也是去救人，她接过馍哭着道谢后又往回走了。支渠的堤子被大水冲得残缺不全，多处需要通过激流，我们能蹚则蹚，水深了就把馍袋放在救生圈上手推着凫过去。

我们费了好大的劲才到了栗庄，村里的水比地里还要深，我们歇一歇，钻一个树空，一棵树一棵树地前进，到了栗廷焕的家，他家已是没院没房，他老婆坐在塌了的房脊上，身边还有三只母鸡，看见我们就放声大哭，问起栗老师，她说：老栗带着小孩跑了。听说是去了许昌，但详情不知，我们把馍给她留下一半，说几句安慰她的话，我们就走了。

由栗庄往北上孟平铁路，这一段水又深又急，要不是有路边的杨树给我们接接脚，说不定会把命搁在那里，上了孟平铁路滚在地上歇了好大一阵，又顺铁路向西，尽管路基高处冲毁坍塌，可是铁轨和枕木还在空中悬着，可以沿过去。比在水里走好多了。到了仲李村，很容易找到了李继长，他是我校的生物教师，能人多面手，来水时他和老婆没跑，院里大槐树上他用木板棍棒搭了个“二棚楼”。见了面还直说俏皮话，大谈他“巢居”生活的优雅。中午还给我们弄来了白面油饼，使我们享受了一次“苦中乐”。

五天以后，栗廷焕老师回校，见了面不胜感慨，说他在决口的当天晚上带着两个孩子，一个是他自己的，一个是他弟弟的，顺着铁路往孟庙跑，小孩跑不动，他背一个手拉一个。背了这个再背那个，来到孟庙，又顺着京广线往北跑，不知作了多少难，摔了多少跤，三个人浑身是伤，脚上都淌着血，累得往地上栽，小孩哭，他也哭。说到这里老栗声泪俱下，我们都相对落泪。好在过了颍河桥就有专人组织上车了，到了许昌，吃住国家全包了，他非常感谢党和政府的细心安排，也感谢许昌的干部和群众。

选自 1999 年 6 月《漯河文史资料》第八辑

“七五·八”洪水亲历记

杨德怀[①]

1975年8月5日上午，县委根据上级指示和气象部门的预报，召开了县直各单位各部门负责人参加的防汛紧急会议，要求准备好物资，做好人员、物资等各项防汛抗洪的准备工作，从当天傍晚开始，一连数日的大暴雨使郾城附近的县市遭受了百年不遇的洪灾。

当时我是县银行干部，行里抽调张连清行长、赵德山股长、张书停和我为防汛人员。当天下午2点多钟，我们听到了各单位防汛人员迅速到分工地段的通知，二话不说，马上冒雨出发了。我们的防护地段是澧河南岸，三里桥至迷湾段。同车去的还有县财政局局长李喜昌和郭怀民二位同志。半道上，我们看到地里到处是积水，大片的低秆农作物已被积水淹没，路也不通了，我们几个就在空冢郭公社指挥寨附近的公路上下车，徒步走到三里桥。

三里桥河堤上站满了看水势的村民，一个个忧心忡忡，忐忑不安。此日澧河水已有大半槽深，湍急的河水带着泥沙，打着漩涡向下游奔腾，水面上漂满了从上游冲下来的西瓜、冬瓜、南瓜等，还有房料、家具、农具和连根拔起的大树。看来，上游被洪水所袭。

三里桥村的青壮年大都水性较好，有一些胆子大的人下河去打捞漂下来的东西，有位小伙子在打捞东西时，被大水冲走了，再没上来。我们马上制止了少数群众的冒险行为。这时水更大了，群众也知洪水无情，尽管从上游漂来不少的东西，再也没人敢下水去捞了。

根据公社领导的指示（当时空冢郭公社书记是陈铜仓），我们从三里桥赶到了西边迷湾地段。因为那里是个险工段，从上游延伸过来的

① 杨德怀，郾城县人，时为郾城县银行干部，单位分包地段防汛人员。

河床长而直，水势凶猛，奔泻而下，冲刷着两岸河堤，随时有决口的可能。

天好像漏了似的，大暴雨一直下个不停。河堤上到处是从各村调来的民工，晚上大家轮流值班，观察水势。我穿着雨衣蹲在水边，用草棍扎在水线上，仅几分钟河水就上涨一拃多。6日上午澧河水平槽了，11点多钟上游唐河开了口，遍地大水咆哮着从西边大刘公社方向过来直向空冢郭方向冲去。民工们安不住心了，众人脸上都带着忧愁，许多民工下堤往家里跑，有几个不会游泳的，当时就被大水吞没了。公社的命令也不灵了，河堤上乱成了一锅粥。

我们县里来的同志和公社干部组织留下来的民工加固河堤，饿了就打捞冬瓜烤后充饥，一连几顿饭都是如此。张连清行长的胃病也没了，大家吃着半生不熟的冬瓜，分外香甜。为了照顾三里桥村的群众，7日下午我们又回到了三里桥村。一方面组织村民加固河堤，另一方面动员住在低洼处的人家快往河堤上搬运粮物，保人保畜。

雨还在下，水还在涨。我们几个两天两夜都没合眼了，又都没吃多少东西，大家都感到疲惫不堪，这样下去怕撑不住，就决定分两组值班，好轮换着休息一下。

张连清行长、赵德山、张书停三位同志值前半夜，李喜昌局长、郭怀民同志和我值后半夜。在河堤上和村民一起监视水情，加固河堤。

李局长问我："德怀，咱们去哪休息哩？"我说："下河堤往南不远是大队办公室，有好几间房子，里边有几张床，三夏时我在这里住过队。"往大队部的路已积了不少的水，办公室院里也已进了水，大约有脚脖深浅。我们蹚水进屋，屋里还是干地，里边三张床，我和着雨衣往床上一躺就想睡着。李局长上了岁数，有经验。他问我："德怀，这房子几层根基呀？别叫泡塌了哇。"我一听忙起来说："这里不能睡，只有六七层砖根基。"说话的工夫屋里也进了水，我们三人出了办公室。北边有几个认识的村民，问道："老杨，你们蹚水进办公室弄啥哩？"我说："想在里边休息一会儿。"他们惊讶地说："咦！要是塌了还把你们仨砸死里头哩。"一个村民指着身边的三间草房子说："这房子是我家的，东西都搬河堤上了，你们三人去我屋里睡吧，那里边还有席。”我们三人就进了他的屋，刚躺下有半个钟头。赵德山股长来找我们，他说：“快起来吧，河要开口了，有地方已开始漫溢了。”我们急忙起来，此时，大队办公室不知啥时已经倒塌啦，如果不是及时离开，我们三人恐怕不在人世了。

我们跑步上了河堤，河堤一片慌乱，河北岸的小马庄不断传来房屋倒塌声和人们的呼喊声、哭叫声，沙澧河水已经连成了一片。三里桥村低洼处房子也倒塌了不少，开始有人听到房子倒，就哭叫，后来见倒塌的多了，也就不再哭了。

澧河水不停地往岸上涌，我见东边水已经越过河堤往外漫溢，马上就有决堤开口的可能。要是一开口，半个三里桥村就完了。我马上喊上五队队长刘金铭、六队队长刘毛义带人过去抢修。借着暗淡的电筒光，二十几个人用草袋面袋装土垒堤。战斗有20多分钟，见水势下降了，这时才发现东边马夫张方向的一段河堤开口了，大水冲出决口，如瀑布般倾泻而下，翻腾着、咆哮着向东南方向奔泻而去，从上游冲下来一群一群牛、马、驴、骡和羊、鸡、鸭、鹅等，在水中身不由已地打着转转，冲到决口处，往下一栽就无影无踪了。

河水时涨时落，三里桥村有部分群众感到村庄难保了，就带着家小往西边迷湾方向高处地段跑，拦都拦不住。为了保护村民，张连清行长、李喜昌局长、赵德山、张书停、郭怀民五位同志带着部分群众冒险往迷湾转移。我当过兵，会游泳，决定留下来和不能跑的村民坚持护堤守庄。分别时如同生死离别，都掉下了眼泪。他们带着一部分村民刚过去，河堤就溃决了，人们被大水隔在了决口两边，不能相顾，哭声一片。

哭喊最惨的还是对岸小马庄的村民，因为小马庄已经开了口，河堤大都被洪水淹没，村上的房子也相继塌完了。村民们只有靠两只大木船顾命，船上挤满了人。隔河听见有人喊：“拉紧绳子，绑结实。”在洪水淫威下的群众的哭叫声，叫人听了心里发麻发凉。

7日晚上因沙澧河多处决堤，澧河里的水下降了不少。8日上午雨下得小了，站在河岸上四下张望，到处是一片汪洋。一座座小山似的麦秸垛，在水面上漂浮着顺着水势往下游去了。河两岸种植的两米多高的玉米、高粱，只露个梢头。

在三里桥长不到 200 米，宽不到 20 米的堤段上，被困着 900 多人，其中还有几十名漯河的职工群众。他们是因马夫张处决口截住不能回家的，人人脸上身上都是泥，可怜巴巴的，有的脸上还挂着泪水，显然是挂念着家里的亲人。8 日上午 10 点钟左右，雨停了。被困此处的几十个漯河的同志饿急了，就用草袋当燃料，烧从水里捞来的玉米棒吃。村民们见了还有点舍不得，我做工作说："让他们烧着吃吧，咱们赖好还有一把粮食，他们吃什么呢？"村民们不吭声了。

为了安慰漯河几十名被困的职工群众，让他们能早点回去与家人团聚，同时也是为了顾及三里桥村几百名遭难的村民，我抱着电话机，上到河堤上的电线杆上，往外打电话，好让漯河市的领导（当时漯河市的市委书记是寇保洲）和郾城县的领导（当时郾城县的书记是张继增）知道。

电话打通了，接电话的是郾城县委副书记陈振东。我简单地向他汇报了三里桥地段的情况，说人们没有吃的，请他设法援助。陈书记说："你们要坚持住，稳定好群众情绪，现在全县遭灾面很大，白保松书记还在阴阳赵的树上困着哩。"我听了也非常同情。

陈书记嘱咐我说："我一会派直升机去给你们送食品，你们要组织好群众准备迎接，用红旗和红布作标志。"当时我听了很高兴，马上下来告诉大家，大家可高兴坏了。当时没有红旗，红旗全压到塌房子下边了，就叫几个穿红衣服的小伙子到砖窑上，脱下红衣服当信号。

一会儿工夫，一架直升机轰鸣着从城里飞来了。几个站到高处的小伙子忙摆动红衣服，有的群众直喊"毛主席万岁！""共产党万岁！"可直升机在空中转了两圈，并没投下一点儿东西又飞走了。我又上到电线杆上给陈书记打电话，询问是怎么回事。陈书记说："飞机转了两圈，见到处是大水，没地方降落，想投又怕掉到水里，所以又飞回来了。你们不要着急，一会我派船去。"这时大约是 11 点多钟。

下午4点多钟，一只大船顺着澧河逆水来到三里桥。船上的人有10来个，都是县直机关干部，其中我只认识一个，是县服装厂的厂长谭保玉。我带领干部和村民在河堤上拍手迎接。大船运来的有烙馍、咸油馍、咸菜，都是无灾地区群众捐送的，还送来6只橡皮船。卸完食品大船就回去了。我又给漯河打电话，漯河市政府派来大船把他们的人接走了。

馍是按每人一份分到群众手里。大家吃着馍，都夸社会主义好。我对大队干部说："对岸小马庄的群众比我们更苦，他们庄上的房子都塌了，东西冲走了，应该给他们送去些馍和盐。"干部们都同意，于是就拿一部分食品用两只橡皮船给运了过去。到那一看，小马庄群众饿极了，都在水里扎猛子挖红薯吃哩。红薯都被水浸泡得脱了皮，散发着一股难闻的气味，见我们送去的馍，可感激了。

三里桥村群众搬到河堤上时都带有麦子，为了搞自救，解决吃饭问题，能使儿童、老弱病人吃上面，我和大队、生产队干部商量，让会游泳的几个青年人从水里搞出两台被淹的粉碎机；正好前天从上游漂过来两桶柴油，收拾收拾开了机，有了面群众又吃上了馍和面条。

受灾群众在打涝被洪水淹没的物资

我心里挂念着被决口隔在迷湾的张行长、李局长他们。但是决口太宽了，有十多丈，水又流得急，只能隔水相望，高声相慰。后来相见才知道他们几天来是靠烂冬瓜、南瓜充饥的。

11日水下去得多了，天也晴了，有了太阳，就发动群众从各自生产队被淹的仓库里往外抢晒小麦，晒在席子上或被单上，好歹总算保住了一些变了味的麦子。下午我让人划着橡皮船从三里桥南边的地里转着去接张连清行长他们。一路上，水面漂浮着许多发臭的死猪死羊，还有三具从上游冲下来的尸体。我们费尽了周折，总算与老行长他们见了面，把他们接到了三里桥。

13日我们要回城了，群众含着泪水恋恋不舍地送我们。几个老头老太太拉住我的手说:“老杨，你只顾俺哩，不知你家是个啥样子？”一句话触动了我的心事，一种思念、酸楚的滋味袭上心头。我是老窝公社穆杨村人，那里地势低洼，家离沙河只有3华里，听老人们说那里过去常开口子。我想这次水这么大，一定也开口了。家里有老有小的，也不知他们的情况怎样？不由得掉下泪来。他们见我流出了泪，也都哭了。

两个老船工用橡皮船把我们送到郾城岸边。一路上见小李庄沙河堤上多处开口。到了城里，只见到处都是灾民，各机关各单位都住满了人，街上到处是晒的臭麦子。回到了银行院，家里几个堂兄弟来看我了。他们听说我被大水困在了电线杆上，是银行的同志打电话说的。老母亲听了此信，心疼儿子，不吃不喝，哭得泪人一般，现在见我好好的也都放了心。从他们口中得知家乡没出问题，我心中的一块石头也落了地。那天伙上的饭全给难民吃了，救灾办的齐均堂同志从县食品厂弄来些饼干，总算没让弟兄们饿着肚子回去。

过去听老人们说，发大水，树梢上挂杂草。听起来好像似天方夜谭，这次发大水是我亲眼所见，亲身经历，确实如此。后来我到十五里店公社驻队救灾，亲自量过一棵被淹的大树，水淹部分有4米多深。看来，老人所说，并没言过其实。

洪灾期间，中央、省、地领导都很关心，中共中央发来了慰问电，并派来了以乌兰夫副委员长为团长的慰问团来郾城慰问灾区人民；人民解放军也给了我们大量人力、物力的支援，上级领导随后调来大量救灾物资，为灾区人民顺利渡过难关，重建家园，提供了强有力的支持。共产党领导好，社会主义制度优越，这是灾区人民永远不会忘记的。

选自1999年6月《漯河文史资料》第八辑

我在“七五·八”抗洪救灾的日子里

李　辉[①]

1975年8月，豫南地区遭遇了百年不遇的洪涝灾害，给人民的生命财产造成了巨大损失，当时我正在郾城县广播站任编辑，亲眼目睹了水灾的情景，亲身参加了救灾抢险工作。仅就所知记述如下。

一、接到抢险命令之后。8月5日傍晚开始，一连几天豫南大地暴雨如注，我县境内的沙河、颍河、澧河、吴公渠、黑河、唐河、马拉河、洄渠河、尧河等河道沟渠，水位暴涨，浑浊不堪，洪水挟卷着两岸大量泥沙杂物，喷吐着白色浪花，猛烈地拍击着两岸大堤，河堤随时都有决口的危险。8日上午，我刚在城关小南门外看罢水势回到广播站（即现在广电局的前身，和县委原驻地是同一个机关），徐德甫站长立即急切地告诉我：县委决定抽你去冉口抢险，和张德志（张德志当时是县革委办公室副主任）一起去，并在他的领导下做好工作。当时，我觉得作为一名新闻战士，只有深入虎口狼尖上，才能采访到最好、最有价值的新闻材料。但是在抗洪一线的日日夜夜里，我全身心地投入抗洪中去了，根本没有时间和精力去写什么文章，当然这是后话。

接受任务后，我回到住室稍料理一下，旋即走了出来，就看到县革委的那辆北京吉普停在县革委大院的路上，司机张金凯见了我就赶忙招呼我上车。车上坐着的除了张德志主任外，还有打字员党平安。于是我立即跳上车，车子便沿着郾襄公路向冉口驰去。路上见到不少群众一个劲儿地向东奔去，边走边告诫我们：你们还不知道吧，冉口已经开口子了，你们还往西去干啥？一听冉口决口子了，我们的心情更加急切，恨

① 李辉，河南西华县人。1945年生。1968年毕业于河南大学。曾任教师、编辑，郾城县党史办主任。

不得让吉普再生两只翅膀，立即赶到冉口，解救那里被围困的群众。

走着水渐渐的多了，整个大地都被“黄汤”灌满了，路面也被水淹没了，我们只好凭着路两边栽种的两排小叶杨分辨路面。当吉普车开到十五里店时，水已漫过了车子的四轮，车子戛然停住了，张金凯使出了浑身解数，那辆车子还是岿然不动。张德志只好招呼我们几个下了车，我们到离此很近的公社院里打电话，以请示县革委下一步怎么办。

公社院里空无一人，大概都派出去抢险了，进了党委办公室，只见张廷来书记和县革委生产指挥部副指挥长康天祥正在商谈抗洪救灾工作，稍作问候之后，张德志立即和县革委会主任张继增通了电话。张继增指示我们就近参加抢险工作，于是我们三人（张金凯开车返回了）便一同上了十五里店段的沙河大堤。

十五里店紧靠沙河北岸。此时，堤上已是黑压压的一片人了。张德志立即找来了大队党支部书记王明发，要他动员村里没有上堤的人赶快上堤，不要顾及家里的东西杂物了。随后，我们便分段进行宣传动员工作。

我是头一次单独执行这么重大的任务，面对着群众期望的目光，面对着沙河里滔滔滚动的洪水，心里也有些发怵，但我明白当时我的每句话，每个行动都会有很大的影响，我定下心来，传达了上级的部署和对受灾群众的关怀支持，以鼓舞群众的斗志，大家里三层外三层地将我围着，带着哭腔问我咋办。我告诉大伙迅速把人转移到河堤上，并一再安慰大伙：现在有共产党领导，天大的困难也能克服！

由于村子紧靠堤岸，村中的民宅在水的浸渍冲击之下接二连三地垮塌，人们似乎麻木了，木然地望着，有的则摇着头，轻轻地叹着气。这种响声一直持续到夜里。后来，我们躺在河堤上不知道怎么就稀里糊涂地睡着了。等我醒来一看，已是第二天黎明了。我环顾四周，天上仍然阴得似乎能拧下水来，河水依旧咆哮不止，村子中的房子大都坍塌了。事后才知道：头一批倒下的房屋完全是土墙，第二批倒下的是“里生外熟”，第三批倒下的是本应修理而尚未修理的旧砖墙房。由于当时农村还很贫穷，农民们住的大多是土坯墙房屋，所以村中的房子几乎倒塌殆尽，只有几座新造的纯砖瓦结构的房子像离群的巨象一样坐卧在那里。

下午，十五里店村西边的河堤决口子。我们守护的大堤外面的水像脱缰的野马一样向东奔腾不息。洪水把麦秸垛连底托起往东漂流。有的树木被洪水连根拔起，顺水漂流，没有被赶上河堤的鸡鸭猪羊也被洪水毫不留情地吞噬了。

洪水有增无减，我们只好随着公社机关往小军王村东边走。公社副书记蒋麦长一遍遍地安慰大家说，大伙不要慌，灾难总会过去的。我们跑老日时啥罪没受过，啥苦没吃过？现在有共产党领导，天不会塌下来！他的话，对稳定大家的情绪很有作用。

过了两天，洪水仍然没有退走的意思，我们只好三五成群地待在河堤上。听说，驻马店的板桥水库夜间坝堤决口了，还淹死了不少人。因为夜间人们正在熟睡，对突发而至的洪水没有丝毫戒备，许多人连衣服都没穿就葬身鱼腹，情况很严重。我心里沉甸甸的，既为那边受灾的群众而焦虑，又担心这里群众的情绪产生波动。可是，经过“暴风雨洗礼”的群众，心理上的承受能力大大增强了，情绪比较平静。十五里店公社的干部们隔三岔五地给我们送些馒头，虽然数量有限，但他们已经尽了最大努力，我们也在心里向他们道谢了。

一天下午，只见马鸿勋同志匆匆从十五里店方向的河堤上向我走来，后面紧紧跟随着他的爱人赵慧莲。他们两口子都是我们广播站的人员，当时赵在十五里店广播放大站任值机员。我见到他们，就打听一下县城里的情况。马鸿勋告诉我：县领导有让我们广播站往召陵岗搬迁的意思，因此让我随同他一起回县里。于是，我向张德志和公社领导说明了这一点，就匆匆离开了小军王往县城赶去。

二、在司令部里的日日夜夜。洪水继续上涨，但始终在孟庙和城关镇之间的旷野里打转转。因为在孟庙，有孟平铁路路基挡住了，洪水往北奔流。在城关镇，由于这里地势高，洪水根本没有漫进城里；大、小南门紧挨沙河堤，只要这里不决口，大水灌不到城里是毫无疑问的；北门处，洪水只是在交通局、外贸局附近打转转；西门地势更高，洪水有“镇水铁牛”把守，低处尚无洪水，此处安有水乎？在东关，洪水只是冲洗一下路面而已！故而，我们无需往召陵岗搬迁，我也就留在了县城。

县革委早就成立了生产救灾指挥部，张继增任组长，白保松任第一副组长，其他副组长是李正午、陈振东、赵根起、娄彦喜、胡海戊等人。生产救灾指挥部下设四个小组，其中一个是简报宣传组，我自然是这个组的成员了，组长还是张德志。由于全县境内的通信设施瘫痪，小小的广播站自然而然成了生产救灾指挥部最有力、最迅速、最及时的宣传“武器”了。

在我回县之前，在机关兼管新闻报道的徐德甫站长和县委宣传部副部长李玉重同志共同协商，把郾城的“本县新闻”节目更改为“重新安排郾城大地，为建设一个新郾城而奋斗”的专题节目。在这个专题新闻节目里，突出表现有几个特点：（一）内容活泼多样。这里除了报道全县各地抗洪救灾的消息外，还有县领导关于抗洪救灾的讲话，县革委抗洪救灾指挥部的文件等。（二）从时间安排上，这里摒弃了以前节目的固定时间，稿件什么时候到，什么时候开机，随时播送，反复播送。（三）人人都是播音员。因为眼下处于非常时期，所以我们就采取了非常措施。在播音时，除了原有的播音员葛翠兰、吴克参加播音外，我和其他同志有时也请缨出战，参加播音。（四）架设高音喇叭，用直播的方式播出。因为各地的线路大多损毁，人们又纷纷从乡下逃往城里，城里人员特别集中，郭志德同志带领外线班的几位同志就在广播站的屋顶上架上几个高音喇叭，喇叭口朝东西南北四个方向，一广播，四街干部群众都能听到，对做好宣传工作、稳定人心起到了很大作用，也深受群众的好评。

任务是繁重的，但心里感到非常踏实。领导上考虑到工作的实际需要，又抽调了四人充实到编辑组来，连我总共 5 人，我记得仅郾城一中就抽了 3 人，他们是吴善祥、胡民安、张铁男。他们几人虽然是临时编辑，但工作很认真很踏实，我也可以腾出更多的时间去到第一线采访了。

工作就绪之后，县革委在南关又成立了防汛指挥部，重点是防止南关一段的河堤出现问题。指挥长是一中的党支部书记兼校长吴延耀同志。于是，我就深入南关河堤上，和广大群众一起干活，主要是抬土加固河堤，另外随时掏出笔来，记录下广大军民可歌可泣的动人事迹，回来整理后立即播出。另外，我又到孟庙进行采访，是乘坐解放军舟桥连的橡皮艇。去孟庙主要是想了解一下我县工业区的受灾情况。

我到了县农具厂（现为中原面粉机厂）后，见十几位工人师傅上到了厂大门口的平房上。他们告诉我，厂里的大部分老工人及妇女儿童在洪水到来之前，都疏散到许昌烟厂仓库里了，他们吃喝不愁，请转告县委，请领导放心。留下的十几位同志，都是年轻力壮的单身职工。我问他们是怎么吃的，回答说是从孟庙冷仓里弄来一些罐头吃。见到他们和悦平静的脸色，我的心里也踏实了许多。接着我走进车间，见到机床顶上都是放着工人们的箱柜之物，看来物件的损失并不大，随后我又来到职工宿舍区，职工宿舍有的是里生外熟的房子，这一次全泡塌了，有的宿舍虽是砖砌的，但房顶是用麦草覆盖的，洪水一来房顶早已塌下来了，只剩个空屋旮旯孤单单地泡在水里。我回到大门口时，平房上的工人们表示，咱们现在是抗洪护厂，等大水一退，立即修整设备，一刻也不能停，马上恢复生产，把洪水造成的损失抢回来。听着这铿锵有力的话语，我不住地连连点头。

我从孟庙回来之后，县领导就让我们探一次家，也了解一下农村受灾的情况，由县里统一调配车辆，分赴西路——十五里店、新店、裴城，北路——孟庙、商桥，东路——召陵、砖桥（即现在的青年乡），西南路——空冢郭、大刘。由于上级党对灾区极为关心，组织各地送来了不少食品和衣物，县委机关除衣物外也分到了一些食品。记得那天上午，我去到县妇联会，王云英正汗淋淋地给到来的干部分发食品，他看到是我，就把一个马车轮胎套在我身上，随后又递给我一袋饼干。我怀着对党的感激之情，乘着大卡车往大刘公社奔去。地里积满了水，汽车司机只有凭着公路两旁的两行小杨树行驶。一路上，见许多灾民急匆匆地向县城涌去。边走边说，听说白龟山、昭平台水库也开了口子，你们不往东走，偏往水深的地方去干啥？我们也顾不得解释许多，只觉得心里沉甸甸的。当汽车走到空冢郭公社管辖的漯舞公路与漯南小铁路相交之处，给人印象最深的是路南的一片西瓜地里，一个个漂浮在水面上的西瓜，被浸泡在水里的瓜蔓扯着，在水的冲击下，不停地隐现。当汽车行驶到大刘公社时便不能再走了，我们一车几十个人就下了车步行。说是步行，其实是蹚着齐腰深的水慢慢摸索着行进。与我同行的，有家住黄李大队的张奎收同志，家住招头大队的县邮电局的一位同志。还好，马车轮胎帮了我们的大忙，遇到水深的地方，我便把饼干袋放到轮胎上，用力往前一推，轮胎载着食品便漂出老远。我是在沙河岸边长大的，水性虽不太出众，但眼下的水对我来说是不在话下的，我就游一阵，追上我带的东西继续前进。半晌时分，便到了唐河堤上。又西行一会儿，见到了板桥大队的党支部书记王德林同志。我随即询问一下村子里的水灾情况及要求，并告诉他，水灾发生之后，县委的常委们都分了工，县委副书记、县革委副主任陈振东同志负责这一片。他提出的要求主要是解决食物、药品问题。特别是药品问题。因为人们吃的大都是水泡过的东西，还有从水里捞上来的西瓜等，许多人都拉肚子。我告诉他，上级党组织已经给灾区群众派了许多医疗队，解放军也派出了许多医疗队，马上就奔赴各地，为群众诊病治病，请他告诉群众不要着急。果不其然，北京、郑州、许昌、平顶山、鲁山等地组织的 18 个医疗队也相继到达我县，深入灾区为群众治病，兄弟县市还支援了大批食品及其他物资。我在唐河堤上找到了我的岳父、岳母，还有我日夜牵肠挂肚的一岁多的二女儿。见她面色不好，知道她营养欠佳。当时，我很想带她回去，但是一来水深，二来当时是“非常”时期，县革委随时都可能抽调我去执行新的任务，带着孩子很不方便，我便放弃这个想法，仔细了解了一下当地的情况，含泪离开板桥村回县城了。

三、投入自力更生、重建家园的战斗。洪水刚退去，县委就立即组织了大批干部奔赴农村，同社员一起实行“三同”（同吃、同住、同劳动），发动广大社员群众投入重建家园的战斗。我参加了由县委宣传部副部长胡振华同志为组长，牛自本同志为副组长的救灾驻队小组，这个组的其他成员还有王孝一、彭建勋、曹自午。我们一行 6 人骑车到了裴城公社南杨大队。

裴城处于我县的西北部，这里地势低洼，水灾非常严重。而南杨大队又是重中之重的重灾队。这个大队共由 4 个自然村组成，除南杨村外，还有楚张、肖庄、郭庄。南杨大队共有 8 个生产队，其中，南杨村 4 个，楚张村 2 个，郭庄 1 个，肖庄 1 个。每个生产队平均三四十户人家，共有 1000 多口人，耕地 2000 多亩。大队党支部书记是肖来圈，当年已经 71 岁了。年纪虽老，但精神颇佳，工作起来，浑身都是劲儿，有个“拼命三郎”的味道。

工作组进驻南杨村之后，住在大队部里。所谓大队部，只是临时用土坯、泥巴、麦草搭起的大草庵而已！胡振华同志包一队、牛自本同志包二队、王孝一同志包三队，我包四队，因此，我们四人吃住在南杨村。曹自午吃住在楚张村。彭建勋同志住在坡刘村。起先，我们到社员家轮流吃饭，每天交一斤粮票，四角钱。几天后，我们感觉到群众都把我们当成“救命恩人”，拿出仅有的几个鸡蛋叫我们吃，我们深感不安，便决定自己起灶做饭，大队也同意了。起初，大队专门派了个炊事员为我们做饭，很快，我们就决定自己动手做饭。炊事员、采买、记账员由一人承当，“轮流坐庄”。

工作组进村办的头一件事是稳定群众的思想情绪，使社员思想转到生产自救上来。白天，我们随社员一起干活，晚上回来，就组织大小队干部学习，遇到阴雨天气，我们几人就深入自己所包的生产队组织社员学习。学习的内容大都是上级关于开展生产自救的一系列文件，很有针对性。我们几个人都讲课，讲得多的自然是宣传部抓理论学习的牛自本同志了。郭庄有个叫郭臣方的，是大队团支部书记，上高中时就是班干，讲话能讲到点子上，我们就注意培养他，最后他也参加了讲课。为了配合学习运动，胡振华部长又给文化局挂了电话，抽了李秀荣同志前来南杨，帮助大队成立宣传队，李秀荣同志当时有个一岁多的女儿也随其到了南杨。这个可爱的小天使给我们的生活增添了很多乐趣，成了工作组里的“小明星”。宣传队的演员都是南杨大队的，主要演员有杨春香、刘春花、郭国领等。排演的节目都是自编的，大抵出于我和王孝一的手笔。同时，我们还经常组织党员团员开会学习，布置任务。这样一来，不长的时间，南杨大队就红火起来了。我们的生活虽然清苦，但精神非常愉快充实。

我们进驻南杨村的第二件事也是主要一件事，是开展生产自救活动。我们抓紧时间抢种晚秋，扩种蔬菜，把水灾造成的损失减少到最低程度。与此同时，我们和社员一起疏通渠道，修复水毁工程设施。我所住的四队的社员在疏通村子东头的水渠时，已是初冬时节，渠水冰凉，渠边已结有薄冰，我头一个跳了下去，社员们也都纷纷跳了下去挖淤排水。记得有一次深夜 11 点钟左右，王孝一同志还约我带着手电筒到村北渠堤上检查涵洞，见有一处洞口堵塞，铁锨伸不进去。我俩便用手扒，使渠水畅流。回来后冷得浑身发抖，肚里又饿，我俩便拿了一瓶红薯干酒就着红薯面馍吃了起来。除此之外，我们还鼓励社员们到车站打工挣钱，鼓励社员们以烧窑补助家庭经济之不足，又加上上级拨发的救济衣物，总算渡过了难关。

工作组进村事无巨细都得管。我记得有一次村里召开计划生育会，大队部旁边临时搭了一个高台子，胡部长让我上去讲话。讲话后，县里和公社里组织的医疗小分队就进村了，结扎时，适龄妇女没有一个退缩的。我记得张朝义的爱人是头一个结扎的，我还买了七八个鹅蛋亲自送去。大队党支部书记肖来圈说：“人家工作组图个啥？不就是为了把咱们的工作搞上去吗？”于是，“计划生育光荣，不计划生育可耻”的口号在村里变成了实际行动。

现在回忆起来，最使我内疚的是南杨大队的党支部副书记、肖庄生产队长肖志业的一件事。那是发生在 1977 年的事。

肖庄是一个只有二三十户的小村子，社员们纷纷酝酿着要分田到户，肖志业向我提了出来，被我剋一顿，说他向往资本主义，失去了一个共产党员的立场，当了群众的尾巴。如果当时让肖庄分田到户的话，恐怕比安徽凤阳还要早呢！由于那时候我思想保守僵化，仍然以“大批判开路”，以至于这件新萌发的幼苗没有出土就萎缩了。肖志业没有就此罢休，仍然召开肖庄的群众开会，邀请我参加会议，但我却极力加以拒绝，而且严厉告诉他不要犯更大的错误。由于我的阻止，致使这个新生事物夭折了。

选自 1999 年 6 月《漯河文史资料》第八辑

“七五·八”抗洪抢险在姚庄

孟新安

冒雨披风赴姚庄

“七五·八”特大洪灾已过去23年了。然而，那凶猛的沙河洪峰，房倒屋塌的阵阵巨响，抗洪抢险的壮观场面，风风雨雨的七天七夜，至今还历历在目。

1975年，我在郾城县文化局工作时，和机关另外几位同志组成工作组进驻姚庄村。

当时，姚庄是黑龙潭公社半截塔大队的一个自然村，160多户社员，约700口人，4个生产队，有耕地900余亩。村落位于县城东7.5千米，北距公社所在地黑龙潭四五千米，紧靠沙河西岸。

这年8月初，满坡庄稼长势喜人。早玉米即将成熟，晚玉米正在抽穗，但一连数日干旱不雨。为了夺取秋季丰收，全公社掀起了抗旱保秋的高潮。8月5日，作为驻队干部，我参加了公社组织的抗旱工作现场会。我和公社同志一起骑车到各大队检查抗旱情况，至中午赶到沙河东岸姬石村。公社领导总结了抗旱情况，表彰了行动好的大队；对行动迟缓者予以不点名的批评。下午会议结束后，我顺便回机关办事。当天夜里，普降大雨。持续到第二天，雨越下越大，根本没停歇的意思。第三天即8月7日，县里通知，凡驻队干部必须在中午12点以前赶到工作地点，协助社队抗洪抢险。接通知后，我立即找了一件雨衣，推着自行车就上路了。这时，天幕黑沉沉的，越压越低，瓢泼大雨劈头浇下来。雷声轰鸣，不绝于耳，闪电一个接一个。去漯河的大道积水没膝，分不出哪里是路，哪里是沟。有车不能骑，只好推着，虽披着雨衣，但身上衣服全湿透了，雨水顺着脸往下流。

我驻足高庄西头，向南不远是沙河堤，顺堤前行几千米即到姚庄；向东北为漯西公路，也可到达目的地，而且路程稍近些，但公路积水没腰，无法骑车；沿河堤虽远，但无积水，便于骑车，我即登上河堤。此时，霹雳声震耳欲聋，仿佛一颗颗重型炸弹在头顶上爆炸了；狂风裹着如注的雨水向我脸上、身上拼命地打来。我意识到走河堤不安全，因河堤地势高，堤旁又有高耸的树木，而且自己推着易导电的自行车，时刻有触电的危险，便掉头折向漯西公路。

将要到姚庄村实在无法前行了。姚庄本来就低洼，一天两夜的暴雨把这里变成了一片汪洋，整个村庄被水包围，像漂浮在海洋上的一艘航船。我踮着足置身于齐耳的水中，稍有不慎，水就灌进耳、鼻、口里。我紧握水下的自行车把，徘徊着、犹豫着。此时，突然发现前面几百米处的村边水面上，有只小木筏，我放开嗓门向小筏上的人打招呼，他一面高声回答，一面用手示意。由于风雨声的干扰，我听不清楚。但从那人的手势看，大概是示意我不要再向前走，应向南绕，绕到坑南岸可到村里。我按那人的指点，摸索着终于来到村边一间炕烟屋里。

风风雨雨七昼夜

炕房里一位社员老大爷接待了我。当得知我是村上驻队的干部时，他急忙从家中拿出几件衣裤让我换下湿衣。我立即找到县文化局驻队负责人毛丙林局长和大队干部，他们告诉我：电话线已被洪水冲断，县里和公社均无法联系。公社及时派人传达了县委、县革委关于抗洪抢险的动员大会和广播会议精神。首先通报了全县抗洪抢险的严峻形势：全县普降大雨、暴雨，持续一天两夜，降雨量很大。沙、澧、颍三条河道上游也都连降暴雨。暴雨中心方城杨楼（澧河上游）24 小时降雨量竟达千余毫米，澧河支流干江河上游的官寨洪峰流量约达 15000 立方米 / 秒，超过其安全泄洪量的 4 倍；沙河上游舞阳洪峰流量达 3140 立方米 / 秒；

汝河上游襄城县洪峰流量达3700立方米/秒。三条河道的特大洪峰均超过自身安全流量数倍，猛向境内压来。明天（即8月8日）还会有更大的洪峰。因澧河洪峰于漯河汇入沙河，无论洪峰流量和水位都会大大超过安全系数。县委要求沿河社队，尤其漯河以东的沿岸社队干群，要有充分的思想准备和防汛物资准备。接着，大队部署了眼下急待完成的三项任务。一是迅速组织群众转移到沙河堤上，搭好临时庵棚，让群众起码有个避雨的地方；二是动员一切力量尽量抢救集体和社员家庭的粮食、衣物；三是组织全部男女劳动力培修加固堤岸。另外，要十分注意安全，对已进水的险房，赶快撤离，房中粮食、杂物不要再进去搬运，以免出现意外。

下午2点左右，驻队干部深入各生产队组织群众转移。我们让群众把搭棚用的木杆、草苫、玉米秸搬上河堤，以备搭棚。对“五保户”、无劳动力的困难户和军烈属，由生产队派人帮助，凡行走不便和不能行动的老人由人背上河堤。姚庄东距河堤约500米，但道路泥泞，有几处还要涉水，架子车不能拉运，全由人抬、肩扛、手提，不知多少人摔了多少跤。胶鞋“漫箱”了，就干脆赤脚；腿脚扭伤、割破了，来不及包扎医治仍咬牙坚持。雨水、泥水、汗水弄得人人变成了“泥人”。经过五个多小时的紧张战斗，至傍晚时分基本结束转移工作。全村男女老幼一个不漏地全部挪到河堤上，没有一个因房屋倒塌砸死砸伤的。集体和社员的粮食、衣物也抢救出了大部分，转移到河堤上后，家家户户的庵棚也相继搭好。河堤上从南到北绵延1里余，全是大大小小、高高低低的小庵，足有200多个。大人口，一家2个或3个；小人口一家一个。总算人人都有了避风遮雨的地方。

入夜，风仍在吼，雨仍在下，雷仍在鸣。人们蹲在河堤上，焦急万分。风声、雨声、雷声中，还夹着震耳欲聋的房舍倒塌声，这声音撕心裂肺，每一声巨响，都意味着一所房屋报销了，意味着没来得及搬出的粮食、衣物被无情的洪水吞没了。

脚下暴涨的沙河水更严重地威胁着人们的生命安全。滔滔河水奔腾咆哮，像一头未被驯服的猛兽；巨大的波涛不时地拍打着堤岸。水位在迅速升高，时刻有漫溢决堤的危险。万一决口，被困在河堤上 700 口人的生命将意味着什么，大家都很清楚。

在万分紧急的情况下，驻队干部协助大队、生产队立即召开紧急会议，作出三条决定：一、指派得力人员分段巡视看守堤岸；二、由党员、干部、青壮年民兵组成突击队抢修加固河堤薄弱危险处，做到水涨堤高不漫溢；三、组织男女半劳力、辅助劳力做好后援工作，向河堤上拉树枝、运麻袋等。由于干群同心，步调一致，措施得力，行动迅速，终于战胜了洪峰，使姚庄段的堤岸安全无恙。据估计，被加固的堤岸长达 2 里余，堤顶面宽约 4 米，普遍加高 20 厘米左右，共完成土方近千立方米。

抗洪抢险的七个日日夜夜是在河堤上度过的，住在庵棚，吃在露天。上堤后的前几天，基本没有休息过，即使在小庵里偶尔躺一下，也难受难熬。小庵里没床（有床也放不下），连个席片也没有。所谓床铺，是铺在湿漉漉草地上的一把麦秸，时间一久，潮湿得几乎流水；为了防潮，就把自己随身披的雨衣，一半垫在身下，一半遮盖身子。青草棵里，蚊蝇叮咬是常事。最令人头痛的是受河堤上特有的大黑蚂蚁的“捉弄”。大黑蚂蚁，个大色黑，捉不完打不退，好像存心跟人过不去。一躺下，它们就来“光顾”，咬得睡不着，躺不下。有的最怕这种小动物，皮肤一被叮咬，就立时红肿起来，形成一个个枣一般的大疙瘩，很久不能消。

在河堤上，还有一件最难堪的事，即一天要数次大小便。所有庵棚都集中在河堤上，一个挨一个，男女老少，川流不息。河堤东侧是滔滔洪水，河堤西侧乃汪洋一片，根本无法下去“解手”，必须沿河堤跑到离人群远的南端或北端，借不高的荆条丛以遮挡，这就是所谓的公厕。晚上天黑夜静，“解手”还好办，最麻烦的是白天。小便时间短，能乘人不备之机“凑乎”一下；大便则要时间长，需找个保险“安全”的去处。时间长了，我们也摸到了“解手”的窍门，大便尽量赶在天亮之前。只有此时，才是最佳机会，因人们大多还没走出小庵，很少有人打扰。

一日三餐更是困难重重。扎营河堤后，驻队干部不能再吃一家一户的“派饭”了，因社员家庭不管人多人少，只是临时支起个小锅，七拼八凑吃上一点。我们驻队干部不好意思再去增添麻烦。只好从群众家里借来一口钢精锅，解决吃饭问题。做饭需要柴草，河堤上弄不来干的，便乘小筏漂到村子附近的麦秸垛边，捡干的弄回来燎锅底。做饭没面粉，就清水煮麦粒，或从早秋地掰些玉米穗煮熟充饥。为了“改善”一下生活，便乘小筏打捞漂浮在水面上的冬瓜，煮熟下肚。没有油，更没调味品，甚至很多时间连盐也吃不上，那味道可想而知。然而，饥不择食，一般饭量者，能吃一碗，大肚汉则两碗、三碗。大家都吃得津津有味。进餐没有筷子，便就地取材，随手从身旁的荆条丛中拣些杆直光溜的制成一次性“特级筷子”。

姚庄河堤上的七个日日夜夜过去了，仅仅七昼夜，我们这些没经过风雨摔打的驻队干部却发生了明显变化。脸变黑了，变瘦了，体重减轻了，然而，精神都不错，收获不小。人人经受了一次严峻的考验，真正懂得了甘苦与共、风雨同舟的深刻含义。

选自 1999 年 6 月《漯河文史资料》第八辑

忆我在“七五·八”洪水时期

闫春标[①]

1975年8月5日，老天爷突然下了一场倾盆大雨。当时，我是郾城县孟庙公社的干部（现孟庙镇），配合地、县工作组在农业学大寨的重点五里庙大队蹲点住队。大雨一直在下，到处是积水一片，沙河水也一直在上涨。在这紧急关头，我按照上级党委的指示，从最坏处着想，积极和大队党支部、住队工作组负责同志协调一致，开展了防汛、抢险、对困难群众的转移工作。这段经历使我永远记在脑海不会忘掉。

一、组织群众转移，带领民兵抢险、防洪、护堤

6日下午，大队党支部郑保德和工作组的负责同志共同召开了大队党支部委员和工作组全体人员参加的会议，决定暂停排内涝，全力转向抗洪抢险救助群众的工作。兵分三套人马：一套人马由大队支部书记郑保德、民兵营长卓振甫为总指挥，副大队长郑炳臣为副总指挥，工作组长带领工作组人员四人和大队党支部共同指挥，以400多名民兵组成防洪抢险突击队，生产队长为突击队长，民兵连长为副突击队长，党团员为骨干，负责抗洪抢险到沙河堤上护堤。二套人马由大队长兼副书记李克崇、大队妇女主任罗玉凤同志为正副指挥，负责组织老年人、小孩向村外岗地上的转移工作。三套人马由大队党支部副书记郑书成、会计主任王玉柱在村上做好防护房子倒塌的安全工作。这个分工当天晚上就在大队的有线广播上向全村群众作了宣布，并强调说明“水势大，来势猛”，号召群众从最坏处着想，克服麻痹思想、顾小家庭思想等。还向

① 闫春标，郾城县人，1933年出生。郾城县人大退休干部。

群众指明：群众、牲口一律转到村南岗、村铁路东台上，不要坐家不动守护小家庭……

广大群众听了前一天的广播后，7 日上午，全大队 21 个生产队，810 户，3200 多口人，101 头牲口的转移工作成群结队地、拖泥带水地、哭哭叫叫地开始了。在转移时，他们做到了干部、党员帮助群众，青年帮老年，李阁还实行了先走五保户、先走困难户的两先方法。百年不遇之水真是大，把辛勤建造的小家园丢掉怎么能舍下，广大群众在雨水、泥水中走着难，走几步站一站，不由自主又回头看，走到哪里去？头上顶席雨淋脸，浑身是泥水和大汗。大队长李克崇看到了 4 队一老两口五保户李宪铭转移有困难，舍掉了自己全家 7 口人转移的事不管，双手扶住李宪铭的老伴送到一里多地远的南岗上，五保户李宪铭说："克崇真是好党员，自己家不管，管俺俩，比亲儿子还亲哪！"七队队长卓发治是一个年轻队长，他队的三个老头在泥水中走不成，他一个一个背住、扶着他们转移到村南岗上。转移人们还有的坐到架子车上用牛拉住，有的拄着拐杖，头上顶着铺席，背着一辈子存放的贵重衣物，就这样绝大部分转移到了大队指定的南岗和东台上。

7 日上午接到县防汛总指挥部的通知：沙河水已超过保证水位。通知又说：抗洪突击队立即按照分的地段到沙河护堤。一声令下，抗洪突击队的人员到齐了，按原分的护堤任务就是五里庙村南 2 千米远的沙河堤，小李庄以西、农科所以东，约 400 米长，但这段的险工主要是在小李庄村边，从沙河堤内外行车的车口，长 100 米左右车口堤低于两头河堤，是一个堤低险工处。民兵们不怕困难，200 人站在堤上，200 多人在堤下把装好土的麻袋一个一个地拼命拉到堤上，开始用三个麻袋摆一层，摆得快没有水涨得快，改成用两个麻袋摆一层，一个水浪又给麻袋打平了，这时人们的思想很紧张，向南抬头一望，就可以看到几里地宽的水面，有经验的人说：河心水高过两边的水，就是水在涨，河心的水低过两边的水就是落了。可当时河心的水比两边的水高约一米多，河堤外的水从西向东流得也很急，在这时有少数人怕万一开口子跑也跑不了，心想偷跑，但又不敢说出来。他们脚扎烂了也不怕疼，流血了用泥粘住，不吃饭没一个人说饿。二队队长李成跃摆麻袋时一不小心，滑到河堤内深水里，只露出了一个头，脸色吓得发紫，我立即跳入水中，一把拉了出来，李成跃说：“再停一会不拉我，你们就见不到我了。”在这种情况下，民兵团结一致，干劲更大，两个麻袋不行，就又改成用一个麻袋摆一层，连摆到四层时，由于太窄，一个水浪把它埋住了，就是这样干了一个通夜。到8日中午，工作组长、支部书记郑保德得知沙河老大桥西头向北决了口，水向外急流时，才宣布立即跑回家，抢救村上的困难户。开始有的民兵拿几条麻袋、铁锹，走了一会，他们扔下手中的东西，跑呀跑呀，人一进村沙河流出的水也已从村东头洼地进村了，大坑小坑洼处的宅基地已经上水很深了。那时我是40露头的人了，再跑也跟不上青年民兵，待我到村上后，水已腰来深了，到学校院内的一片浅水地上，发现脚上一处流血，包扎后，重新进入了新的战斗。

二、帮助困难群众救命脱险

8月8日中午前后郾城西、郾城东的沙河堤北岸几处决口。整个水势由西向东北直流，但到孟平铁路和京广铁路沿时流不动了。铁路上桥小，桥少，流来流去存到了孟平铁路南、京广铁路西，五里庙村就泡在汪洋之中。村上的水东流不动，沙河的水向外急出，村上水位自然是越来越高，越来越深了，村上的房子绝大部分是草顶土墙砖根脚，先是倒塌洼地的房子，到8日晚上前半夜就基本上快塌完了，塌了的和即将快要塌的房子内，还有少数没转移走的老人、小孩，开始是这家塌了逃那家，那家塌了逃这家，水越涨房子塌得越多，眼看快塌完了，这时想着走吧还怕水冲倒了，所以想走也走不成了，由于几辈子没见过这么大的洪水，加上心疼自己的小家庭，所以跑来跑去只是大哭乱叫。夜静一点更是听得清清楚楚的哭声，二队女青年王寸30多岁，丈夫在信阳铁路上工作，公爹70多岁，常年身体不好，还有两个男孩，大的8岁，小的没满月，她大声呼叫救人哪！救人哪！快淹死了！这时我用别的筏冲到她家，她4口人刚上到筏上，她的房子就塌了，我推住筏把他们送到村南岗上，次日王的丈夫回到村上后，对我说："我在信阳听说五里庙的人都淹死完了，你救了我家 4 口人脱险，一辈子不忘您对俺的关心。"

二队 50 多岁的李克和，他用木棍连了一个筏，自己撑着想到他塌房子那个老宅基上看看，走到了急流处被水把筏冲翻了，他也被压在筏下边，我看见后，猛地钻到筏下把他拉出来。二队群众刘凤英，是 50 多岁的小脚妇女，她带着两个闺女，大的 8 岁，小的 4 岁，原来是拿着自己的一个小包袱坐到自己家里，后来水流进她的屋内越来越深，她看着不对头，就跑到比她家地高的李金胜的堂屋内，当时水很浅，她三口人用硬泥把门口闸起来三尺高，正在屋内砖堆上休息时，水又涨大了，门口外的水快进屋了，屋内红薯窖的水向上翻花，一时屋内水二尺多深，房子随时都有倒塌的危险，这时我在东隔壁的学校院内看见了，找了两个小伙子，翻过墙去把她三口拉出屋来，背过学校院内的浅水处，刚出屋门，轰一声房子塌了，这时刘凤英吓迷了，本来手扯着自己的闺女，又不停地叫扒房子找她的闺女，迷过来后哭着说您救了俺三口人的性命，真是共产党的好干部。现在见面还是亲热得很。

8 日夜间水势还在涨，塌了房子没处去的老年人，全村集中了三片，卓阙的老人集中到了七队后和八队相连的一片浅水地上，由大队妇女主任罗玉凤同志负责安排，她为了保护几十个老人，在这片浅水区周围闸了三道堰，总算是没使老人泡在深水中。后郑和中方街的老人集中到了后郑十八队南场一片浅水区，李阙的老人集中到了学校院中间一条路上。水浅时他们搬砖加高地基，坐砖上，当时我是在李阙的学校院内，这关系着 100 多个老人小孩的生命，水涨到腿肚深时，老年人怕得大哭，我给老人掌胆说："不要哭，不要怕。"组织人把教室里学生的课桌全部抬出来，一个靠一个连成一片，叫老人坐上，稳定了一段情绪。但水还是涨，水围到桌子腿一半时，老人又哭了，他们说：不行了！水快埋住桌子了！救人哪！又是一片哭叫声开始了。咋办！组织人员在学校南半部、东半部洼处垒起闸堰来，先远后近一道倒了闸二道，二道倒了闸三道，这样大小闸了七八道，水稳定了。又组织人下水里去捞木棍、门板等，摞到桌子上，使老人坐在门板上，老人情绪稳定了。这时我听到外边的哭声，就站到桌子摞桌子的最高处，大讲沙河水还在涨，应提高警惕，应从最坏处着想，不要坐在快塌的房子内，不要心疼小家庭，顾命是第一；大讲互相帮助、加强团结；大讲党和政府对灾民的关心政策。讲了一阵子喉咙哑得说不出话来，但群众的哭声慢慢减小了，有几个老人拉着我的手说："老闫你不要走，有你在我们身边，我们有靠头，有人给我们掌胆。"他们知道我一天没吃上一顿饱饭，腿上、脚上包口子的血布还是红着没干。老人就亲我、爱我、关心我，要给我拿馍吃，换掉血布用净布，这个场面感动了我的心，老人哭我也哭了。他问我："老闫，你家咋样了？"我说："我奶70多岁，我娘60岁，两个孩子10岁左右。"当说到此处时，老人问我："没回去看看？"我说："五里庙村就是我的家，你们就是我的亲人，大灾当头，洪水压头，我离开你们一个小时就是错误的……"这时他们又一次流下眼泪。

大队长李克崇同志，把群众转移到村南岗上1000多人。夜间水涨得围到了岗的半坡上，岗上的人一个一个紧挤在岗顶上也快挤不下了，他就组织群众把岗北的一条幸福渠沿扒开三处，水向北流去，降低了岗周围的水位。到夜间11点水还是上涨，他就组织群众闸堰，闸堰得用木棒，得下去砍树，蹲点的工作员李孟岗砍树时没看准，一斧子砍空了，砍住自己的腿，流着鲜血他还是不停地闸堰。

孟庙公社农技站长王兴堂同志，党委派他到外地调麦种没回来。他的爱人段书珍当时是五里庙大队学校的民办老师，住的是学校大门口东侧一间草房。她有三个小孩，大的是女孩，当年8岁，老二老三是男孩，分别是5岁、7岁，最小的还是光肚孩子，听到大队广播，见到别人转移，她也手扯三个小孩蹚着水转到了铁路台上了。听说她在台上直哭，我约定三队青年郑保国、郑玉山和我三人，带了用塑料布包好的一大卷子馍，一塑料壶茶，从村西头浸水处向南走了1千米多远的地方，跳进急流，顺着急流水浪漂到了铁路边上。站在铁路上一看，30多亩大的土台上种的玉米、豆子，被牲口吃得精光，到处是稀泥，有的坐着，也有的立着。说起来也神奇，天上就不敢见云彩，只要有一块一间房子那么大的云彩，不打雷也能下雨，所以他们有头顶席的，有戴草帽的，也有打伞的，还有的披着塑料布的，也有的叫雨淋着哩。人是哭，牛是叫，展现出的是一片凄惨，只要看到，无不伤心落泪。我走近人群，大队干部群众向我一拥而上，我向他们讲述："村上的房子基本上塌完了，在村上的少数老人、小孩、牲口由于组织得好，有充分的思想准备，一个也没伤亡，但水还在慢涨，应安定情绪。"这时段老师走到我跟前，她的三个小孩子感激地接过我给他们送的食品和开水。三个孩子大的是女孩，名叫会萍，大儿子叫小辉，他俩问："我爸回来了没有，俺的房子塌了没有？"我对他们说："你爸没回来，房子也没塌，但是水再涨也就保不住了。"这时她四口人哭起来了。我跳入水中走时，她们一直目送，段老师还放大了嗓门喊："老闫！要防止急流的水浪呀！小心点！"现在段老师的大儿子在北京特种警校毕业留校，二儿子在郑州工业大学毕业留校，他们回来探家时，总是对我问寒问暖。

那时郾城县是归许昌地区，郾城的五里庙村，是孟庙公社的重灾村，也是县的重灾村，也是许昌的重灾村。上级党委关心它，9 日上午许昌地委书记王延太坐直升机落到五里庙村南岗上，带来了 11 麻袋食品，约 1300 斤左右，7 箱装好电池的手电筒 84 个，带来了非灾区对灾民的慰问信，更重要的是带来了党的关心。王延太书记下飞机后对灾民作了慰问，传达了毛主席、党中央发来的慰问电，省委的有关通知，安排了用飞机运来的支援的食品投放地点。五里庙的干部随时就在岗上插起了几根大红旗，即日起直升机找到了五里庙村，开始天天把支援的食品如烙馍、蒸馍、饼干等投落到红旗为标志的五里庙灾区，干部们把这些食品分给群众，维持了临时生活。时隔 10 天，全国人大常委会副委员长乌兰夫同志也到孟庙公社附近的八里庙村慰问、视察，特别询问了五里庙村的水灾情况。广大群众吃到了用飞机送的食品，听到了乌兰夫、王延太的慰问讲话的精神，他们无不心情激动，热泪盈眶，高呼"毛主席万岁！共产党万岁！"纷纷表示：克服困难，战胜洪水灾害，发扬艰苦奋斗的革命精神，自力更生，恢复生产，重建家园，以实际行动报答毛主席党中央的关怀。

三、主动请求党委指示，抓好生产自救，重建家园

10日这天上午，大约10点多钟，水已不再涨，而且出现了稍微下降的好势头。此时，我去孟庙公社党委汇报工作，走的是五里庙西头向北一条直路，先到火车站，从北头翻过铁东，就是孟庙公社。

郾城县孟庙一片汪洋

这段路约有3千米，水虽说不涨，但雨还是下个不停，到处是一片汪洋，路上的积水大都在一人深，一人多深，半人深，哪能找到路呢？同时上边漂着一层无数的活蚂蟥，一伸一寸长，一缩二指长地乱游。怎么办，我怕蚂蟥喝我的血，我穿上衣衫，扣紧领口和袖口上的扣子，脖子上又用一条毛巾盖住肉皮，手中拿一根水蛇害怕的竹竿棍，走吧！找不到哪是路，但我知道路旁两边有两行杨树，杨树中间当然是行人的路，我就按这个规律前进。一路上没见一个人，绝大部分水都是围住我的脖子那么深，也有一段洼的地方是一人多深，遇到一人多深的地方怎

么办？我是生在颍河岸边的人，小时有一手好水性，我就漂游过去，一路上我见到十几条水蛇，有的在水中游玩，有的盘在树上，看起来它很是自在。还见到了死牛、死猪、死羊、死狗挂在杨树上。还见有不少门、窗、木料，其中特别高兴的见了一个我这穷干部没用过的新蚊帐，我伸手团成一团搭在肩上。一眼看不见边的水，只有我一个人，碰见淹死的牛、猪、羊和水蛇，嘴里不说怕，心中也有点惊，咋办？把它当成同伴给自己添添胆算了。从上午10点多出发，到12点多走到公社，首先是见了书记柏殿帮同志。他在一所水浅的屋内摆上几层砖支着锅做的大米饭正在吃，我高兴极了，内心想这次我一定饱餐一顿。话没说出，柏书记给我盛了一大碗，"快吃饭，吃后再汇报工作。"柏书记说。我接过饭碗坐到砖堆上还没张开嘴时，几个人说："老闫，你脖子后有几条蚂蟥。"可叫我吓坏了，用手一抹掉下来三条，谁知它已都钻进肉里半截了，肚子里鼓鼓的，都是喝的我的血。三条蚂蟥抹掉也就有三处出血，柏书记关心地用胶布给我粘住了。

五里庙灾情汇报后，得到柏书记的表扬。他对我说：上级通知水从10日慢慢落了。目前工作：一是继续安定群众情绪；二是继续抢救人民不应损失的财富，如粮食、衣被等；三是公社粮所已进水，库存的麦已湿了，经上级批准，正在向各大队分，你们也要组织人力运回去分给群众；四是水后抓自力更生快种秋菜，还要给群众搭起临时淋不湿的简易房子。我回村后，天已快黑了，及时向大队负责同志作了传达。11日水明显下落，高一点的地方已露出地面了。干部群众这时分两套人马，一套人马是把公社处理给的湿麦，运回来及时分给群众。一套人马是组织劳力给群众搭起临时淋不湿的工棚。三天后，又集中了力量，晾墒整地种秋菜，全大队总耕地4100亩，在短时间内种1000多亩，达到了公社每人平均三分秋菜的要求。

接着大队党支部研究了重建家园的方案，大街小巷，集体的仓库、牛屋、学校、大队、办公室都在图纸上显示出来，然后及时召开社员代表大会，让群众代表充分讨论修改，最后把讨论的意见归纳起来，重新修正，这样反复了三次定下来了。没有砖自己烧，就在村南岗建起了一坐十八门的大轮窑，日产砖3万多块。砖烧出来了，建新村没技术，就到登封请来了人，不用树木全部用砖圈成的纯砖圈房子，它的特点是坚固、省木材。从广大群众中抽出1200人组成一个烧砖的专业队，4个建房的专业队。汽车、拖挂车运煤开始了，叮叮当当的一级砖烧成了，一排排的纯砖圈房子开始动工了，新型的东西2千米多长，25米宽的大街也修成了，全村高低压电线杆架起来了，初步形成了一个多功能、多方位发展经济的格局，为发展经济再上新台阶奠定了基础。群众扬眉吐气地说：共产党真好，塌了草房建砖房，新村大街明又亮，自力更生建家园，发展经济有保障。过去吃饭靠种地，花钱靠做生意。现在是农业促工业，全村建饼干厂30多个，共有劳力1300人，被漯河市命名为食品工业城，还有纸箱厂、轧钢厂、饮食业、服务行业30多家，工人400多人。进村是柏油马路，电灯明亮，机器生产日夜忙，吃穿花钱没问题，人人都是喜洋洋。五里庙变新了，五里庙变富了，群众不忘共产党的关心支持，不忘对他们拨发救济款26万多元，木材30多方。

五里庙村之所以我熟悉，是因为早在1974年3月我就在这个村住队，到1978年12月才走出这个村子，一住就是四年零九个月，比别的同志住的时间都长。回忆起来，请假回老家、回机关的时间也不过是两个月左右。在这四年零九个月内，都是带着自己的衣被大部分时间住到了饲养室内。开始从李阌二队搬到后郑阌十八队，十八队搬到卓阌九队。天天在户家吃派饭，一户吃一天，给他一斤二两流通粮票，四角至六角钱。住熟了，连街上的狗、猪、羊也知道是哪家养的，哪家的姑家、舅家是什么村的也是很熟的，群众爱我，我爱群众。吃饭轮流到哪家都要改善生活，如烙油馍、擀蒜面条是很平常的。大忙时，在哪家吃饭时，他们下地干活了，我也帮他们做饭，看、抱小孩子。这个干群关系是将近五年的时间自然形成的。就是现在我到五里庙村时，凡是认识我的人，见面还是非常热情地说：“老闫，发洪水时你在五里庙村救过群众，洪水后建新村有你一份功。”

选自1999年6月《漯河文史资料》第八辑

我在“七五·八”洪水中的几个昼夜

胡文章①

“七五·八”洪灾期间，我在黑龙潭公社半截塔村住队。当时正是汛期，县委对防洪工作已作部署。8 月 5 日，我们传达了防洪抗灾紧急会议精神之后，部分干部带领群众去筑高加固沙河堤岸。我和办公室主任朱洪尧同志留村动员群众准备木筏等抗洪设备。逐村安排好后，回到办公室小憩，忽然天空乌云滚滚，雷鸣电闪，眨眼间，风雨交加，恶魔般向地面袭来。这时四面作响，噼噼啪啪，半小时之后，天地不分，白茫茫一片，洪尧同志把脸盆推到门外又收回来就接了一满盆水。我们看着这罕见的大雨，产生了一种不祥的预感。

8 月 6 日传来消息说上边水库垮坝，会有更大的洪水到来。县委书记张继增同志召开了紧急电话会议，要求各级领导迅速行动起来，把原来提出的三保（保人、保畜、保粮）变为一保（保命）。

会议精神传达之后，议论纷纷，全村人心浮动。多数群众连夜做准备，少数老年人说：“不要紧，民国那年，沙河决口，邻村河沿李庄上的碾盘冲走了，咱这里都没事。”不论怎样宣传，他们仍然安之若素。

8 月 7 日天不亮，指挥部的几个同志，手拿电筒，去村西南察看水情。只听远方呼呼作响，不一会儿洪水向我们冲来。开始是一小股一小股的，曲曲弯弯向东北流去。我们见势，飞也似的奔到村上，大声呼喊：“洪水来了，快向高处转移。”在此当口，大街上的水已经涨到齐腰深，满街人群哄动，大人的呼喊声，小孩的哭叫声，老人的呻吟声，大家抬的抬，背的背，扶老携幼向河堤艰难地走去。水势越来越大，村西头“请示台”前的水已过人顶，村东漯西公路两侧只能看到树的上半

① 胡文章，时为郾城县黑龙潭公社半截塔村住队干部。

截，到处汪洋一片，变成了水的世界。村上剩余的人，有的蹲在筏上，有的待在树上。也有个别的坏人乘机行窃，做些伤天害理之事。

我和洪尧同志帮助部分群众转移之后，登上了办公室前的那只木筏，筏旁的车上放着方桌，桌上有部电话。这就成了临时指挥部，但它基本失灵。我们隔路对面国营供销社的几位同志趴在房顶上，对我们说：“仓库里的白糖、食盐全被水冲走了。”时至下午 3 点左右，被泡透了的烟炕，房屋已承受不了洪水的冲击，接二连三倒塌，像重型炸弹爆炸一样，“轰隆”“轰隆”直响，激起的浪花柱有数米高。水中上游冲下来的猪、羊、牛、骡马等物，死的漂浮而过，活着的拼命挣扎，嘘嘘有声。我们在不安、焦虑中看着这一桩桩惊心动魄的场面，束手无策。

夜幕降临，风声呼啸，大雨不止。沙河西侧，公路两旁，处于最低洼的苇子王、半截塔、河西刘三个村庄，东西 6 华里的水面像条翻滚的巨龙，一个劲地向西华县方向冲去。

我们两人坐在木筏上，面对一盏小罩灯挂念着待在树上、房上的群众，忽然桌上的电话铃响了，拿起电话，从里面只听到一句微弱的声音：“老胡，你们怎么样？”便无声了，不论怎么摇再也听不到声音了（事后知道是住在河东岸的党委副书记张国军同志同我们联系，询问灾情，当电话线断后，他两眼落泪，说我们被洪水冲走了）。在这个特殊的夏夜的洪水中的筏上，仍然非常闷热，蚊子叮咬十分烦人，虽然疲劳，却无法入睡，只有朦朦胧胧地熬着。

天到黎明，东方传来一阵呼喊声，由远到近，逐渐清晰，原来是河东岸组织的抢险队，他们冒着生命危险，寻找受灾群众，我们稍叙情况后，让他们去村上抢救最危险的群众。最后我们也上了河堤，过起了庵棚生活。被洪水围困的日日夜夜里，祖国各地运来了大批救灾物资。有食品、有药物等，干群之间你敬我爱，互相关心，真是大难之中见真情。党的恩、阶级爱、民族情交织在一起，汇成了一个爱的世界。

选自 1999 年 6 月《漯河文史资料》第八辑

动人心弦党群情

——郾城县委“七五·八”抗洪救灾片断

孟凡坤[①]

1975年8月，一场惊动毛主席、党中央的“七五·八”洪水灾害铺天盖地降临到了郾城大地。县城成了孤岛，全县一片汪洋。当时任中共郾城县委书记的张继增给我（当时任县委通讯组长）安置工作说：“咱们要从精神上鼓舞群众抗灾，我们要克服天大的困难，寻找被洪水冲散的群众；你要尽最大努力把群众抗灾的英雄事迹报道出去……”

8月8日，沙河西段的冉口和十五里店两处决堤，出堤洪水像火车头一样奔腾叫嚣如虎狼，洪峰达到了最高潮。全县17个乡镇有15个就被吞没在洪水之中。最令县委领导感到不安的是，70多万群众被洪水冲散去向不明。8月7日晚，县委书记张继增如坐针毡，电话全部中断了，道路全部淹没了，用什么方法能够同乡镇的领导取得联系呢？70多万人民安危如何呢？……一夜之间，他的两眼肿成一条细线，喉咙沙哑了……在这样严峻的形势之下，县委把寻找失落群众作为十万火急的任务，他安排办公室连夜备齐船只。他在桌上绘制着行船的交通图，8日凌晨，天刚蒙蒙亮，张继增同志就同办公室秘书杨保国和两个水手，驾驶一只小橡皮船按照洪水到来之前，他曾动员群众向就近寻找制高点转移的方向划去。由于洪水波涛汹涌，县交通部门已禁止各种船只通行，而张继增这只小橡皮船要通过3条山洪河道和20多条内涝河道，那真是凶多吉少啊，但他没想这些，他想的是在洪水中挣扎的70多万人民……

① 孟凡坤，河南省郾城县人，1935年出生。曾任《青海日报》记者，中共郾城县委对台办主任，县政协第二、三届委员。

小船离开县城向西划行十七八里后，一座黑压压的人山出现在张继增的面前，他从小船行驶的方位上辨出这是“化身台”。

“化身台”原是一个大冢子，明清以后有群众在上建了庙，台身紧靠“幸福渠”北岸。幸福渠是1958年大干水利中群众修造的一条人工河道，用于解决全县西半部的灌溉。它西起舞阳的泥河洼，流经裴城、新店、十五里店、孟庙等四个乡，主干渠约长70余千米。

就在这个几百平方米的化身台上，聚集了3万多来自新店、十五里店的群众，一个紧挤一个地站着。比戏台前要拥挤得多，谁要挪动身子或往下蹲一下是办不到的……两三天来，土台上拥挤这三万多人所目睹的只不过是天连水，水连天，汪洋一片……张继增同志驾驶的小船从那露出水面的树梢上，从那挂满树枝和杂草的电杆瓷瓶旁疾速划过，不时打着漩涡……他极目远眺，在三四里以外就看见了那黑压压的人山，他的心酸痛了……而在这同时，站在台上的人也同时看见了疾速向他们驶来的小船，站在台边上的人首先喊出：“小船！县委来人啦！”顿时，三万多双眼睛同时注视到了汪洋中的小船……它如同黑夜中的灯光，一下点燃了人民的希望，大家几乎同时喊出：“县委啊——救人啊——”喊声划破了汪洋中的沉寂，张继增同志和同船的工作人员的脸上立时闪出了晶莹的泪花，他想插翅飞过去，出现在灾难中的人民面前。他一边用手擦脸上的泪花，一边命令水手快速划行。按照水手的驾驶要求，在小船快速划行中，乘船人必须蹲下来，张继增同志却不时站起来向群众招手，而台上的群众也同时举起了双手，像是要与书记拥抱……此时此刻，此景此情，使每个有情感的生命都会热血沸腾。船和人群越来越接近，张继增同志为了尽快和受灾群众接触，他跃身向人山跳去，哪知“人山”距小船还有十多米远，他一下跳进了“幸福渠”那水上加水的深渊，台上人和船上水手纷纷跳入水中将他捞出水来，把他拥上了土台之上。他喝了满肚子泥水，鼻眼全被泥浆糊着，全身湿淋淋的登上了一个树杈上，几万双眼睛望着张继增那发抖的身躯，顿时鸦雀无声，张继增同志沙哑而铿锵地用力喊道：“乡亲们，大家受苦了……”全场立时响起了热烈的掌声，大家像是久别重逢的亲人，顿时心里热乎乎的，个个的脸上都纵横着止不住的热泪，为了聆听书记的讲话，没有一个人哭出声来……待掌声平静下来后，张继增同志告诉大家：“我们的灾情，毛主席、党中央知道啦！毛主席他老人家对我们的灾情十分关心，给我们发来了慰问电，派飞机给大家送饭吃……”讲到这里，受灾群众个个激动不已，“毛主席万岁！”“共产党万岁！”的呼声响彻汪洋之上，压倒了洪水的波涛。当张继增同志正在宣读中共中央的慰问电时，两架直升机在这“人山”顶上压低盘旋着，他们既想让大家早点吃上干粮，又担心投放食品时砸伤群众，飞转的螺旋桨一个劲地旋转，根本找不到投放的空隙。张继增同志很理解飞行员的心理，立即指示船上工作人员驾船到一里以外的干地方展示红旗，20多袋干粮从天空落下，乡亲们用小橡皮船搬运到土台上，分送到灾民手中，一两天没有吃到饭的灾民，一拿到干粮，理应是狼吞虎咽的，但眼前的景况却不是这样，只见那男女老少一个个手拿着干粮，却一手擦不尽的泪花……虽然人群十分拥挤，但人们还是争着跟张继增同志握手……一位姓郑的老人，隔着几个人拉住张继增的手说：“书记啊！您真是把共产党的恩情刻到了人民心上。”老人兴致勃发地向张继增同志讲述了“化身台”的来历：古时候一个孩子征战边关，胜利后不见归来，母亲在家日夜思念，为期盼儿归，她每天一大早立脚向远方看去，为了能够看见儿子的身影，她每来一次总要捧一捧土垫上，久而久之，台高丈余。有一天，她又登台远望，却一直没有下来，人们上去看望时，老母身骨已化成石，后人为了纪念这崇高的母子之情，就把这块地方取名“化身台”。老人最后补充一句说：“今天，您来这儿看望灾民，就是共产党和人民的母子之情呀！”周围的群众齐声鼓掌，赞同郑老先生说出了大家的心声……

张继增同志从8月8日到12日奋斗了五天时间，摸清了全县灾民的去向，全县除在路上行走的人有伤亡外，绝大多数群众都安然无恙。

1980年秋季种麦时，曾经参与采写《毛主席的好学生，县委书记的好榜样焦裕禄》的新华社三记者（穆青、周原、冯健）之一的冯健来郾城察看水灾后水毁农田工程的恢复情况。当时我在大刘骆坡住队，县委宣传部通知我回来与冯健会晤。我在县委招待所向冯健讲述了上述故事，他听后大加赞赏说："张继增的工作很有成绩，我回去后向省委段君毅书记汇报……"

水灾过后，省委书记刘建勋在郑州召开地市和部分县委书记座谈会上，刘建勋书记点名让张继增同志站起来让大家看看，张继增起身向大家鞠个躬，会场响起一片掌声。

1976 年 8 月，省委在驻马店筹备抗洪抢险表模大会，郾城作为大会特邀典型参与筹备，省委黄副秘书长和《河南日报》总编辑刘闻世负责材料，郾城的几个典型很快通过。会后，刘闻世总编辑和《河南日报》农村工作处长赵世俊，《河南农民报》总编辑曾同等专程来郾城采访。郾城已成为全省抗洪救灾先进典型。1977 年、1978 年连续两年的 5 月 5 日，为纪念马克思诞辰，中央人民广播电台两次邀请张继增同志向全国作录音讲话，谈他如何运用马列主义、毛泽东思想指导做好一个县工作的体会。郾城县委的工作进一步在全国传播开了。

选自 1999 年 6 月《漯河文史资料》第八辑

书记三枪救民一方

张富村[①]

1975年秋，河南省连降暴雨，西部山洪暴发。沙河水位暴涨，超过历史以来的警戒线，有随时决口的危险。因此沙河两岸人民在党和政府的领导下，组织抗洪大军，日夜抗洪抢险。在这伟大的抗洪斗争中，传颂着“书记三枪，救民一方”的故事。

河状村位于沙河南岸，沙河由村西、村北环村东流，在这环村河堤千米地段中，有两处险工：西边“大王庙”、东边“老鬼窝”。这两处险工近百年来多次决口。解放后，党和人民政府对这两处险工特别重视，不断地加宽加固，并修筑石堰护堤。但对于1975年的特大洪水，还是威胁着沙河南岸的广大人民。当洪峰来临时，沙河南岸的人民，还是百倍警惕，日夜上堤防汛。特别是老窝乡党委书记孙全安同志，不分昼夜和群众一起上堤防汛，监测水位、察看汛情。突出的是8月6日的一天孙书记鸣了三枪，防止了决口，救民于一方……

8月7日这天，雨下得更大，河水涨得更猛，千万人民的生命财产系在孙书记的心中，水位超过了正堤，已达到修的临时副堤，孙书记不停地来回巡查。当他巡查到河状村后堤段时，发现水位正要漫过副堤，并且周围没有人看守。心想若从这里决口，水头直冲村庄，那河状村就毁亡殆尽了，心中着急便向空中鸣枪。这声枪响，震动了村庄，正在村内喊人的村干部张富昌同志，听到枪声，知道堤上情况紧急，赶快带人上了河堤。孙书记见张富昌到来正要批评他，看张富昌带着群众抢修来了，也就平下了气。于是要求张富昌两个小时把这段堤修好，保证

① 张富村，河南省郾城县人，1930年生。1948年至1949年就读于中原临中高中部，1949年6月参加中国人民解放军。1955年转业后任郾城县教育局干事，曾任中学教师、小学校长。1991年离休。

这里不再决口。张富昌同志向孙书记表示："若我这里出了问题，我就受法律制裁。"孙书记看张富昌很坚决，也就放心地向大王庙走去。孙书记走到村西南时，看到有两个人在那紧张地堵水，河水通过副堤向堤外漫流，哗哗直响。孙书记看到这种情况，稍一耽误，就要在这里决口，他问那两个村民："怎么只有你们两人在这里堵水？"答是："他们回家吃饭去了。"孙书记考虑到去喊人已来不及了，即鸣枪。回家吃饭的几个村民，还没有走到家，就听见枪响，赶紧回转上了河堤。接着又来了几个村民，孙书记指挥着大家堵住了流水，又加高了副堤，他满头大汗地坐在地上喘气，休息了片刻又向大王庙前进。他走着想着，大王庙是重险工，是容易决口的地方，决不能从这里出问题，于是他加快了步子，像跑一样向大王庙走去。当快走到大王庙时，隐约听到有打鼾的声音，心中怒火升起，更加快了脚步。正走着，发现一人拄一根棍在那里睡觉。他大声吆喝那人，那人还是不醒，一怒之下，又向空中鸣了一枪，那人才惊醒。原来是一位老共产党员、村支部书记，他几夜都没有睡好觉了，不知啥时候拄着木锨把就睡着了，还睡得那样熟、那样香。见了孙书记就自作检讨，孙书记也没有再追究。随问："大王庙的情况怎样？"老支书回答："水快漫出副堤了，必须增加副堤高度。"二人同走到大王庙，果真形势严峻，再不增高就要漫堤口。随即组织人员对副堤加宽加高，从傍晚修到深夜，才把大王庙段修好。看样子孙书记这一夜又睡不成了。

8 月 9 日，沙河水有些降落，问其原因是上游决口了，沙河北岸成了一片汪洋大海，对面村庄房屋倒塌的声音和大哭小叫的声音混在一起。村民们拿着少量的东西跑到高地和河堤上，他们临时搭个草棚，吃饭睡觉都成了问题。未淹的地区，政府号召烙馍坐船送到沙河北，第二天中央派来了直升机向河堤上投物资。孙书记看到这种惨局，不时地落下泪。有人看到孙书记这样伤心，安慰他说："不是你三枪救了一方人民，我们不也是如此吗？"孙书记没有解释什么，却长叹了一声……

选自 1999 年 6 月《漯河文史资料》第八辑

“七五·八”洪水临颍五公社受灾

谷水林[①]

1975年8月，临颍县有5个公社遭受历史上罕见的洪灾。7月下旬至8月初，淫雨连绵十数天，8月5日至8日连降大到暴雨，累计雨量535毫米。因降雨时间集中，面积又大，上游来水势猛，下游排泄不及，致使大小河渠，洪水漫溢，县境之内河道决口数十处，加之沙、颍河上游决口，洪水由东西返，形成倒灌。从西南至东南有大郭、皇帝庙、瓦店、三家店、王岗5个公社200多个村庄被洪水吞没或包围，受到不同程度的灾害。

据县水利志记载：“农田积水面积46万余亩，其中秋作物绝收26万多亩，倒塌房屋3.5万余间，淹死6人、淹死牲畜百余头，猪羊350多只，集体和群众损失粮食190多万公斤，国家财产损失折合人民币500多万元。”

受灾严重的是三家店公社，全社大小村庄共31个，除地势较高的华严寺、高宗寨、平宁城3村没有全部淹没外，其余28个村被洪水吞没，平地积水达2米左右，一片汪洋，尽成泽国。这些村庄的房屋只有少数砖墙瓦房尚存，其余皆墙倒屋塌，2万多人无家可归，男女老幼，携儿带女都聚集在三处高地，以暂避水患。

洪水发生后，县革命委员会主任刁文同志立即研究采取紧急措施，组织县直单位党员干部成立抢险大军，奔赴灾区亲临指挥，投入战斗，拯救灾民，发动附近公社制作木筏600余支，将被洪水围困的灾民救出，送往县城附近，分别到各大队，进行了食宿安排。

一方有难，八方支援。获悉的解放军某部海军运来快艇数艘，往返

① 谷水林（缺）。

如梭，抢救灾民，空军某部速来飞机空投食品（馒头、烙馍、面饼、饼干等）计 4 万多公斤。

8 月 11 日，党中央发来慰问电，对灾民亲切慰问，接着全国人大常委会副委员长乌兰夫率慰问团来灾区接见灾区干部，向灾区群众传达党中央、国务院的关怀慰问。后又派来医疗队为灾民防病治病达 5.7 万多人次。

水位降至 1.5 米左右，县里通知非灾区组织人力、车辆到三家店粮库打捞水泡粮食 190 多万公斤，抢救烟站水浸烟叶 170 多万公斤，挽回了一定数量的损失。

十数日后，水落地出，灾民陆续返村，政府发放救灾款 326 万元，粮 22.8 万公斤，衣物 44730 件，布 11 万多米，木材 3700 方，煤炭 400 吨，钢筋 6000 米，农用机械 20 余部。搭盖临时庵棚，使人有庵、畜有棚，灾民得到初步安置。之后，发动群众生产自救，并动员非灾区进行人力、畜力、物力支援，有的用犁耙，有的开小拖，自备粮草奔赴灾区，三家店的田野里，扶犁叱畜声，机械轰鸣声，响成一片，耕地抢种，忙个不停。按政府要求很快完成了每人三分晚秋、二分蔬菜的种植任务。

灾民生活安排就绪，组织劳力修河复堤，堵决口 33 处，加固河堤 23000 多米，对田间路边的所有渠道进行了整修疏通。

在党和政府的领导关怀和解放军的支援下，灾民积极恢复了生产，重建家园，房屋倒塌较多的村庄，对住宅重新作了规划，如今布局井然，安居乐业。

选自 1999 年 6 月《漯河文史资料》第八辑

回忆临颍三家店乡特大水灾

晁凌音[①]

1975年河南省降雨量特别大，报纸上不断登载着各地遭水灾的情况，8月初临颍附近各县暴雨连下数日，舞阳一带山洪滚滚倾入水库，水库容纳不下，势必决口，在漯河一带，洪水越过京广路沿沙河东流，洪水流到逍遥镇受到黄渡桥的阻挡，拐回来向西倒流。

临颍城东一带的清漯河和其支流五里河因受连阴暴雨的倾注，大有河满之患，再加上从逍遥倒回来的大水，这两条河就从三家店一带决裂了，洪水湍急外流，只几个钟头，各处房屋就只能看到屋脊了，满坡一片汪洋，水位深处2米多，浅处1米多，各户群众用门板漂到水上找高处逃命，也顾不得拿衣物和粮食。

当时全乡仅三处高地：华严寺高冢、高宗砦高地、崔庄学校，这里都成了逃避水灾的好地方。三家店乡的干部和民兵们都以忘我的精神与洪水搏斗着，电话兵坚守工作岗位，在两棵树杈上棚块门板把电话机放在上面，照常通着电话，向政府汇报水位上涨的情况，并收听着上级传来的指示。各机关派年轻干部乘筏到水灾粮库，从水中捞运粮食给灾民运送食物和用品。县委书记刁文同志乘军用汽船到各处慰问灾民，向灾民说明：社会主义社会，一方有难，八方支援，解除灾民们的悲观情绪。

首都北京，中央政府派来了以乌兰夫副委员长为副团长的慰问代表团亲临三家店乡慰问灾民，并派来直升机向灾民运送点心、饼干、馒头等食品。郑州和许昌的市民们烙好许多烙馍也用飞机送到灾区给灾民吃，灾民吃到时还热乎哩，灾民吃在嘴里感动得流出眼泪，食物和泪水

① 晁凌音，河南临颍人。生于1912年。曾任临颍县高中老师、临颍地方志编辑、《临颍文史资料》编辑。

一起咽进肚里。非灾区的群众看到飞机从北方飞来在县城上空向东南拐飞的时候，也都感动得说不出话来，无不称颂社会主义好。头一次空投不准确，第二次空投，上下商定好记号，用一块白布中间缝一条红布摊在地上，飞机照着标号投下来东西。有时直升机一直下降到布号上，或离地面一两丈高，飞机停住卸下软梯，地面上的人可登梯而上同飞行员谈话，帮飞行员卸东西。在水灾严重的 18 天中，飞机共空投物资及食品总计 120 万斤，使灾民饥餐渴饮，免除了灾难，安定了人心。

这次水灾的特点是，来势凶猛，灾期很长。据统计淹死 7 人，重病 137 人，轻病 681 人，倒塌民房 21230 间，其中集体房 3521 间，学校房屋 552 间，公社机关事业单位房 247 间，淹没庄稼 3 万余亩。

水灾后政府对灾民共发放布匹 159640 丈，鞋袜计 534000 双，衣被 93400 件，种子粮 50 万斤，发放 9 个月救灾粮 750 万斤（一直吃到第二年麦天接上新粮），救济款 350000 元，医药费 75000 元。

县政府发动全县各公社支援灾区，派出干部 1000 余人奔赴灾区，帮助灾民恢复生产重建家园，非灾区抽派 1 万多人和大批畜力农具帮助灾民抢种晚秋红薯 8700 亩，种晚菜 5500 亩，新建房屋 33520 间，建集体房 12000 间，建校舍 2120 间，新建教学楼一座计 18 间。受灾群众搬住新房后都是笑逐颜开，开始了愉快的生活，都异口同声称赞共产党好！社会主义社会好！

注：文内数字全系参考三家店乡政府保存的灾期统计稿册

选自 1999 年 6 月《漯河文史资料》第八辑

“七五·八”洪水期间赴三家店粮库捞粮见闻

谷水林

1975年8月，临颍东部三家店公社遭洪水袭击，有28个村庄吞没在洪水里，平地积水深2米许，三家店粮库有数十万公斤粮食被浸泡。8月15日，水位陆续下降，人可涉水进去。政府为挽救国家财产，减少损失，发出了紧急通知，非灾公社各生产队迅速组织青壮年劳动力和车辆，明日赴三家店粮库打捞粮食。当时我是固厢大队第九生产队的社员（因右派回村劳动改造），40来岁，正值壮年，是参与捞粮者之一，在捞粮时我所见闻的情景，至今24载，记忆犹新。

8月16日天将晓，我和富恩、根芳、清臣、世杰等10多个青壮年都带着干粮拉着架子车，还有一辆马车，队里每人发给五角伙食费，顺107国道向南出发了。一路快步如飞，穿过县城沿道（遥）、襄（城）路东去，经瓦店又东行七八里，来到水边，不能再前行，将车停放道旁。30多华里路程，大约走了两个多小时，这天天气晴朗，已是日上三竿，其他各处捞粮人马也接踵而至。

我们都光着脊梁，只穿裤头。开始行动，有当地了解地形地物的人做向导，哪处是坑，哪处有井，边蹚水，边指引。捞粮人群排成长蛇阵，先没膝，后齐腰，平胸至溜脖，进入三家店，顺东西大街往南蹚，终于到了粮库。

当运头一趟的途中，我举目四顾，一片汪洋，无鸡犬之声，也无鸦雀之音，一派寂静凄凉，如入无人水乡，只有捞粮人群呼啦、呼啦蹚水声和互打招呼声。村头有两处高出水面的土丘，有数头没有缰绳的牲口，可能是主人只顾生命不顾财产，解缰放生，任其逃生才浮在这小小的高地上。饿了七八天，个个垂耳眯眼，无精打采，卧着的伸腿侧头，站立的摇摇晃晃；村边树丛里漂着几只死鸡和死羊，我联想到那些会游水的鹅鸭，如今不知漂游何方？村上仅剩几所没倒塌的瓦屋顶上，卧着几只猫儿狗儿，饿得无力打闹，一声不叫，眨着两眼，静静地等待着主人快来收养；村外到处是漂浮的各样家具、檩椽及秸秆，因洪水倒灌，不流不淌，一股腥糊气味，让人闻着呛嗓。

进入粮库后，只见数十间粮仓仍淹泡在一米深洪水中，满仓粮食尽都膨胀，仓房撑裂有四指宽的缝，非常危险。粮库大院内只见到一人看守，只身蹲在晒场中的溜筛梯台上。捞粮人冒着危险，相帮互助，库内有麻袋和工具，装满就走，人来人往，在粮仓里粮食发热烧腿烫足，酸味扑鼻。运粮方式不一，有抬有拉，我们几人是用车襻钩住麻袋两角，挎在肩上往回拖，因水有浮力，200 斤重的粮食在水中就轻，水越深粮越轻，大约只有二三十斤。拉出水后装在车上，这样往返捞粮。

天将午，听到上空一阵嗡嗡响声，抬头望见从北方飞来三架飞机，越飞越低，在三家店上空盘旋，低得连“中国民航”大红字和飞行员的穿着举动都看得一清二楚。捞粮人群有的向其招手，他以为是水中灾民，就往下空投食品，只听唰啦！唰啦！一片声响，一个个装满食品的麻袋落在人群附近的水面上，有几袋被水撞破，其中有馒头、烙饼、饼干。落在我们附近的几袋，上面还写着：“郑州市二七区 ×× 居民组”字样。约有十几分钟，空投已毕，在上空盘旋一周之后，朝着北方飞去。这些空投食品，集中分送到高宗寨、华严寺、平宁城三处高地灾民手中。

午后又连运数趟，直至日夕，装好车辆，大约有万斤左右，原道满载而归，当即送至固厢粮管所卸在晒场上，趁天晴进行翻晒。

选自 1999 年 6 月《漯河文史资料》第八辑

1975年临颍县三家店乡特大洪水记

杨海泉[①]

1975年8月2日夜，从10点起，豫东南漯河、临颍、郾城、驻马店、遂平等县、市，倾盆大雨一直下到第二天早晨6点钟，特大暴雨下了9个钟头，临颍县三家店乡一片汪洋，各村群众冒雨筑护庄堤，以防大水进村。接连还是阴雨连绵，下个不停。到4日下午，大水从东向西涌来，清潩河、五里河倒流，平地水深三四尺，各村群众争先恐后地搬到高出平地七八尺的高宗寨和华严寺两个避水点，也有向西逃往县内城关、瓦店、皇帝庙、台陈、杜曲等乡，以躲避水灾，10日前特大洪水继续上涨，水位最深处六七尺，浅处也有5尺，当时大水已冲破了各村护庄堤，房倒屋塌，庄稼淹没，五里河南岸13个大队，均受到严重的水灾，北岸8个大队，也无一幸免，群众在惊慌失措地逃避洪水时，一家逃散几处，面对汪洋一片，何处寻觅？以致有的悲观失望，甚至产生绝望思想。

当时，凡到各处的灾民，县委十分关心，统筹兼顾，妥善安置，首先安排好生活和住处，并召开会议，慰问灾民。到20日，洪水逐渐下降。县委、县政府发动全县各公社、各单位支援灾区。同时，派出干部1000余人，各非灾乡支援劳力1万余人。帮助受灾各村抢种晚红薯、晚菜等，并支援各种菜籽2500斤，红薯秧27000斤，抢种了晚红薯8700亩，晚菜5500亩。

特大洪水后，据统计，全公社倒塌房屋为：民房21230间，集体房屋达3520间（包括生产队、大队、牲口屋、仓库保管室、会计室），各学校房屋552间，公社机关企事业单位房屋247间，总计倒塌房屋

① 杨海泉，临颍县人。1921年生。曾任乡长，离休。

25549 间。其中三家店、前杨、邢庄、潘庄、吴庄五个大队倒塌了 90% 以上，塌房内的粮食、衣服，被褥、器物几乎完全损坏。全公社淹死 7 人，患重病 137 人，轻病 681 人，淹死骡马 23 头，牛驴 57 头，猪羊鸡完全淹死，淹坏庄稼 3 万余亩。受灾惨重，实属罕见。

经过这次特大洪水灾害，使灾民深深感到共产党、人民政府关怀人民，真是无微不至。除省、地、县各级领导深入灾区慰问外，还把灾民生活安排得一妥二当，救灾物资款项大批运进灾区，据统计：共发放布匹 1596400 尺，鞋袜 534000 双，衣被 93400 件，发放 9 个月救济粮 7500000 斤，牲口饲料 450000 斤，拨给种子粮 500000 斤，救济款 350000 元，拨给骡马 62 匹，牲口草 300 万斤，救灾煤 2500 吨，救灾大型链轨拖拉机 7 部，汽车 2 部，救灾木材 3530 方，其他各机关单位支援食盐、大葱、大蒜不计其数。全县医疗部门派医生 62 人，给灾民治病（还有陕西省派我区高级医师十数人，带医、带药深入灾区），由上级拨给医药费 75000 元，收到远近各地慰问信 34521 件。

特别令人难忘的是：中央派来了以乌兰夫副委员长为团长[①] 的慰问灾民代表团亲临灾区，慰问灾民。当高宗寨、华严寺两地困集灾民万余口嗷嗷待哺的时刻，中央派汽艇给灾民运生活用品，派飞机在 18 天中，每天给灾民空投饼干、馍卷、点心等；飞机降落 31 次，空投及空运物资食品共计 120 万斤，把各种生活用品送到灾民手里，使灾民饥餐渴饮，免除困境，心情安定。洪水以后，解放军及时派出大批指战员帮助灾民抢种晚红芋，翻晒霉烂粮食。这些事实，不仅使灾民感激涕零，非灾区的人民知之也深为感动。真正体现出一方有难，八方支援的社会主义新风尚。

灾后，三家店、潘庄、大罗庄、南江、吴庄、石庄、康庄、王绍宇、前杨、邢庄、冢城等 11 个自然村，重新规划建新村，截至目前，建新民房 33520 间，集体建新房 12000 间，新建校舍 2120 间，新建教学楼一座 18 间，各机关单位新建楼房、新瓦房，群众都搬进了新房，眉开眼笑喜洋洋。

选自 1987 年 11 月《漯河文史资料》第一辑

① 纪登奎任中央慰问团团长，乌兰夫任副团长。

战洪水　救母亲

巩新宪口述[①]　王铭欣整理[②]

水库坝崩洪水滚，墙倒屋塌树拔根。
随波逐流两昼夜，勇斗洪水救母亲。

1975年8月大水，造成百年不遇的大灾。汝河上游遂平城西南魏庄巩新宪勇斗洪水救护母亲的英雄事迹传诵很广。他的母亲是魏庄大队8个老婆灾后幸存2人中的一个。她常说："不是俺小四儿，不知我早淹死冲到哪里去了！那时他才16岁，初中刚毕业，还是身小力薄的孩子呀！"巩新宪，原籍临颍，1958年父亲从临颍调遂平农业局工作，新宪和他的姐妹也随母亲来到这里。从此，这个紧靠汝河南岸的小魏庄就成了他的第二故乡。

巩新宪，从小喜欢游泳，水性也好。河水平槽，他往返自如。在学校是个好学生，而爹妈常吵他淘气，好玩水。小伙伴却叫他"小张顺——浪里白条。"

下边是新宪的自述：

这年，雨水偏多，进入8月的雨一天比一天下得大。3号下午，积水愈来愈深，坯墙草顶的住房，早进起水来，快要漫过一米高的砖跟脚。爸爸在县里开会，家里只有外祖父（才从临颍来一天）、母亲、姐姐、妹妹和我五人。村里的房子已有泡塌的了。我们先是用盆子从屋里往外排水。眼看屋里院里的水都齐腰深了，不敢再待在屋里，就站在树下淋着。

---

① 巩新宪，河南临颍县人，生于1959年。临颍县粮食局职工。

② 王铭欣，临颍车站学校离休教师。

夜幕来临，往常是炊烟四起、万家灯火、生气勃勃，今天却是死一样沉寂，天黑得伸手不见五指，只有雨声、流水声、波涛声。大约10点钟的时候，我们的草房塌了。雨还在下，水还在涨，只好站在倒下来的房架上，以免水泡。夜愈来愈深了，塌房声、呼救声、惨叫声、波涛声，此伏彼起。我很担心外祖父和妈妈的身体，他们经不起雨淋、水泡和寒风的侵袭，我多么盼望天快快亮，千方百计离开这个水窝。

8月4日，天刚蒙蒙亮，大约6点钟左右，惊心动魄、生死拼搏的一天开始了。风急浪高、寒气逼人、波涛汹涌、呼啸吼号，令人胆颤。只见那从西向东的巨浪（从水库出来的水头），排山倒海似的向我们压来。万物被水吞没了，也包括我们。我从水中钻出来，已不见外祖父他们四个的踪迹。我与巨浪搏斗，爬上那个刚露出水面的砖瓦结构的房顶，还没来得及喘息，看见一个人在浪涛中翻滚，我一猛子扎过去，把她托出水面，却是妈妈。我右手抓住一根漂来的木棍，左手架着妈妈，顺流直下。这时，一块秫秸箔撞在我抓的木棍上，我急忙把妈妈托上去，这才比较稳当些。一转眼，妹妹抱着个木棍从我身边冲过。我喊她了一声，她没来得及答应，自己逃生去了。我奋力架护着妈妈，不由自主地冲下去。

一浪更比一浪高。今天的波浪没有以往的驯服，有时我几乎驾驭不了它。水也分外凉，水速也分外高。擦身而过的什么都有：人、畜、木料、家具、秫秸、麦秸垛等。我一心一意护着妈妈前进，稍不注意就有被打入浪底的危险，哪还敢左顾右盼。所能看到的，只是一望无际的水。能平平稳稳随波逐流就算很好，根本不容你选择去向。

过铁路就是过鬼门关。当时我护着妈妈正在前进，听到水声大作，越来越响，水流也越来越急，我意识到有新情况。这突然到来的变化，不容你观察，不容你多想，不容你防备。路西水位高，路东水位低，从高处下落，打入浪底，九死一生。我妈在这里两次离开我的架护，我能救出她，真是奇迹、真是万幸。我非常担心她那老弱的身体支撑不住。

过了铁路，水比较平稳了。可是水速还是很快。我架护着妈妈顺流直下，水还是踏不到底。这时，我又重新捞个木棍秫秸——麦秸垛尖，让妈妈趴上去。乘风破浪，有缓有急，自己不能做主。后来议论起来，才知道这一天冲到宿鸭湖东岸，又顺风返回西岸，被一些树梢竹林挡在那里。天快黑了，我搞了些竹竿别一别，把麦秸垛尖别在当中，制成了水上“席梦思”。妈妈到这时，才算离了水面。

在这里过夜的还有两家：一是母女二人。那女青年 20 多岁，身体健壮，水性很好。可惜，当晚她妈竟死在这里，她悲痛万分。另一家父子二人。父 30 上下，身强力壮，会水。子小宝八九岁，活泼可爱。我们都一天一夜没吃东西，又饿又冷，捞个生瓜、玉米棒子啃啃，也是很难得的。

又冷又饿的一夜终于熬过去了，朦胧中听到了飞机的嗡嗡声。睡意、疲劳、冷、饿，全被赶跑了。我和小宝都分外高兴。可是，那个死了妈妈的女青年却号啕大哭。我妈陪着她一边掉泪，一边劝她，好大一阵子，她才止住哭声。第一次空投是 5 号下午。空投的食品落到水面上，得赶快去捞，否则，就沉到水底。这里虽是湖边，我钻下去还是踏不到底。

救灾的民船来了，撑船的大叔又健壮又和气。上船时，那个女青年又放声大哭起来。我妈妈劝她，她才哭着给她妈的尸体叩了头，难舍难分地离开。我们三家五口人被救到一个高冢子上。在这里见到了妹妹和两个同村的小朋友。他们也是民船救上来的。在冢子上眺望，还是波涛汹涌，无际无边，所好的是这里有救灾工作组和卫生医疗队，还有空投的食品和衣物。每当救灾船回来，妈妈总盼望着能打听到外祖父和姐姐的消息，可是又总是失望。

7 号，东海舰队的舰艇来了，高冢上欢声雷动。子弟兵扶老人、背病弱，把我们有组织地安排到船上，送到驻马店。他们却往返跑了好几趟。

到难民收容站就像回到家一样，吃穿住，样样都有。真是洪水无情人有情啊！一方有难，八方支援，共产党的恩情说不完！妈妈有了安身之处，妹妹也在身边。妈妈叫我先回遂平，打听打听爸爸的下落。火车是不通的，铁路被冲坏了，四根铁轨竟拧成麻花一般。

京广铁路遂平段

部队奉命，限期十天抢修通车。我跟着抢修的部队，沿着路基到达遂平。爸爸正忙于工作，又担心我们，吃不下，睡不好，消瘦好多。见我回来，惊异地问：“你妈哩？”我答：“在驻马店。”“还有谁？”“还有我妹妹。”他的神色才稍微好了一些。

8 月 10 日，我把妈妈和妹妹接回遂平。家人团聚，悲喜交集。外祖父和姐姐一直没有音讯……

昔日陈香劈山救母，神话传奇。
今天新宪破浪护娘，真人真事。

选自 2007 年 9 月《漯河文史资料》第十五辑

"七五·八"那场大洪水

——永远抹不去的黑色记忆

郝河庆[①]

对生于20世纪70年代以前、土生土长的漯河人来说，谈起"七五·八"那场特大洪水，每个人都能讲出不同的故事。据《中国历史大洪水》记载：1975年8月，中原腹地，暴雨如注，60多座水库溃决，洪峰咆哮而下，造成河南省29个县市、1100万人受灾，伤亡惨重；1700万亩农田被淹，其中1100万亩农田受到毁灭性的灾害，倒塌房屋596万间，冲走耕畜30.23万头、猪72万头；纵贯中国南北的京广线被冲毁102千米，中断行车18天，影响运输48天，直接经济损失近百亿元，史称"七五·八"大洪水！

时光荏苒，时间冲淡了历史的伤痕，但留存于人们心灵深处的记忆，历久弥新。今年正值"七五·八"洪灾发生40周年，我们查阅各类馆藏档案、史料，寻访那些特殊的人物、家庭、村庄，还原当年洪灾的场景，再现历史的真实。以史为鉴，以人为鉴，留住乡愁，留下记忆。我们愿用真挚情怀，呼唤人与自然和谐相处，倡导科学发展。

一、那场洪水永远抹不去的黑色记忆

2015年8月4日傍晚，市区黄山路南段沙澧河风景区沙河北岸，霓虹灯闪烁，两岸景色秀丽，河水微波荡漾，大人们边散步边聊天，孩子们叽叽喳喳地嬉闹着……眼前情景，让人如何也想象不出40年前洪灾

① 郝河庆，出生于1973年，籍贯山西长治，在漯河长大，本科学历，曾任漯河日报社新闻部主任。

发生时的画面。1975 年，同样是 8 月初，一场特大洪灾在人们热火朝天的抗旱斗争中突如其来。8 月 5 日，大雨倾盆而至，连下 4 天。整个漯河成为一片汪洋，那一年 8 月，河堤决口、农田被淹、房屋倒塌。

洪灾袭来：沙河、澧河上游 3 天下了全年的雨量

“1975 年，漯河市从进入 7 月就开始持续干旱。几乎没有降水，太阳像个大火球一样烤着大地，人们都在忙着抗旱保收。”这是郾城区大高庄 82 岁的村民高耀武的铭心记忆。据老人讲述，当年从 8 月 5 日中午开始，天空下起了雨，沉浸在久旱逢甘露的喜悦中的人们最初并没有意识到，一场巨大洪灾正悄然逼近。

据史料记载，8 月 5 日至 8 日，沙河、澧河上游广大地区，连降特大暴雨，不少地方 3 天的降雨量超过了正常年景全年的降雨量。由于这次暴雨强度大、分布广、时间集中，致使沙河、澧河洪水猛涨，出现了历史上罕见的特大洪峰。漯河市位于沙河、澧河的汇流处。由于漯河上游沙河、澧河洪峰大，所以 8 月 7 日 20 时洪峰到达漯河市，水位达 61.35 米，流量达 2940 立方米 / 秒，都接近保证水位和保证流量。

8 月 8 日上午 11 时许，当第三次洪峰到达，漯河再也无力抵抗，洪水开始疯狂肆虐。到 9 日凌晨 3 时，沙澧河两岸共决口 19 处，洪水开始流入市区。8 月 9 日下午，市区的积水达到最高点，沙澧河南北连成了一片，整个市区变成了一片汪洋，积水面积达 95%，积水最深处达 2.7 米。当时可以看见地面的只有五一路南段和老市委党校周围。市区共有 10889 间房屋在洪水中倒塌，市郊农村倒塌房屋 19176 间。8 日晚上，五里庙村的房屋基本全部塌陷了，整个村子都泡在汪洋中。孟庙镇多个村庄被夷为平地，别说自己的家，很多人连自己的村子都找不到在哪儿。

抢险救灾：党政军民齐心筑起防洪墙

大高庄附近河堤当时决口，村民高耀武对洪灾的回忆逐渐清晰起来：当时洪峰的确是历史上罕见的。面对突如其来的洪水，村里的老少爷们在政府的组织下，首先全力保证人员安全，并紧急开始抢险救灾。

据市档案馆史料记载，1975 年 8 月 6 日，原漯河市委召开抗洪紧急会议，成立抗洪抢险指挥部。抗洪救灾几乎是全民出动，8 月 6 日上午 7 时许，第一次洪峰到达漯河，4 万军民参与抗洪，漯河段河堤，平均每米就有 8 人防守，河堤两旁很快筑起了一道近一米高的墙。8 月 7 日晚，驻漯某部队三连官兵在澧河大堤发生裂缝塌方的重大险情时，连续奋战 20 小时，铲土、装包、扛土包，保住了大堤，3 名解放军战士献出了生命。

8 月 8 日，第三次洪峰到达漯河，河堤开始出现多处裂缝、塌方。8 月 9 日早上，驻马店地区板桥水库出了问题，洪水经西平境内由南向北倾泻，直逼漯河。市防汛指挥部将原来驻守在沙澧河两岸的三分之二的人调往南线护城指挥部待命。但巧妇难为无米之炊，上万人到达防线后，遍地洪水，没有土可以取来筑防。有人建议，把当时石油中转站的 1000 个大油桶运过去，将桶里装满水，当作防洪墙，这个办法，确实在一定程度上减轻了洪水带来的灾难。

八方支援：救灾物资暖人心

洪灾肆虐之时，市郊大部分农村房屋倒塌，村民流离失所，食不果腹，一些村民因为饥饿或者生病命悬一线。8 月 9 日上午 9 时许，一架银鹰由北飞往市区上空，低空绕市区飞行，空投了抗洪用的麻袋和食品，处在水深火热之中的灾民兴奋地欢呼。40 年后的 8 月 4 日，笔者来到位于市区辽河路东段的石槽赵村，今年 79 岁的村民刘振民讲述起当年收到救灾物资时的激动心情。

据史料记载，当时的洪灾引起了党中央、国务院和河南省委、省政府的高度重视。8 月 9 日、10 日先后派出多架飞机飞到漯河上空，向灾民投放大量的救灾物资。全国人大常委会副委员长乌兰夫率领中央慰问团 8 月 19 日到我市慰问，指导救灾。

刘振民说："我们这些死里逃生的人们听到了党中央的声音，不少人激动得抽泣起来。"据市档案馆资料，当时全国各兄弟县运来大量食品，不少人把省吃俭用的钱、粮票、布票等寄来。北京军区派出 40 名医疗队员连夜赶到舞阳县灾情最严重的泥河洼、北舞渡等地，为灾民防病治病。恢复生产、重建家园过程中，国家更是给予了大力支持和帮助。洪灾过后，国家及时下拨各种物资，先解决了灾民的吃饭穿衣问题，随后又盖起了排房。

以史为鉴：不让悲剧重演

“七五·八”洪水给我们的灾难是惨重的。回忆“七五·八”是为了不让人们忘记这段历史，更不能让这段历史重演。“七五·八”特大洪水为什么会给人们带来灭顶之灾？除了天灾，当时，通信系统普遍落后，电话数量少且由于天气原因线路时常中断。这些情况客观上给抗洪组织工作和防洪调度工作增加了难度。

采访中，不少人感叹，当时如果能有今天这么高水平的天气预报，也不会造成那么大的灾难。据了解，当时台风是 7 月底登陆的，离到中原腹地还有好几天时间，如果及时传播出来，人们完全可以做好迎战准备。如果当时水库溃坝后，下游群众能及时得到信息转移，或许损失也不会这么大；如果……其实，历史永远不能假设。

二、一个家庭洪水让他们学会珍惜

1975 年 8 月 8 日，对于源汇区干河陈乡姬崔村的安连成来说，是刻骨铭心的一天，连续 4 天的降雨使澧河决口，他的姥姥和六妹被洪水冲走。洪水退去，姥姥的尸体才被发现，六妹却一直没找到踪影。如今，40 年过去，回首往事，安连成的心情依然沉重，他说：“人这一辈子，健康、平安就是福。”

家园巨变

那一年，安连成 14 岁，他的家距离澧河不足 2 千米。8 月 7 日凌晨 4 点多，天微微亮，村里的广播响了：“根据上游水情报告，预计特大洪峰将在今日到达我市，最大流量将达 8000 到 10000 立方米 / 秒，西郊马夫张村到姬崔村沿岸的澧河河堤险情最大，在最短的时间内把河堤再加高一米……”

安连成虽然年仅 14 岁，但已经是家里的半个劳力，他的父亲安发顺是村支部书记，已经在河堤奋战了一个星期没有回家。“母亲说我已经长大了，也应该上河堤防洪。”正值血气方刚的年龄，母亲的一席话，让安连成精神大振，他也跟着村里的青壮劳力去了河堤。

广播里所说的澧河防洪危堤，位于漯河市区的西南郊域，距离市区三四千米。澧河由舞阳县向东蜿蜒而来。在当时的市电工器材厂和灯泡厂边缘向北拐了个 60 度的大弯，湍急的洪水直冲拐弯处的堤岸。

安连成到了河堤，只见一眼望不到头的河堤上已站满奋力抢险的人。不看不知道，一看吓一跳，他脚下的堤坝已被洪水浸刷得晃晃悠悠，踏上去就如踩在海绵上一样，堤顶有数处管涌喷水，堤外不少地方渗水严重，随时都有垮坝的可能。在河堤上守了一天后，9 日早晨不幸还是发生了，河堤先后三处决开百米宽的大口子，洪水饿狼似的直扑姬崔村，吞没了大片的村庄和田地。

“当时市区地势比较高的地方在一机部漯河仓库，那里有几栋高楼。”安连成说，洪水涌来，村里的人都开始往那里避难。跑到一机部漯河仓库时，他看到昏迷的母亲。经过一番抢救，母亲最终苏醒过来。“连成，赶快找找你姥姥和你妹妹去。”母亲说，发洪水时，家里只有母亲、姥姥和 3 岁的妹妹安小花，由于大水来得比较突然，转眼间房屋已经倒塌，他们三人无处躲避，紧抱在一起被洪水冲走。随后，一个恶浪又把她们三人打散。经过多人奋力寻找，母亲被救起，可是他的姥姥和六妹不知下落。等洪水退去后，他在现在的漯舞路上的一个水坑里发现了姥姥的尸体，而妹妹一直没有寻到。

功臣父亲

自从 8 月 6 日澧河河堤出现险情后，安连成的父亲安发顺就一直带着村民守在河堤上。“俺父亲从新中国成立后就是村里的支部书记，一直干到 1984 年才卸任。”据安连成回忆，8 月 8 日，澧河出现第三次特大洪峰，他上河堤后，看见父亲正光着脊背带头扛土包，浑身都是泥。受到父亲的鼓舞，安连成也扛起了土包。“父亲当时对守大堤的人说，我们要死守大堤，誓保漯河绝对安全。挖土有困难，就是用身子挡，也要挡住洪水不能过堤。”安连成说，在父亲的动员下，在堤上抗洪的人员都像猛虎一样，挖土的挖土，扛包的扛包，不到两个小时，河堤加高加固大约 2 米，确保了大堤的安全。

后来，安连成发现，和许多村民一样，父亲的脚被磨破了，肩膀上被划了一条条血道道，当时没有一人叫苦叫累。就在此时，有人给父亲捎信说：“家中已经进水，抓紧时间回去看看。”面对滔滔的洪水，父亲又回头看看被洪水淹没的村庄。他沉重地说：“现在洪水这么大，在党需要我、人民需要我的时候，怎么能下堤离岗？我只能舍小家顾大家，周围有兄弟大队，还有工厂企业，我应当坚守大堤抗洪。”

当河堤决口后，有人告诉安发顺，他的岳母和闺女找不到了。听后，他陷入极大的悲痛，良久才说：“我家淹死两口亲人，我非常难过，若是淹死两个社员，我会更痛心。等洪水消退后，找回她们的尸体，好好埋葬。”后来，得知村里的群众都转移到一机部漯河仓库的大楼上时，安发顺来到楼上。“村民看到父亲来了，都有许多话要说，却一时说不出口。当得知俺家淹死两口亲人时，许多人失声大哭起来。”安连成回忆说。

8 月 11 日，洪水还未完全退却，安发顺又带领村民回村，抓紧时机，尽快恢复生产，重建家园。由于安发顺的事迹特别突出、感人，在全市曾产生重大影响。因此，经中共漯河市委和市革命委员会一致研究同意，授予他一等抗洪功臣的称号，并颁发奖状和证书，号召全市人民向他学习，他也成为全市有名的抗洪功臣。“当时真有点不理解父亲，家里都遭灾了，他也不管不问，他们那一代人心里装的都是集体。”安连成说，父亲一直活到 80 岁，去世前，也曾私下里向他谈起过，“他说这辈子有点愧对俺姥姥和俺妹妹。”

平淡生活

40 年沧桑巨变，如今的姬崔村已经发生翻天覆地的变化，村容村貌焕然一新，村里家家户户都盖起了楼房。“再大的灾难，也会挺过去。相比那些在洪灾中死去的人，能活下来是最幸运的，只有坚强地活着，才是对死难者最好的告慰！不经历这场灾难的人体会不到这种感受。”安连成说，村里的房子盖得很漂亮，比“七五·八”洪水以前要好很多，这都是国家的好政策帮了忙。虽然安发顺是个抗洪功臣，但是安家人也没有“帮上他啥光”。洪灾过后，安连成去市灯泡厂上班，企业破产后，他也下岗了，做起了卖馒头的小生意。

“父亲比较正直，也不会想着利用荣誉给孩子们谋啥利益。”安连成说，“七五·八”洪水以后，在父亲的带领下，他家也开始了重建，现在他住的地方，已经不是原来的老宅子。有了新房子后，他也开始娶妻生子，后来有了女儿，现在也有了外孙，母亲跟着他住，一家四世同堂，其乐融融。

“一般我们很少给小辈人讲‘七五·八’洪水的事。”安连成说，因为“七五·八”给他留下的是灰色的、沉重的记忆，他也不想把这些记忆再留给下一代人，包括老父亲曾经是抗洪功臣这件事，他都没给女儿和女婿讲过。采访的当天，安连成的母亲生病住院了。“医生说母亲的病已经好了，可是为了稳妥起见，我想让她多观察几天。”安连成说，“生命本无常，是如此脆弱。所以，在有生之年一定要珍惜身边的人，加倍关爱父母！人这一辈子图啥？不就图个身体健康，家人平安，能和亲人在一起——这才是真正的幸福！”

三、一个村庄从废墟中坚强挺立

1975 年 8 月的那场洪水，差点把位于漯河市舞阳县莲花镇的包庄村从地图上抹掉。这场洪水给那个年代那个村庄的人带来的惨痛记忆，也是一辈子难以忘怀的。每当提起那时的洪水，村里的老人总会唏嘘不已，那场灾难差点带走他们的生命，也是他们这辈子见过的最可怕的一场灾难。

“澧河抵，沙河攘，夹河套里喝白汤”

7月24日上午，在驱车前往包庄村的路上，先翻过一座高高的堤坝，下了堤坝是一段平路。在我的印象中，有堤坝的地方一般都会有水，而这里却没有一点水，只有村民种的庄稼。当翻上第二座堤坝之后，沿该堤坝行走一段路程后看到一个下堤坝的路口，下了堤坝紧邻着该路口便有了房子，这里就是此行的目的地——包庄村。从地图上看，包庄村的南边是澧河，北边是滞洪区，而它正处于滞洪区与澧河的中间，当地人喜欢称这里为“泥河洼”。在当地老百姓之间流传着这样一句话，“澧河抵，沙河攘，夹河套里喝白汤”。据当地一位大爷解释，这是说澧河地势较洼，河槽泄洪能力较弱。

“我们这里是滞洪区，前几年每到汛期，上游一泄洪，我们这边种的庄稼地几乎都会被淹。”该村一位村民介绍，不过，昭平台水库修好之后，几乎再没泄过洪水。但当询问他关于1975年8月的那场洪水时，他表示那时候还小，没经历过那场洪水。“我听村里的老人说过一点，说我们村当时全被淹了。”同时，他还说，那两个堤坝正是用来防止滞洪区的水灌进村庄用的。

一辈子的伤痛不愿再提起

来到包庄村的一户民居里，看到有不少老者在此处闲聊，便上前询问1975年8月的那场洪水。他们不约而同地说了一句话，那场洪水是他们一辈子的伤痛，差点要了他们的命。“1975年8月5日，这一天对于这个村里的人来说，是一辈子都不会忘记的。那天下午，由于上游泄洪，位于包庄村北边的滞洪区被洪水填满。当天下午5点左右，洪水慢慢溢过该村北边的堤坝。”据村里的老人说，他们当时都在加固堤坝，但后来发现堤坝加高的速度根本没有涨水的速度快，而此时洪水也已漫过堤坝，且水流越来越大。他们当时一看这样做已经挡不住洪水了，就赶紧下堤喊村里的人去村子南侧的堤坝（南侧的堤坝比北侧的堤坝高）。得到消息后的村民，就赶紧拖家带口地向南边的堤坝进发。在当天下午

6点，防护堤决口，洪水如魔鬼一样冲进村庄，把整个村子都淹没了。“站在南边向北看，全部都是水。”今年69岁的包祥勋说。那时候村里都是水，他们只有生活在村子南边的堤坝上。一个架子车上搭一个防雨布，就算一个家了。老人、妇女、孩子都住在里面。村里人多，堤坝上的面积有限，根本躺不下。“从沙河到澧河这一片都是水，当时我们都在想，如果再涨水该咋办呢？”63岁的包海亮说。

洪灾到来的时候，正值“三伏天”，由于当时村民走得急，家里的牲口、物件几乎都没带走。经过洪水一泡，村里的牲口几乎死完了，离很远都能闻到臭气。“当时舀一碗水要先放在平地上沉淀之后才能喝，你年纪小肯定不知道，这水沉淀之后，那碗里的泥沙能有四指深。”包海亮说。

村子被淹，外面的人也进不来，吃的东西只能靠飞机进行空投。“飞机空投的大多是馍，可很多都有怪味了。”今年81岁的包镇顶说，这些吃的都是周边没有受灾村子的村民做的，由于当时交通条件限制，这些东西从做好到空投到他们手里需要一段时间，很多食物都有了馊味。但他们为了填饱肚子，也顾不得这些了。

洪水退后重建村落

水退了之后，村子里连半间能用的房子也没了。那个年代的房子还是土房，经过大水一泡，全部又归为泥土，村民们只好利用棍子和泥土搭建简易的房子住。

1976年，村子里建了三个砖窑，开始烧制红砖，村民们慢慢地开始建起了瓦房。后来村里重新进行规划，把之前不直的路也给修直了。直到1981年，经过重新分地，村民们的生活水平才慢慢恢复到洪灾之前的水平。如今，村内小楼林立，一座座现代式的房屋标志着村民们生活水平的提升，房屋之间也寻不见土路的踪影，处处铺着平坦宽阔的水泥路，道路两边笔直的路灯像标杆似的竖立着。放眼望去，主道路上的树木整整齐齐地立在道路两旁，装饰着整个村庄。经过这么多年的成长，有些树木已经能为村民遮阴了。

在村里转的时候看到，有两位老人正坐在刚刚长大的小树下对弈。“你不知道，一到下午，就有很多人聚在这里下棋、看棋，树下面比较凉快。”老人说。“现在的条件和那时候比真的是强太多。”他们指着村里的活动广场说，这个地方之前是一个大坑，现在填平以后，已经变成他们平时活动的一个好地方。记者围着村子转了一圈，想寻找当年洪灾所留下的痕迹，结果毫无所获。也许正像他们所说，那场洪水把整个村子差点从地图上抹去，但经过这么多年的建设，村子已经重新规划、重新建设，逐步走向现代化。

物质上的创伤容易弥补，但精神上的创伤却不是那么容易愈合的。村里虽然没了关于1975年8月那场洪水的痕迹，但那场洪水给村民们带来的心理创伤，至今都无法愈合。

在回程的路上无意间听到一首歌，这首歌里有句歌词是这样的：“你说被火烧过，才能出现凤凰……”从那年洪水几乎把村子毁坏殆尽，到如今现代化的村庄，包庄村不正是那涅槃的凤凰吗？虽然洪水毁坏了村庄，在那代人的心里留下了难以磨灭的痛苦，但包庄村的村民却化痛苦为力量，把包庄村建设得比以前更加美好了。

四、兴水利保沙澧伏波安澜

沙河、澧河是我省的重要防汛河道。自古以来，沙河、澧河的洪涝灾害一直威胁着中下游地区人民的生命财产安全，民谚有“决了母猪圈，水淹颍州十八县”之说。据统计，自1448年至新中国成立前夕的500年间，发生水灾的年份就有183年，其中大水年46年，平均3年一小灾，10年一大灾。新中国成立以来的66年间，发生水灾的年份就有20年。水来了，人退；水退了，人又回来。最严重的是“七五·八”大洪水，其次就是我市建省辖市以来发生的2000年“7·15”和2004年“7·17”两次大洪水。

灾难使人坚强，悲痛成为我们前行的力量。风雨过后，天空更明朗。洪灾后的漯河人民并未在伤痛中徘徊，而是用勤劳、智慧和勇气建设一个河平境宁的美丽家园。

“七五·八”后又经两次特大洪水

2000年，进入汛期以后，漯河的平均降雨量为1003毫米，较多年平均值555毫米偏多80.7%，沙澧河先后出现了“6·26”“7·4”“7·13”“7·15”四次大的洪水过程。其中，7月15日3时12分，澧河罗湾闸提出水面，全力分泄洪水，最大分洪流量1080立方米/秒，分洪历时14小时30分，加之堤防漫溢，这次洪水过程中，泥河洼累计进洪水1.61亿立方米。由于洪水来势凶猛，在罗湾以上35千米澧河堤防普遍发生漫溢的情况下，澧河何口站15日8时30分，仍出现洪峰流量3020秒立方米，超保证流量620秒立方米，洪峰水位72.37米，超保证水位1.97米，维持时间长达2小时。受以上因素影响，澧河右岸潘齐庄、左岸湾杨、小丁湾、大宋堤段共7处堤防相继决口，口子总长达574米。此次洪灾造成舞阳、郾城的部分乡村变成汪洋，受灾人口136.1万人，直接经济损失24.16亿元。

四年后的7月17日，一场暴雨引起了澧河上游主要支流干江河河水迅猛上涨。上午10时20分至12时30分，舞阳境内的澧河河堤先后出现了9处决口。咆哮的洪水像脱缰的野马，冲向堤外的村庄和良田，20多个乡镇的126个村庄顿成一片汪洋，全市受灾人口139.3万人，直接经济损失9.2亿元。

漯河人民的抗洪精神

洪水无情人有情。每一次自然灾害的发生，都是一场人间温情的大展演。不论是“七五·八”大洪水，还是2000年的“7·15”、2004年的“7·17”，面对这些特大洪涝灾害，全市上下万众一心，共同铸成了一道钢铁长城，与洪魔展开了一场场殊死搏斗。各级领导干部靠前指挥，科学决策，全市干部职工群众共同参与抗洪抢险，用汗水和忠诚筑起一道道防洪堤坝，谱写了一曲曲抗洪救灾的英雄赞歌，展现了沙澧儿女的时代精神。

据漯河文史资料第八辑中记载，在“七五·八”特大洪水的抗洪抢险中，涌现出了21个先进集体，先进个人44人，他们之中有和群众同甘苦、共命运的干部代表；有“一不怕苦，二不怕死”，哪里有困难就向哪里冲的群众代表；更有出生入死、英勇战斗的驻漯部队和人民武装部的代表。

2000年“7·15”抗洪抢险中，全市人民表现出气吞山河的英雄气概，创造了无数可歌可泣的感人事迹，涌现一大批先进集体和先进个人，当年市委、市政府决定，对5个单位记集体二等功，对29名同志记二等功，还有30个单位被记集体三等功，39名同志被记个人三等功。而在2004年“7·17”抗洪抢险中，更是涌现出129个先进集体，14名同志被记二等功，64名同志被记三等功。

“每一次洪水来临，都是‘一方有难八方支援’，‘七五·八’发洪水时，我记得老窝镇的家家户户都连夜烙馍往龙城镇送，因为两个镇群众关系友好。”召陵区老窝镇仟刘村的村民们说。

“七五·八”发洪水后，全国人民都来支援漯河，据文字记载有：四川支援漯河17匹马；大同支援土豆、包菜40万斤；焦作支援漯河两汽车碗、四汽车咸菜，煤3000吨；博爱县支援漯河锅200口……“2004年那场洪水，全市共计接收社会各界捐赠款物474万元，不少群众都自发跑来要求给灾区捐款捐物。”市民政局有关负责人说。

这些感人的细节，更加凸显人们在面对灾难时的团结精神。这些洪灾已过去多年，“七五·八”大洪水甚至过去了40年，然而在抗洪抢险过程中，沙澧儿女表现出的抗洪精神却在发扬光大，熠熠生辉，演变成了一笔宝贵的精神财富，永载史册。这种精神是种正能量，它可以鼓舞人的士气，催人奋进，可以攻克自然灾害，消除一切困难。

时刻紧绷防汛安全这根弦

四十载春秋，旧貌换新颜。昨日洪流浊浪，今朝绿水平静流淌，灾难压不垮漯河人民的脊梁。每一次洪灾，对漯河这座城市来说，既是一次警醒，又是一次凤凰涅槃的机会。前事不忘，后事之师。“七五·八”洪水过后的那年冬季至1976年，漯河开始对河堤决口处进行培修加固，沙澧河进行全线大培堤，水毁井、站等工程进行逐年恢复。也就是从那时起，泥河洼滞洪区的建设开始提上日程，当时由许昌地区成立泥河洼修复工程指挥所，动员5县（郾陵、许昌、临颍、郾城、舞阳）民工2.5万人，对蓄洪大堤、村庄围堤、马湾至三丁道路整修等。2000年、2004年，两次发洪水后，我市分别对澧河和沙河进行修复工程；2004年又开始了泥河洼安全建设工程。2004年大水后，通过各方努力，市区段澧河治理工程正式列入2005年国家第四批江河治理项目中央预算内专项资金投资计划，主要建设内容是按50年一遇防洪、二级堤标准加宽加高左右岸堤防。另外，随着经济社会的发展，沙河、澧河、颍河上游陆续又建成了昭平台、白龟山、孤石滩、白沙、燕山等水库，同时，北汝河上游的前坪水库从今年开始也在建设中，这些大型工程可以有效地控制沙河、澧河、颍河及北汝河洪水。

凡事预则立，不预则废，抗灾尤其如此。从政府层面，防大汛、抗大洪、抢大险、救大灾这根弦一直在紧绷着，各级重视、准备充分、科学应对，每年汛期前都要开展一次“徒步拉网式”河道排查，做好物资储备，市财政每年都安排专项资金，对国储物资进行补充，一条“测、报、防、抗、救、援”防灾减灾体系链正在构成。“我市地理位置特殊，防汛责任重大，承担着保京广铁路、京珠高速、107国道安全畅通，保漯河城区安全，保漯河以下沙河南堤不决口的‘三保’防汛任务。”市水利局有关负责人说，我市每年都面临着严峻的防汛形势，沙河、澧河上游是我省的暴雨中心，汛期降雨强度大，对我市防汛构成很大威胁。河道防洪标准还不够高，沙河防洪标准仅为10年至20年一遇；澧河原防洪标准只有5年一遇，2008年燕山水库建成之后，防洪标准才提高到20年一遇，如果超20年一遇的洪水，对我市防洪威胁依然很大；颍河防洪标准仅10年一遇，很难抵御大的洪水。另外，随着城市的发展，我市城市防洪基础设施薄弱，排涝能力不足的劣势显现出来，没有达到国家要求的50年一遇的防洪标准，加之我市的沙北郾城城区和沙澧河夹河套源汇城区均处在行洪区内，如遇超标准洪水，将直接淹没城区，造成重大损失。居安思危，盛世鸦鸣，面对防汛这样“天大的事”，仍要慎言“高枕无忧”。

五、一本书第一视角记录洪灾历史

1975年，李工32岁，当时在漯河工作的他亲历了“七五·八”洪灾。作为抗洪突击队员的李工在参与救援时，目睹了洪水的肆虐和生命的无常。也是在这场灾难中，他的母亲被洪水冲走遇难，这苦难的记忆一直萦绕在他后来几十年的生活中。为了缅怀母亲和无数的死难者，为了给历史留下一段真实的记录，李工在退休后，用十几年的时间走访、调查，搜集了关于“七五·八”洪灾的大量资料，写出了《让灵魂跟上来——“七五·八”河南洪灾四十周年祭》一书。讲述了灾难发生时，他的经历和感受。

洪灾突如其来他加入救援队

据李工介绍，1975年，他在市区京广铁路以东的国营仪表厂上班，住在沙河南岸的一间茅草小屋里。8月5日下午，天气预报说当晚会有暴雨。李工的爱人秦凤玲当时在一个罐头厂上班，当晚刚好值夜班。李工说：“晚上10点左右，大雨倾盆而至，俺家的房屋开始漏雨，屋里滴答不止，屋外电闪雷鸣。深夜12点了，凤玲还没到家，我披上雨衣冲出去接她。走到东大街时，见到了凤玲，当时东大街的水已经齐腰深了。”见面后，秦凤玲跟他说的第一句话就是“我的亲娘啊，这一路快把我吓死了，整个漯河，一眼看不到边，到处都是水，都能撑船了。”8月6日，大雨还在继续。李工到厂里后，得知他被分到了抗洪突击队，担任白班值班组组长。接下来三天，他都在河堤边挖土、装袋，然后连扛带抱地弄到河堤上。8月8日6时许，李工醒来后就直奔河堤。中午12点左右，正在河堤边奋战的李工接到厂里的通知，让他立刻回厂。只是当时，他还不知道等待他的是一个巨大的悲剧。

徒步4小时返乡得知母亲被冲走

李工说：“我到厂门口时，厂革委会主任跟我说，俺老家舞阳发大水了，淹了好多村庄，冲走了很多人，让我赶紧回去看看。”他急忙赶到汽车站打算坐车回家，但车站“各路班车一律停运”的横幅让他很绝望，他当即决定走路回家。走到姬崔村时才发现，洪水淹没了漯舞公路，水深到腰部以上，很多人都滞留在了那里。无奈，李工只好返回。8月9日一大早，李工再次走到漯舞公路时，面前仍然是一片汪洋。而且听说舞阳工区的石漫滩水库已经垮塌，他急得想哭。李工焦虑地等到中午11点左右，附近村子的老乡扛来一捆粗麻绳，大家一起把麻绳系在公路旁的树干上，然后扶着麻绳蹚过没腰深的水，各自奔向家的方向。从漯河市区到舞阳县城，李工走了4个多小时。当时他父亲在舞阳县人民医院工作，他先到医院去找父亲，没想到见父亲后听到的消息却是老家李仙庄村发了大水，母亲被洪水冲走了。李工立即往家赶，到家后才知道，母亲已经在洪水中遇难。大哥告诉他，8月7日晚上的狂风暴雨，把他们住的茅草屋掀倒，母亲被巨浪冲走，后来在村庄北头的断墙内找到时已经遇难。

为缅怀母亲他决定写书记录历史

李工说：“1975年8月11日，我从老家到舞阳县城见到父亲后，他红着眼圈给我两盒烟，并对我说，‘你娘一辈子好吸烟，因为这我没少打她。给，我专门给她买了两盒烟，你给她捎回去，放到她跟前，让她吸……’”当时父亲的举动让他决定以一个亲历者的身份，详细记录“七五·八”洪灾，把它写成一本书，让他的后代也能了解家族的历史，了解“七五·八”这场灾难。李工说，父亲生前坚持要和母亲葬在一起。所以，1991年父亲去世后，未能火化，就不能享受医院以组织名义为他办丧事的待遇。自1975年8月2日早上分手，15年后父亲和母亲终于又在一起了。这也让他更加坚定了写书记录洪灾的信念。李工说：“作为亲历水灾的生还者，作为一个被洪灾夺去母亲生命的儿子，母亲突然离世，没有给我交代一句话，没有见到她最后一面，成了我一生的心痛和遗憾。苦难的记忆一直萦绕在我后来几十年的生活中，成为我生命的一部分。调查和写作，既是为了缅怀我亲爱的母亲和无数的死难者，更是希望为历史留下一段真实的记录，并希望类似的悲剧永远不再发生！”

经12年调查走访今年1月书籍出版

“七五·八”洪灾后，李工就有了写书的想法，但真正着手写，是从2002年他退休以后。为了写成这本书，十几年来李工在驻马店、许昌、郑州、北京等地奔走，搜集资料，采访洪灾见证者。舞阳全县390多个自然村，包括后来区划调整到舞钢的190个自然村，都留下了李工的脚印。他的采访对象有90多岁的老人，也有洪灾发生时才12岁的孩子。也曾两次采访洪灾亲历者、《人生故事八十年》一书的作者；还曾20多次回到老家李仙庄村，采访亲历者。在一次回老家李仙庄村和乡亲们座谈时，有人建议李工，如果想深入了解“七五·八”洪灾，一定要想法采访到武国定。随后，李工在网上查了一下，原来在乡亲们心中很有威望的武国定是驻马店市的市长。后来，在去驻马店市档案局查资料时，他写了一页采访武市长的申请资料，交给了驻马店市政府。之后，他接到驻马店市水务局副局长的电话，对方说武市长愿意接受他的采访。李工说：“申请递交后，我并没有抱太大希望，一市之长工作多繁忙啊，站在他的角度想一想，的确无暇顾及我这个小老百姓这种奇怪的诉求。但是，没想到他会亲自接受我的采访，还向我介绍了很多治理水患的经验。”

用了12年的时间，采访了上百人，并把采访内容简单地整理出来后，李工于2014年着手写《让灵魂跟上来——“七五·八”河南洪灾四十周年祭》一书，用了半年多的时间完成了手稿。为了出版的相关事宜，已经70多岁的李工在漯河和北京之间奔走10余次。终于，这本书在今年1月正式出版。老伴秦凤玲心疼地说：“自从退休后，为了出这本书，他天天跑这儿跑那儿，光郑州、北京都不知道去了多少次，有时候还在那一住好几天，他的退休工资全都搭到这本书上了。钱不算啥，家里人都挺支持他的，关键是年龄大了，这么折腾怕他身体受不了。还好现在书终于出版了，他也能好好休息休息了。”

选自2015年12月《漯河文史资料》第二十二辑

洪水过后的磷肥厂

孙留柱口述　邢海红整理

我们漯河磷肥厂是受“七五·八”洪水灾害最严重的工厂之一，也是中央慰问团团长乌兰夫副委员长亲自视察慰问的唯一企业。

洪水期间，全厂积水1米多深，积水最深处3米多，遍地是淤泥，机器设备和各种原料损坏比较严重，能不能尽快恢复生产，是我们面临的一个考验。厂党委一班人认真分析了形势，认为麦播期将临，我省的长葛、鄢陵、襄县、临颍、舞阳、淮阳、叶县等20多个县市和外省的供货生产急需磷肥。生产往后拖一天，不仅是我们的一天损失，也会造成大面积农业生产的严重损失。因此厂党委研究决定在洪水尚未完全消退的情况下，立即抢修设备，尽早恢复生产。8月12日，全厂召开了恢复生产誓师大会，会后，厂级领导分工包车间、工段，管理人员走出办公室服务到班组，工人干活不论点，不分上下班，自带干粮，昼夜奋战，饿了就啃干馍，喝开水，加班加点，从领导到职工听不到一声怨言。当时的情景十分感人。人人都以抗洪的精神要求自己，全厂通力合作，争分夺秒，有的抢修机器设备，有的抢修线路，有的清理场地淤泥，有的清理原材料，都在为尽快恢复生产，争分夺秒献计出力。

8月19日，中央慰问团到厂慰问视察之后，我们借这个东风，进一步召开动员大会，为感谢毛主席、党中央对我们工人阶级的亲切关怀，全厂上下又掀起表决心，比干劲的热潮，许多人自觉到毛主席像前宣誓：“宁可瘦掉十斤肉，也要保证厂区提前五天开炉恢复生产。”

经过10多天的日夜奋战，抢修各种机器设备733台（件），找回磷肥包装袋4万多个。同时也涌现出许多动人的先进事迹。老工人徐树立，身患胃病和关节炎，一只胳膊不能动，他用另一只手搬拿，用肩扛，坚持不下战场。共产党员王启明，家里遭水灾，爱人有病，父亲没下落。他从抗洪斗争到恢复生产，没有请过一天假，没有缺过一次勤，在清理灰尘仓时，淤泥最厚的出尘仓，他第一个钻进去。在他的带动下，其他4人也干劲倍增，结果，三天的任务，一天完成了。共产党员马得草，在抢修提升机战斗中，池内有2米多深的淤泥，他带领7名工人不怕苦，不怕累，结果5天的任务提前3天完成了。干磨车间的工人、干部为早日修好机器，恢复生产，奋不顾身，日夜苦干，把原定12天的抢修任务，提前5天完成。

由于全厂700多名干部职工团结一心，奋力苦干，在8月25日晚11点恢复了生产，与原定月底恢复生产的目标提前5天实现，得到漯河市委的表扬，荣立集体二等功。

选自1999年6月《漯河文史资料》第八辑

舞阳的“7·17”抗洪救灾纪实

范子文

2004年7月17日，舞阳县由于澧河干流及上游主要支流地区普降特大暴雨，一场浩浩荡荡的洪水像怪兽一样咆哮着扑向广袤而肥沃的田野和安宁而康阜的村庄。河堤决口处，大树被连根拔起，顺水而去；村庄、房屋、桥涵一扫而光，澧河两岸一片汪洋，造成了“7·17”特大洪水灾害。

在党的领导关心支持下，舞阳人齐心协力，鏖战洪魔；一方有难，八方支援；钢铁战士，奋勇当先；堵口复堤，生产自救，终于取得了抗洪斗争的胜利，谱写了一曲壮丽的惊天动地的凯歌。舞阳人民波澜壮阔的抗洪气势和英勇拼搏的战斗精神，应以辉煌的一页彪炳史册。

洪灾突降百姓遭殃

17日凌晨，澧河上游官寨水文站出现第一次洪峰，流量达每秒2740立方米，接着，最高流量达到每秒5350立方米，远远超出澧河每秒1900立方米的最大承载能力。

澧河罗湾闸（莲花镇西南）15个闸门于17日14时10分全部开启泄洪；部分地段10万军民在大堤上一夜没睡，争分夺秒地垒埝、加固、培高，但灾难还是降临了。12时30分，澧河先后出现9处决口，汹涌的洪水冲向堤外的村庄和良田，计有8个乡（镇）（保和乡、文峰乡、孟寨镇、姜店乡、马村乡、九街乡、莲花镇、北舞渡镇）101个村庄被洪水袭击。全县受灾人口40万，成灾34万,万顷良田被淹没，交通、电力通信等基础设施遭破坏。造成直接经济损失12亿元。

被洪水围困的群众爬到树上，站到房顶上，躲到河堤上，但不断上涨的洪水，使他们随时都有生命的危险；被水浸泡的粮食、家具和牲畜，随波逐流。灾区人民的生命财产处于最危急的关头。

舞阳县文峰乡大汗李村村民从漫溢的道路上通过
（新华社发）

众志成城鏖战洪魔

洪灾发生后，舞阳县乡干部按照漯河市防汛指挥部的统一部署，全部到岗到位，日夜坚守在澧河堤岸上。哪里有险情，他们就奔赴哪里；哪里群众需要，他们就出现在哪里。他们既当指挥员，又当战斗员，上下联动，协同作战，铸成了一股万众一心、众志成城、共抗洪魔的巨大力量。县直单位126支党员抗洪抢险突击队在分包地段和群众一起加固堤防，严防死守。

7月16日夜10时，莲花镇党委接到县防汛指挥部的紧急通知后，迅速组织机关党员干部分赴各村，逐户叫醒群众，动员撤离。到凌晨4时，罗湾闸开启前，群众全部转移到安全地带。

7月17日凌晨，澧河小丁湾堤段洪水漫溢，情况十分危急。县信用联社11名党员组成的突击队，冒着被洪水卷走的危险，或扛或背，把20多公斤重的土包，一袋袋垒在大堤上。手脚磨破了，没人叫一声疼；又困又饿，没人说一声苦。经过10多个小时的战斗，终于保住了大堤。

孟寨段澧河大堤有两处决口，11个村被洪水围困。镇党委抽调机关干部群众组成19支党员抢险突击队，25支青年农民抢险预备队，昼夜查险护堤，转移粮食，安置灾民，排水除涝，消毒防疫。

马村乡乔庄村，地处澧河支流骂子河北岸。村党支部书记乔进栓带领干群连续4个昼夜坚守河堤，查看险情，而自己家中的粮食却被洪水全部冲走了。

县水利局调运了8万条编织袋，筹集了3000余根木桩，两吨多铁丝，保证抢险物资的及时供应；县电力公司全力组织电力抢险，保证了供电的安全可靠；县气象局密切关注天气变化，为领导正确决策提供依据。县法院、县检察院、县公安局等部门，一手抓抗洪抢险，一手抓治安防范，有力地保证了全县大局稳定。

钢铁战士奋勇当先

在抗洪抢险斗争中，人民解放军、武警官兵和民兵预备役部队起到了中流砥柱作用。

7月17日凌晨1时至18日17时，驻漯武警部队、消防部队、民兵应急分队出动官兵3000多人、汽车百余辆、冲锋舟30多艘，赶赴灾区抗洪抢险。

7月17日5时20分，市防汛抗旱指挥部向漯河军分区正式下达民兵应急机动抢险分队开进舞阳的命令。7时20分，民兵机动抢险分队640人、预备役通信团60人和漯河市武警支队、消防支队100人于同一时间，赶赴舞阳澧河漫溢最严重地段。同时紧急动员澧河沿岸乡镇民兵预备役人员8000余人上岸护堤。上午7时，2500名部队官兵参加抗洪抢险。11时，某集团军官兵850人、车辆40台，到达舞阳县增援。13时，驻新乡某部1040人、车辆59台、冲锋舟59艘到达舞阳县境。至18日17时，共加固堤防15000平方米，抢修堤岸23400立方米，并向被围困群众运送了各类生活用品。

济南军区接到我市抗洪抢险的报告后，立即指示驻豫部队全力以赴投入抗洪战斗。省军区副司令员尚书国少将赶到舞阳，一下车就直奔舞阳防汛指挥部，亲临抗洪现场，指挥抢险救灾工作。

解放军驻信阳某部、驻襄县某部、驻新乡某部等近3000名官兵和武警河南总队 175 名官兵迅速到达舞阳灾区。

7 月 17 日 8 时 10 分，素有“铁军”之称的驻漯某集团军炮兵团奉命到澧河舞阳段抗洪抢险。在圆满完成多处抗洪抢险任务后，7 月 20 日上午又到文峰乡澧河决堤的张集段参加围堰加固攻坚战。战士们肩扛二三十公斤重的沙袋在泥水中疾步前行，跌倒了爬起来，不叫苦，不叫累，直到下午 3 时 30 分，一道 5 米高、6 米宽、70 米长的围堰终于出现在人们面前。

7 月 17 日下午 6 时 30 分，武警河南总队 170 多名官兵，带着 20 艘冲锋舟，奉命支援舞阳灾区。晚上 8 时，将被洪水围困的 30 多名马村干部、群众全部转移至安全地带。

7 月 18 日、19 日，官兵们发扬连续作战精神，先后出动冲锋舟 56 次，往来于各村之间，将马村、孟寨、九街三个乡镇的群众 376 人，转移到安全地带；将 3 吨左右的食品、药品、饮用水送到受灾严重的九街乡 15 个村灾民手里。

来自合肥炮兵学院的 30 多名军校学员，奋战在抗洪第一线。他们以自己的实际行动，写了一份合格的答卷。驻豫某炮兵团在洪水面前经过 5 天 5 夜的奋战，共转移被围困群众 318 人，帮助安置灾区群众 600 余户、300 多人，抢救粮食 500 多吨，转移家畜 270 多头、家具 1.2 万件、电器 1500 件，填堵决口 16 处，挽回经济损失数千万元。

子弟兵头顶烈日、脚踩泥泞，在抢险救灾的第一线摸爬滚打，受到当地人民群众的高度赞扬。

深切关怀巨大鼓舞

洪灾牵动着党中央、国务院和省、市领导的心。

“7·17”洪灾发生后，国家主席胡锦涛很快就对抗洪救灾工作作出明确批示。18 日受党中央、国务院委托，国家民政部杨衍银副部长专程赶到灾区查看灾情、慰问灾民。与此同时，省长李成玉、省委副书记王全书、副省长刘新民也同时抵漯，先后到受灾最严重的舞阳县莲花镇泥河洼滞洪区和九街乡大杨村、文峰乡张集村澧河决口处查看灾情。在罗湾水闸，杨衍银、李成玉详细了解了17日凌晨澧河在紧急情况下分洪的具体情况，并亲切慰问了在附近抗洪救灾的解放军和武警官兵。

7月20日上午，大雨如注。省委书记李克强来到舞阳文峰乡张集村澧河决口处，代表省委省政府和全省人民向为保护人民群众生命财产安全而忘我奋战的全体解放军和武警官兵深深致谢。之后，李克强一行又乘冲锋舟来到灾情严重的九街乡宣庄大杨村详细查看灾情和灾民的生活情况。

8月5日，国务院副总理、国家防汛抗旱总指挥部总指挥回良玉率民政部、财政部、水利部等部门领导亲临舞阳灾区查看灾情，慰问灾民，听取漯河市领导生产自救的汇报，并和他们一起研究根治水患的办法。国务院副总理的到来，给灾区人民以巨大的鼓舞。所到之处，受到灾区群众的热烈欢迎。

舞阳灾情发生后，市委书记和市长等不分昼夜地与上级领导一起深入重灾区查看灾情、慰问群众。市防汛指挥部总指挥市长靳克文从17日凌晨就一直坐镇指挥，密切关注着洪水的变化，不时向省防汛指挥部汇报汛情。

情系灾民奉献爱心

洪水无情人有情，一方有难，八方支援。舞阳县抗洪救灾斗争，得到了党中央和省、市各级领导的广泛关注，得到了漯河市各机关、各单位各部门及社会各界的大力支持和无私援助。

“7·17”洪灾后，漯河市召开了紧急会议，动员干部群众向灾区捐款捐物。副市长崔新芳带领市直部门领导将5000公斤大米，500公斤生鲜肉，3000公斤冬瓜、茄子、辣椒，100公斤生姜等，送到舞阳灾区。

7月19日，漯河市又将5000箱矿泉水、2000箱湿面、3000箱火腿肠和400箱方便面送至舞阳灾区。

这一天，漯河市迅速组织起42支救灾队进驻42个被洪水围困的村庄，帮助群众搞好生产自救工作，及时解决好群众生产生活中各种实际问题，确保群众有饭吃、有水喝、有衣穿、有地方住，有病能及时治疗。

还是这一天，南街村为灾区人民送来4500箱方便面及大批饮料、鲜吃面、火腿肠等。

7月27日，双汇集团董事长万隆，为灾区捐赠人民币50万元，并以双汇集团名义给灾区送来300件火腿肠、1000公斤冷鲜肉。

源汇区四大班子，带着700箱方便面、400箱饼干、100箱火腿肠来到舞阳灾区，慰问灾区人民和抗洪抢险的解放军战士。还送来3000公斤面粉、5000公斤土豆、4500公斤冬瓜。

最使人感动的是四面八方的无私援助：

7月17日，沙颍河工程管理局抢险机动队，赶赴舞阳灾区救援。投入对讲机42部、车载台3部、自动中转台2部，无线电系统3套，为抗洪抢险救灾提供了可靠的通信保障。

7月18日，省水利设计院7名水利专家抵达漯河，研究堵口复堤方案。经核实，这次洪水使澧河堤9处决口，总长580多米。

20日下午，郑州市委副书记赵建才代表郑州市委、市政府和郑州人民，专程到文峰乡张集村澧河决口处，向受灾群众捐赠慰问金100万元和方便面、蔬菜等生活用品6卡车。

21日上午，北京林源和环保技术有限公司，将价值24320元的500公斤快速净水粉和2160瓶消毒片送到舞阳灾区。

截至7月28日，市委、市政府累计接到社会各界和友好人士捐款人民币182.7万元，捐赠的方便面32711箱、纯净水41531件、火腿肠9338件等物品，折合人民币计278万元。

灾后的舞阳县委、县政府抽调县直单位500名党员干部组成101支工作队，入驻受灾严重的行政村，帮助群众开展生产自救，重建美好家园。我们相信，通过抗洪救灾形成的以“团结向上、不畏艰险、战胜困难、勇于胜利”为中心内容的抗洪精神，一定会成为舞阳县人民宝贵的精神财富，并在灾后发展舞阳县经济提前全面实现小康目标的工作中，起到巨大的鼓舞作用。

选自2006年7月《漯河文史资料》第十四辑

“七五·八”特大洪灾的儿时记忆

——我终生难忘的灾民生活

冯建堂[①]

1975年8月8日，河南中部的驻马店、漯河等地持续强降雨，导致十多座修建于“大跃进”年代的大中型水库溃坝。库水雨水自西向东由高到低顺势一泻而下，肆无忌惮冲毁无数房屋。京广铁路漯河至确山间部分区段路基被洪水掏空，钢轨扭曲变形，几十吨重的铁路货车倾覆甚至顺水漂流。

生于1962年11月的本人，“七五·八”洪灾时尚未及束发之年，但对这场危及生命之灾记忆犹新。大学同学郭贵春曾赠我一本他执笔的驻马店特大洪灾史书。此书页码虽薄，内含史实却厚。常常伫立于水流平缓的沙澧河岸边，不由自主会忆起阴雨笼罩、波涛汹涌的1975年8月。

那时，我家蜗居在漯河铁路工房。一排居住着十一二户铁路各个单位的职工家属。狭窄的筒子房结构，每户不足30平方米，挤住着少则四五口，多则七八口人。久之，几乎每家都在这排房的南端，相继接续了大小不一高低错落或旧砖或土坯砌就的简易平房。我家的土坯房，顶覆油毡，间或有几块砖头半截旧瓦呈南北方向顺溜压顶，以防夏秋季节大风刮揭露顶，重奏杜甫的“茅屋为秋风所破歌”。

1975年8月初，连日瓢泼大雨，犹如女娲未补造成天漏一般。整个小城本就不完备的泄洪明沟，早已壅塞不畅。大街小巷，齐腰深的雨水裹挟着字迹模糊的大字报碎片、树叶枝杈、粪便垃圾漂浮旋转。8日，地处沙澧河上游的平顶山，特别是驻马店境内的十多座大中小水库漫溢

① 冯建堂，漯河市人，生于1962年，毕业于郑州大学中文系，就职于郑州铁路局。

溃坝。滔滔洪水如脱缰野马，自西向东由高到低呼啸而下。“文革”尚未结束时的城乡百姓，几乎毫无准备毫无组织毫无抵抗之力地被这兜头倾覆而来的洪水，冲击得七零八落，四处狼藉！

原以为横亘在城市中央的京广铁路，会因其高出地面数米的石渣路基，能阻挡住西边的洪水东袭。岂知此乃痴心妄想，洪水犹如猛兽，瞬间突破了人民路铁路桥涵口堆砌的沙袋防线，眨眼间就漫涌而来。不言而喻，本就简陋的我家房屋，亦被这肆虐的洪水冲塌。携带泥浆的洪水，把我最爱的一小木箱连环画小人图书，浸泡成了泥纸团。院内随处可见从一拃到尺许长的鱼儿，刚开始还有大人用竹篮左一划拉右一划拉地捞鱼。距我家西边平行 20 米远的铁路单身职工宿舍中，几个老家在西平遂平农村的铁路职工，憋不住流淌着男儿之泪，或号啕或抽泣着拄起平日撑蚊帐的竹竿，左右探着积水下的路，深一脚浅一脚地沿京广铁路南行，意欲回老家寻救家人。母亲抱着我那时年仅 1 岁的小弟建军，呼唤拉扯着或垂髫或始龀之年的我们姊妹四人，在齐腰深的湍急逆流中，亦步亦趋，趔趔趄趄，艰难跋涉，内心弥漫着无边无际的恐惧与无助无望感，慌里慌张逃往地势稍高的车站站台避难。

在车站避难的日子，可谓度日如年。吃的喝的极度匮乏，瓢泼大雨昼夜不停，犹如雪上加霜。拥挤的难民嘈嘈杂杂，老人妇孺找不到一点干燥干净之地歇息。站立、蹲下；蹲下、站立……只能如此反复，周而复始，无望的人们烦躁不安，神态疲惫，目光呆滞。此时，一点点有关吃喝的救灾传言，都会引起站台上如蚁般灾民们的骚动不安。

终于，雨水短暂停歇了。不知高低无所畏惧的我，赤脚沿着铁轨，踩着枕木，北行至沙河铁路桥头，穿梭于大人中间，透过人缝隙，木然呆看着咆哮东奔的河水。铁路桥头已用草编麻编的沙袋，垛起了比河堤还高的挡墙。放眼望去，二三百米宽的河面，黄黑浑浊的洪水漩涡套漩涡，翻滚着裹挟着上游冲下的硕大木房梁、牛马牲畜尸体，横冲直撞，轰鸣而下。断断续续听得大人们议论，为了保护这座由比利时人修建、1904 年通车的卢（沟桥）汉（口）（后称为京广）铁路大桥不被洪水冲垮，考虑准备调动解放军工兵，在市区下游沙河由南向北的拐弯处母猪圈，埋设炸药，炸堤泄洪！

饥肠辘辘的我，闻听此言，如雷轰顶，急于把这个令人刺激的消息告诉父母。遂踏着泥泞的铁路边道，喘着粗气跑回车站寻找父母姐弟们。大老远，猛看得停在车站东侧的几辆货车四周，拥挤着饥饿的人群在哄抢原本洪水到来前运往外地的西瓜。饥饿感驱使着一群年幼的孩童们，不顾一切，亦扑拥着抢食碎落在股道边的西瓜皮充饥！

漯河以东直至周口甚而远达安徽，地形虽呈西高东低，然总体地势平坦，缺乏有序的泄洪网络渠道，洪水滞留的时日自然日久。渴了喝雨水，饿了苦熬。焦躁不安的灾民们，先是隐约听到空中传来轰鸣声，继而看到了直升机盘旋而至。再瞧，那超低空飞行中的直升机驾驶员都能看到。不久，市区最大的空地南广场（体育场），迎来了直升机空投的救灾食品。在那个米面油糖酱醋茶，甚至火柴都需凭票按人头等级定量供应的年代，洪水中的灾民们盼来的果腹食品主要是馒头烙馍之类。事后得知，灾区以外的郑州等地居民，被动员到户为驻马店漯河灾区赶蒸馒头。

置身于洪水包围中的车站，犹如孤岛，度日如年分秒难挨。好不容易苦挨到洪水泄去，听说还是炸堤所致。记不清多少天了，父母在洪水过后的泥泞家门口，用树枝竹竿支撑起不足 10 平方米的架子，将四处散落的大小不一形状各异的沥青油毡捡拾起，错落叠压，建成了我们全家栖身的“家”——我们亲切地称之为窝棚。夜里忽再降雨，梦中又被湿透全身。此时已过立秋，风吹雨打，丝丝寒意。方才 1 岁的小弟啼号不止，伴随着频频秋风阵阵雨声，更让人心焦得整夜难眠！如是，我们父母姊妹们苦苦蹲在破木板临时架起的湿床上，熬到天亮……

20 余年后的一个秋日，我曾徜徉在成都杜甫草堂，几经今人巨资修葺的唐代诗圣的故居，无声地为熙攘而至的游客们解读着千余年前秋风秋雨愁煞人的怜民诗篇……下意识地，我的思绪又穿越回了中原大地的 1975 年 8 月……

洪水退却不久，居委会挨家摊派刚从车站孤岛回家的我们这些灾民，给西平遂平的灾民捐做干粮食物，并且规定了上交食物的时间数量！饥肠辘辘的我们姊妹几个，围于母亲在院内湿地上架支的铁鏊子旁，凝视着同样腹空无食的母亲蹲在泥泞的地上，一手抱着小弟，一手把潮湿的树枝塞入用碎砖块垫起的简易炉灶内，在辛辣刺眼流泪不止的浓烟中，咳嗽着为西平遂平的灾民们烙馍……当时我们饿馋得直咽口水，目不转睛地盯着那几叠必须如数上交给居委会的散发着焦香的烙馍……

此乃我终生难忘的灾民生活！

“七五·八”洪灾十年后，大学毕业参加工作间，我结识的原籍遂平县、毕业于复旦大学、工作在郑州铁路中级人民法院的张某，其母亲即葬身于这场滔天洪水。灾后，她随其父移居到了巩县。每念及母亲，忆起 1975 年 8 月的夺命洪水，她都情不自禁两眼泛红，言语凝重，面露悲伤……

选自 2015 年 12 月《漯河文史资料》第二十二辑

英勇善战的抗洪抢险突击队

邢富功

1975 年 8 月 5 日至 8 日，漯河市区连降暴雨，积水成灾；沙、澧河上游连降大暴雨，河水暴涨，成为水患。漯河人民为了抗击洪水灾害，从 8 月 6 日起，日夜奋战在沙、澧河的大堤上。

驻漯 34112 部队三连，在抗洪抢险斗争中，与漯河人民并肩战斗，成为一支英勇善战的抗洪抢险突击队。

8 月 7 日晚，在连长程学珍、指导员王士章的带领下，三连官兵奉命投入抗洪抢险战斗。他们不分昼夜，顶风冒雨，哪里有险情，就往哪里冲，战激流，斗恶浪，并在大桥头、医院后和小北门连战了三个险工堤段。险情先后排除之后，连长程学珍命令官兵们抓紧时间进行小休整，准备吃饭。恰在这时，二中后澧河大堤发生重大险情，河堤裂缝塌方，险情十分危急，必须马上排除。我急忙向防汛指挥部告急。防汛指挥部即命令 34112 部队三连，跑步赶到现场。三连官兵已经连续奋战 20 多个小时，既未吃饭，连口开水也未顾得上喝，官兵们都很疲劳。但是，摆在官兵面前的是：第二个大洪峰又将逼近漯河，洪水开始漫溢。河堤上一道道裂缝正在加深伸长，最长的裂缝 10 多米，河堤里坡还有一处 20 多米长的塌方。大雨仍在下，尤其西北风吹着洪水，冲刷拍打着裂缝和塌方的河堤，眼看一块块泥土被冲掉，被洪水卷走，时刻都有破堤决口的危险。若从此处决口，必将平洗漯河市区。

形势这样严重，时间又是这样紧迫、危急，面对这凶恶的洪水，官兵们早已忘记了饥饿，忘掉了疲劳，只听一声声怒吼：“连长下命令吧！我们不饥、不累！”战士们心急似火。指导员王士章作抗洪抢险的紧急动员，并坚定地说：“大堤出现了险情，洪水还在猛涨，我们必须做到人在大堤在，坚决守住大堤不决口！我们要保护人民，保卫漯河。”

指导员的话音刚落，一场誓与洪水比高低的堵堤抢险战斗摆开了战场。有的铲土装包，有的扛土包堵堤，有的打木桩加固河堤……坚守在这里抗洪抢险的群众，特别是木器厂工人正在奋不顾身地抢险，看到增援的部队到了，更是干劲倍增，自觉和解放军并肩战斗在一起。指战员们怀着对党、对人民的一颗赤胆忠心，为尽快排除险情，进行了明确的分工。要填平塌方，需要大量的土，可是堤内是滔滔的洪水，堤外是二中的校院和居民住房，又没法挖他们的院子。指导员拿着铁锹，战士们扛着草袋，从 50 多米处去挖土。战士们顶风冒雨，脚踏泥泞，肩扛 100 多斤的土包飞快地往河堤上跑。因坡陡路滑，加上速度快，战士们摔倒了爬起来，继续前进。一边用土填塌方，一边加固裂缝的河堤。由于水大浪急，草包放在河堤加固处，立刻就被洪水冲走了。战士们为了挡住洪流，纵身跳入急流，手挽手，肩并肩，建一道人墙，打上木桩，再填草袋加固河堤。堤上扛包的人你追我赶，堤下铲土的人，阵阵加油声不断，堤外打木桩的大锤声声震耳，战斗场面十分感人。战士们的衣服全湿透了，脱下衣服光膀子干，肩磨破了，红肿流血，没人叫一声苦。有的同志的鞋被洪水冲走了，赤脚干，脚刺破了，忍住疼继续干。共产党员洪俊宏，雨前就拉肚子，病未好转，带病参加抗洪战斗，一直扛 100 多斤重的土包，肩膀上磨的血道被汗水、雨水浸得刺心痛，脚上也被划了几道口子，鲜血直淌，但他坚持扛土包。因他体弱劳累过度，小肚发疼，头昏眼花，几次晕倒在地，领导和同志们多次劝他休息，他说：“这点小病算啥，洪水冲破大堤，全市人民的生命财产将会受到重大损失。我是一名共产党员，宁愿掉下几斤肉，也要治服洪水。”他的抗洪抢险的精神，大大感动和鼓舞了在场的所有的人。塌方还未堵好、填平，险情尚未排除，正急需的草袋用完了，若坐等汽车运来草袋，险情不允许，还有可能前功尽弃。在这个紧要关头，洪俊宏同志高喊：“快跟我来扛草袋！”他一马当先向河堤的东段冲去求援，真是英雄面前无困难，这位久病体弱的战士，今日竟像一只猛虎。在他的带动下，同志们一身水一身泥地把一捆捆草袋扛到急需的险情堤段，保证了抢险的需要。

军民们同心协力，团结一致，又经过两个多小时顽强奋战，终于战胜了洪水恶浪，填平了塌方，加固保住了大堤，排除了险情，这时，同志们才露出了喜悦的笑容。王指导员正要下令休息时，我早已派人安排南大街居委会主任吕炳坤把烧好的开水和牛行街食堂李主任设法蒸的蒸馍送来了。战士们看到四位老太太送的开水和架子车拉来的热腾腾的蒸馍，感动地连声道谢。吕炳坤同志说："军民一家嘛！怎又客气起来了。"尽管战士们是吃馍、喝开水的野营生活，但都感到最有意义、最愉快！真是打了一个大胜仗。

选自1999年6月《漯河文史资料》第八辑

漯河驻军 33616 部队在“七五·八”抗洪斗争中

邢海红

“没见过这么大的洪水，更没见过这么好的兵！”这是漯河人民对33616 部队全体官兵的赞誉。

这个部队 1975 年 7 月调防驻漯，部队营区在沙河北岸，紧靠沙、澧河的交汇处。他们刚刚安排停当，就遇上了漯河多年未见的沙澧河洪水灾害。

8 月 6 日，暴雨已经下了一天一夜，沙河里有一只呼救的小船被洪水恶浪卷走，直向公路桥冲去，情况紧急，船沉在即。特务连、高机连的几十名干部战士一齐下水救船，一个恶浪把船打沉了，幸亏救援及时，船上的一家六口老小得救了，军营里给船主方省妮一家作了妥善安排，战斗英雄、党委副书记、团长于潘宫冒雨看望了方省妮一家，预感到救船是与这场洪水搏斗的信号，一场更大的抗洪斗争可能就要发生。

从 6 日起，大雨一阵紧过一阵，沙澧河洪峰一个高过一个，7 日部队营区四处积水，8 日满院积水一米多深，其中三分之一地面积水两米多深，不少粮食、棉被、书报等物品遭水浸泡，但他们全然不顾。团党委向干部战士提出“向抗震救灾爱民模范连学习，向洛桑单增学习，迎战洪水，把洪水压下去”的口号。全体指战员请战情绪高昂，个个精神饱满，心急如焚，摩拳擦掌，只等一声令下。从 6 日深夜到 7 日清晨，全团从团长到公务员及随军家属奋战在抗洪斗争的第一线。48 岁的团党委常委、副团长毛元善，患有心脏病、关节炎，同志们留他在家值班，他拒绝了，坚持到 7 日凌晨 2 点，冒雨到最危险的堤段抢险，和战士们一起同甘苦，共患难。团卫生队里伤病员纷纷要求出院参战。一炮连一排排长牛焕群，他母亲带孙女来部队探亲，见面后只交代一声便随队抗洪抢险去了。一营二连原四排长窦德富，施工中塌方砸伤脊骨，是三等乙级残废军人，组织上照顾安排他转业，正住招待所休息，头、腰不时发作疼痛。8日那天，沙河大堤决口，营区附近有落水人呼救，他顾不得满身疼痛，脱下衣服奋不顾身下水救人，他在洪水里冒着生命危险，一口气救出三人。他斩钉截铁地说："领导干部就应该干在最危险的地方，我不能离开这里！"8日、9日团部两天缺粮断水，食物全靠空投。当时营区安置600多灾民，每天得到空投的干粮，于团长指示："先群众，后战士，最后是干部，咱们要一个馍分开吃，一碗汤分开喝，只要有这点精神，就没有克服不了的困难，就没有战胜不了的洪水。"战士和群众听了很受感动，赞扬他："不愧是学习的好榜样，人民的老英雄。"

8月8日，是漯河军民迎战洪峰最危急的一天，这天漯河电厂（翟庄村北）等堤段出现窜洞、塌方重大险情，洪水外溢，堤脚松动，市抗洪指挥部急调一炮连、一机连、一、三连赶赴险段排险固堤，他们在风雨中苦战了一天一夜，许多人看到险情，连饭都顾不上吃，紧张投入新的战斗，朱声棋营长和一炮连一起查看了险情，看到许多民工在松动的堤下堆了不少草袋，但仍向堤外浸水，找不到漏水的洞口，塌堤决口的危险每分每秒都可能发生。朱营长和连干部研究对策，有人提议必须到堤内水中找漏洞，才能根除隐患。在堤内水中查漏洞有很大的危险性，斜坡上潜水查洞口不仅难找，因水流急速，人会有被激流卷走的危险。正在议论时，只听"扑通"一声，朱营长跳进洪水里了，接着四个战士跟随而下。堤上的人见他们一会儿潜水摸洞，一会儿露头换气，但更多的人担心他们不要出事，有人高喊，叫他们系上保险绳。他们哪顾这么多，早把生死置之度外，10分钟、20分钟过去了，实在难找漏水的洞口，30分钟过去了，还未听到好消息，又过了几分钟，朱营长和另一名战士终于摸到洞口，朱营长忙叫战士们"快运土袋"，他们在水中围着洞口筑起一道月形堤。排除了险情，正在他们上堤准备小休整时，突然警报传来，母猪圈洪水将要越堤，必须在下一个洪峰赶来之前加高堤坝。朱营长挥手，命令部队开向母猪圈。这时母猪圈堤段上民工云集，军民提出“洪水脚下踩，人在河堤在”的战斗口号，就是打人墙也要把洪水挡在堤内。紧张的挖土、装包、护堤战斗开始了，100多斤装土的草袋，起先是两个人抬一包，干着干着，同志们眼看洪水在猛涨，为争取时间，变成单人扛。战士们肩压红了，脚磨破了，可没有一个掉队的，把堤加高一米，保住了母猪圈大堤。

洪水漫堤决口的危急小了。为了让堤外的群众安全转移，33616部队的干部战士用身体组成“人墙”紧顶着草袋筑起的新堤，组织群众迁往安全地带。在小李庄险堤上，战士们也是用身体堵口几个小时，直到群众全部转移，战士们才撤离。

决口发生以后，远处来不及转移的群众，受着洪水的威胁，急需去抢救，团党委向参加抗洪抢险的十多个连发出号召“到最危险的地方去！到群众呼救的地方去！”

一营二连根据党委指示，人员迅速奔向毛寨村大队，帮助群众转移和抢运物资。全连干部战士顶狂风战激流，连续几个小时，把毛寨大队230户人家和物资都抢救出来，连队又组织战士冒雨涉水，挨家挨户去检查，发现四队会计家的大门还锁着，家人还在大堤上抗洪，五班长王志于领几个战士把门撬开，把东西全部搬出。副连长吴洪南带领抢险组冒险救出3个落水群众，战士陈明生突然听到小铁路上有呼救声，急忙奔去，原来是洪水冲下来的7名受灾群众，他们已两天未吃东西。陈明生顶着激流四次下水救出遇险群众。当战士张玉清发现四队有位70多岁的老大爷不想转移时，他奋不顾身，冲进屋内，一边劝说，一边把他背出屋子。洪水过后，老大爷看着自己倒塌的房子，激动地对二连同志说:“多亏了解放军救了我。”

二连转移到毛寨大队之后，每天都有近百名受灾群众在连队吃饭，病了的，卫生员给看病治疗。8月9日下午，有两名被围困三天三夜的群众，副连长亲自给他们端汤、拿馍，使他们感动得掉下了热泪，并说:“新社会好，解放军好！”当时，离他们6里地有很多群众，几天没吃饭了。副指导员李兰泉亲自带十几个战士，带着飞机空投的干粮，穿激流、冒危险，把食品送到他们手里，还向他们宣传党中央、毛主席对灾区人民的关怀。有位老大娘接过馒头紧握住战士马全夫的手说："过去遇到这样大的水灾，我们要饿死在这里。今天有党和毛主席的领导和关怀，不管有多大的灾，都能吃上饭，毛主席他老人家的恩情永远不能忘。"

部队1400多名指战员发扬人民军队爱人民的优良传统，连续奋战十多天，从洪水中抢救人民群众4300多人，帮助转移群众11000多人，平均每个干部战士抢救3人，转移7人。部队在这次抗洪斗争中也付出了很大代价，牺牲了2名解放军战士（陆兴大、王秋峰）。除物资之外，据一连统计：全连经过连续10天的抗洪抢险，三分之一以上的人泡烂了脚，四分之一的人患红眼病、腹泻等。他们为漯河市区的抗洪斗争，创造了英雄业绩，谱写了一曲永远难忘的颂歌。

洪水退后，部队党委一面继续抢救群众财产，一面帮助群众重建家园。群众看到土地冲坏，房屋冲塌，家产冲走，一声叹气。部队党委及时派出强有力工作组，做深入细致的政治思想工作，同时，派出宣传队、运输队、医疗队、打捞组。挖掘打捞物资，看病治病，整地种菜，修建房屋等。在几天时间内，从塌房中挖出粮食10多万斤，组织帮助大高庄、小李庄社员抢种蔬菜200多亩，其中一营二连党支部为帮助灾民恢复生产，重建家园，专门分工由副指导员李兰泉和四排长宋庆美带领战士深入毛寨大队，一家一户地宣传党中央毛主席关心灾区人民的指示，宣传艰苦奋斗、自力更生、战胜灾害、重建家园的有利条件，坚定灾民的信心。全大队六个生产队的男女老少社员积极行动起来，参加生产自救。从8月15日到8月25日，仅十天时间播种蔬菜300亩。其中萝卜180亩，另外又抢种荞麦250亩。由于管理精心，长势很好，灾后的群众生活有了着落。其间，为贫农老大爷精心看好了病，用两天时间为军属崔大娘盖起了临时房屋。这位军属大娘感动地说："过去遭灾无人问，今天遭灾亲人登上门，毛主席好！共产党好！”

毛寨大队成为干河陈公社（今干河陈乡）恢复生产、重建家园的先进单位，公社在该大队召开了生产自救现场会，全面介绍了他们重建家园的经验。

选自1999年6月《漯河文史资料》第八辑

铁汉子抗洪抢险突击队

邢海红

漯河市在1975年8月上旬经历了一场历史上罕见的惊心动魄的抗洪抢险斗争。在这场紧张激烈的战斗中，荣立集体一等功的漯河市搬运公司6个抗洪抢险突击队近400人，昼夜奋战在险情最大的沙澧河堤上，他们驾车往返抢运抗洪物资，勇驾小舟营救被围困的同胞，成为一支抗洪抢险营救亲人的突击力量。

8月6日晚，大雨倾盆。这时，漯河市搬运公司党委正在召开紧急会议，党委书记夏公远同志在传达了市防汛指挥部紧急会议精神后说："在洪水面前，宁为抗洪抢险前进一步死，决不为私利后退半步生！只要我们有泰山压顶不弯腰的坚强班子，定能带出一支困难面前不低头的抗洪抢险队伍。"班长的决心，也是一班人的决心。党委统一认识后，决定一切为抗洪抢险让路。会后老夏冒雨到公司汽车队和装卸大队，向基层干部和职工传达上级的抗洪指示，并表达了公司党委的决心，号召党员、干部带头，经受党的考验。同时，迅速组建了抗洪抢险突击队，抢险预备队，汽车运输队。

7日晚上，连续接到市防汛指挥部四次抢险命令，党委正副书记分别带领突击队奔赴铁路桥、人民医院、大北门和灯泡厂四个险区抢险。夏公远同志带领50名突击队员接过了人民医院险区的抢险任务。此时大堤的底部已经松软，开始往堤外冒水，坍塌决口的危险随时可能发生。这里堤段正对市中心，若在此决口，将会造成难以预想的后果。老夏同志大喊一声："上！把它堵住！"便甩掉衣服，光着膀子扛起装满的大包飞跑起来。50名突击队员同时扛起大包。汗水雨水遮住了眼睛，也未顾上擦，人人都成了"泥人"。50名抢险突击队员一气干了近8个小时，大部分同志的肩膀磨破了，没吃一口饭，没喝一口水，但却没人叫一声苦，他们看到市委副书记王振吾也和大家一样干，一样同甘苦，共患难。领导的榜样，坚定了抗洪抢险的意志。终于加固了堤防，排除了险情。

8日早晨，市抗洪指挥部紧急命令搬运抢险突击队速到姬崔堤岸抢险。当时，灯泡厂外一处大堤发现裂缝，险情万分危急，待突击队员跑步赶到，洪水已经溃堤而出，堤内外一片汪洋。苏振黎高喊："同志们，党和人民考验我们的时刻到了，人在河堤在，誓死保卫漯河。"抗洪战士考虑的不是自己，不是家庭，而是党和人民的利益，他们奋战近6个小时，筑起了一道抗洪墙，制服了洪水。

9日晨，澧河堤段决口了，咆哮的洪水像脱缰的野马，向市区涌来。公司党委书记夏公远同志说："澧河决口了，抗洪抢险任务更加艰巨了。"他们及时把抗洪突击队由150人增加到250人，预备队由200人增加到350人，还组织了泅水救护突击队。大家宣誓：誓死保卫漯河。

澧河决口后，300多名抗洪斗士被围困在残堤口，由于洪水冲刷，残堤一块一块地往下坍塌，情况十分危急。市抗洪指挥部命令突击队设法救人。当时党委副书记董道廷得知家中房子被洪水冲塌，全家老小都在外面淋着，还有两个病人。但老董毅然带领突击队出发了，并说："我的家洪水冲走了，这是小事，救抗洪的几百名同志是大事，完不成任务决不回家。"他和公司的团委书记杨春杰一起带着突击队，划着市人武部调去的小船，在激流中一船又一船地抢救被洪水围困的同志。

救人任务尚未结束，市抗洪指挥部命令他们立即组织会泅水的同志到母猪圈堵洪。这个任务危险性很大，当时，党委书记夏公远坚定地说："我是书记，我去！"副书记张新民说："我是共产党员，我去！"这时在场的人纷纷请战。有的劝说："老夏是班长，还要指挥公司的全面战斗！"夏公远斩钉截铁地说："正因为我是班长，更应该执行最艰巨的任务！"他带领突击队迅速赶到现场，跳进激流，打坝堵洪，经过一场奋战，完成了战斗任务。

洪水灾害不仅严重威胁着漯河，在舞阳、郾城县也有一部分群众被围困于洪水之中。市抗洪指挥部命令搬运公司、木器厂、省水利局二机队协力同心，将停于沙河下游的机动拖轮，运到三座大桥的上游，投入救援，这只拖轮长 18 米，高 6 米，宽 4 米，重 35 吨。当时洪水高过桥面，从水上驶往上游已不可能，必须将拖轮拉上岸，用人力运往桥的上游再下水，这中间会有很多困难。夏公远同志说："英雄面前无困难！舞阳、郾城的广大军民为了确保漯河，他们扒开堤坝，主动分洪，承担了极大牺牲。他们被洪水围困了，不要说一个困难，就是一千个，一万个困难也得克服！救出亲人要紧。"

拉拖轮的战斗开始了，市委书记寇保洲也和同志们一起干。同志们蹚着水，踩着泥既拉船又修路，在战斗中一个比一个卖力，一个比一个劲大。为了尽快拉出拖轮，从 50 人增加到 100 人，200 人，250 人，齐心协力，号子声响彻沙河两岸，压住了洪水的咆哮，钢丝绳拉断了再换一根，连续奋战了 62 个小时，终于把拖轮拉上了岸，绕过三座大桥，在大桥的上游下水了。拖轮下水 10 分钟，汽笛长鸣，载着漯河人民的情意，驶向灾区。

在抢险救灾的日子里，一批批抢险物资多么需要及时运到堤防前线，一批批救灾物品多么需要及时运到灾民手中，搬运公司汽车队迎接了这一严峻的挑战。8 月 6 日晚，舞阳县告急，抗洪急需草袋。公司车队接受抢运草袋的任务后，冒着大雨，在洪水里飞速前进。快到舞阳已是深夜，雨越下越大，汽车灭火，不能继续前进，把草袋放在路上？不行。面对瓢泼的大雨和公路上哗哗直流的洪水，战胜困难，把草袋及时运到险区去！针对出现的困难，只有拆掉排气管。司机钻进车底，躺在水里拆除排气管，车队又继续前进，把草袋运到急需的险区。

8 月 7 日，泥河洼水库告急，要求漯河尽快给他们抢运去一批草袋抢险。这时，车队一部分同志的房子被积水泡塌，是出车抢运或是停车顾家？又得知一部分公路已被冲毁，怎么办？车队党支部决定按时出车。并且派最好的几部解放牌汽车去执行任务。行前带上铁锹，以便哪里路基坏，就在哪里修。天已经是下午 5 点多钟了，装满草袋的车向泥河洼出发了，刚行驶过十五里店，河堤决口，洪水紧紧尾追车队而来，想到抢险急需，便加大油门，与洪水赛跑，再有十几里路就到泥河洼水库了。但这十几里中间，群众为了排水，挖了七道一米多深的排水沟。司机同志跳下车与赶来的解放军战士并肩战斗，垫平沟，把抢险物资运到了险区。在返回的路上，丁营决口，梁口决堤，汽车被洪水拦在中间，车队随时都有被洪水卷走的可能，十几位同志舍不得离车，可汽车既不能前进，又不能后退，他们决心誓与汽车共存亡。公司从电话上得知他们的消息后，公司党委果断决定，司机要迅速撤出险区。当十几名司机接到命令，冒着危险，把车开到最高处时，一个个流着眼泪恋恋不舍地离开他们心爱的汽车。公司党委委员，车队副书记身患肝炎、肾炎，他是汽车调度员，又是亲自开车抢运抗洪物资的战斗员，风里雨里，几天几夜没休息了，浑身都肿了，可他还是坚持不下战场。有一次他执行任务，走到家门口，爱人看他病得厉害，难过得掉泪了，他的孩子抱住他的腿哭着："爸爸！爸爸！可不要再走了。"他抱起孩子，擦了小孩的眼泪，对孩子和爱人说："都不要难过了，在旧社会，从我记事那一天起咱们一家就逃荒要饭，受尽了人间苦，是共产党、毛主席把咱们从地狱里解救出来，党和人民给了咱们一切，现在应该把这一切给党和人民。当前抗洪抢险这么紧张，我是个党员，又是个领导，能待在家里吗？"他说服了爱人和孩子，驾车又投入了抗洪抢险新的战斗。

选自 1999 年 6 月《漯河文史资料》第八辑

抗洪抢险中的喉舌

邢海红

漯河市广播站在“七五·八”抗洪抢险战斗中，发挥了宣传群众、鼓舞群众参加抗洪抢险的积极性，作出了突出贡献，荣立集体二等功。

1975年8月5日至8日，漯河地区和它的上游出现了历史上罕见的大雨和暴雨，使洪水泛滥，严重威胁着漯河人民的安居。市广播站根据上级“确保漯河”的指示精神和漯河市委的抗洪部署，充分发挥了有线广播在抗洪抢险战斗中的独特作用。

8月6日上午，漯河市广播站增加了防汛特别节目，适时播报雨情、汛情，6日早晨6时30分，播报了市防汛指挥部第一号紧急通知，即漯河市抗洪指挥部和8个抗洪分指挥部的成立和堤段分工的消息，紧接着播报了迎战第一个3000立方米/秒大洪峰的预报。它告诉全市人民，抗洪斗争开始了。广播站从领导到一般工作人员，分秒不离岗位和机台，及时播报汛情变化和抗洪消息。

8月7日，广播站进入了十分紧张繁忙的时刻，实行昼夜不停地播音。播音员娄春英是位刚到站不久的新同志，她自告奋勇，一人承担播音任务，当日早晨6时，市抗洪指挥部发布第三号紧急通知，上午9时，市抗洪指挥部又发布第四号紧急通知，中间插播汛情变化和各堤段抗洪动态，为了使全市人民都能听到紧急通知精神，特地又制成录音连续播放，上午11时，市委第二书记李道文召开广播动员大会。下午1时，市委第一书记寇保洲用广播发表重要讲话。因汛情紧急，重要讲话内容既有号召力，又有强制性，他号召全市所有共产党员、共青团员、革命干部、解放军指战员及全市工人、农民，听到广播迅速上堤抗洪。

7日夜，东大街、马路街、铁路东和顺河街的播音机开动不起来，为了播音畅通，共产党员外线班长孙成冒着倾盆大雨，蹚着齐腰深的水，一夜外出三次查线路，从而保证了广播畅通。

7 日夜暴雨倾盆，河水暴涨，站党支部及时向全站工作人员提出汛情每时每刻都在发生变化，特别是重大险情和上级的抗洪指示，要随时播报给全市人民，我们的任务是对人民负责，任何一种粗心大意，都有可能造成过失，成为历史罪人。这一夜，从书记、站长到编辑、机务、外线、播音员，不要说休息，就是吃饭也不能离开岗位一步，就地啃干馍，喝开水。

8 月 8 日，是抗洪抢险的紧要关头，也是洪水暴涨得最紧张的一天。预报第二个洪峰中午 12 时左右到达漯河。市委第一书记寇保洲在上午 10 时，利用有线广播，发布紧急命令。为发挥紧急命令的最大效果，录音后全天播放。中午洪峰到达漯河，河堤多处漫溢，市区内大面积积水，市内交通出现困难，对抗洪工作增加了难度。下午 1 时，市委书记寇保洲第三次在广播上讲话，要求全市的抗洪主力集中于澧河堤大槐树至姬崔堤段，并号召城内外居民备 3 ~ 5 天的干粮，各机关、企业、学校居民都要扎木筏，准备有组织地转移群众，保护人民，广播站将“讲话”录音后，加大频率播放。这时因树倒、房塌，线路损坏，录音播不出去，外线工为了不影响播放，身冒大雨爬到广播站房顶，安装 4 个大喇叭，但广播站是平房播音放不远，又将大喇叭安装在火车站和五一路十字口处的楼房顶上，保证播音不间断。

8 月 8 日晚，市委院内① 积水 1 米深，市委机关和抗洪指挥部被迫转移至市委党校办公，广播站为更好地为中心服务，紧跟指挥部在党校建起临时播音室。因扩音机小只能带两个喇叭，为使全市人民都听到广播，将喇叭安到三楼屋顶，并冒雨扛着喇叭，不停调转方向，克服各种困难，让四个方向的群众都能听到广播。

8 月 8 日，第三次洪峰到漯，流量超过 6000 立方米 / 秒，使漯河的抗洪斗争进入最艰难、最紧张的阶段。广播站也进入最繁忙的阶段。各

① 原漯河市委办公大院，位于今漯河火车站西老街东口处。

堤段向指挥部告急，市内积水越来越深，播音任务也越来越重，连续播报指挥部的指示、部署和抗洪信息。

8 月 9 日，洪水暴涨，澧河决口，洪水大量流入市区，加上西平的洪水倒流我市，眼看洪水要吞没市区。市抗洪指挥部在广播上发出紧急通知，设立南线抗洪指挥部，修筑一条东起京广线西至牛行街长 2000 米，高 1 米，宽 1.5 米的抗洪墙。广播站及时调整线路，架设喇叭，为指挥抗洪服务。

由于市区积水上升，广播室机房和实验室机房进水，广播站的全体同志全力以赴，一面坚持播音，一面堵门向室外刮水，室内的电源处打火，没一人考虑个人的安危，仍坚持正常播音。

洪水过后，市区的房屋倒塌不少，广播线路受到极严重损坏，一方面在宾馆四层楼顶架起十只大喇叭，以补充小喇叭的不足，另一方面动员全站工作人员抢修线路。同志们不分工种，都在为尽快修好广播线路努力奋战。技术员彭顺卿身体较胖，爬线杆有困难，仍坚持爬杆修线路。线路修好后，反复广播党中央和省、地委给灾区人民的慰问电、慰问信，及时报道中央慰问团深入漯河视察慰问的消息，还连续报道修堤堵口的好人好事，以及在抗洪抢险战斗中涌现出来的先进集体和英雄模范人物等，从而大大激发了全市人民自力更生，战胜洪灾，恢复生产、重建家园的信心和决心。

选自 1999 年 6 月《漯河文史资料》第八辑

河流治理

自唐至今漯河水患及水利建设概况

范子文

沙河源于鲁山县石人山（古称天息山、尧山）六将军石下，为淮河流域较大的支流之一。东流经宝丰、平顶山市叶县、舞阳至襄城霍堰有北汝河汇入，又东经郾城至源汇区有澧河汇入。下流经西华、商水达周口市和颍水汇合。全长 282 千米（《河南地势图》），流域面积 1911.7 平方千米（《市地名志》）。在我市西自郾城西关沙河桥起至东北董庄，长 11 千米，仅为沙河一小段。数千年来，她不仅有益于人民的生产生活，而且对郾漯交通、经济城镇建设起了决定性的作用，但也不能否认它的水患危害。每逢汛期，豫西山地洪水，沿河咆哮而来，“虽乘奔御风不以疾也”。到我市区低洼地段，河水宣泄缓慢，河床堤防难以承受，屡屡泛滥决口，两岸人民深受其害。“前事不忘，后事之师。”了解它的过去才能更好地建设现在，创造美好未来。据有关史料，现将自唐至今有文字记载的市区水患和水利建设情况概述如下：

水　患

唐（618—907 年）

唐开元十年（722 年）“两河倒流，无分沙澧，民舍倾颓，人畜漂流。”（《旧郾志》）十一年（723 年）郾城县治所无奈从夹河里古城移沙河北岸高冈上，即今址。

金（1115—1234 年）

正大三年（1226 年）六月大水。

元（1206—1368年）

至元四年（1267年）大水，无麦禾。

大德元年（1297年）三月，沙澧河水大溢，没至田庐。

至正四年（1344年）淫雨为害，蚕、麦、禾皆不登。

明（1368—1644年）

嘉靖十一年（1523年）七月大水。

赵应式：石槽赵人，明嘉靖时修《郾城县志》，其中《重修仁祐庙（郾小南门外东侧）记》篇载："嘉靖壬辰（1523年）秋七月，（沙河）之上源蛟螭肆毒，壑山陵，漂室庐，溺人畜。溵南有澧水，澧南有唐水，汇而为一"，沙澧之间（今夹河）源汇寨周围，"黄流奔沸"。

隆庆四年（1570年）雨十余日。

万历二十一年（1593年）春大水，冲毁城西门瓮城。

万历二十九年至四十年（1601—1612年）12年中8次大水。

万历四十八年（1620年）夏，母猪圈河水大决。秋母猪圈又大决。

崇祯五年（1632年）大水，九年（1636年）六月又大水。

崇祯十一年（1638年）母猪圈大决，河堤被水冲毁500丈。

崇祯十七年（1644年）母猪圈大决，水最大。

清（1644—1911年）

清朝268年中，沙河21次大水，决口泛滥。每次大水，源汇区先受其害，除顺河街地势较高（海拔64.14米）外，他处皆一片汪洋。

顺治八年（1651年）大水，九年（1652年）秋大水。

康熙二十二年（1683年）秋大水。四十八年（1709年）四月大雨，无麦，六月水没田庐。

雍正三年（1725年）沙河自郾城西门外决，堤坏数十丈。四年（1726年）沙河又在西门外决。

乾隆二年（1737年）、四年（1739年）、五年（1740年）、七年（1742年）、十年（1745年）、十一年（1746年）、十二年（1747年）均大水。

[乾隆在位六十年（1736—1795年）中，漯经历7次大水]

道光二十一年（1841 年）大水。二十三年至二十七年，接连 5 年大水。

光绪九年（1883 年）秋大水。十年（1884 年）大水。十四年（1888 年）秋大水。十七年（1891 年）沙河决于庙王村（市区东北）南，口宽五丈余。二十四年（1898 年）夏旱无麦，八月大水。

宣统元年（1909 年）沙河决于六月，湾周（前周）决口宽五丈余，田禾尽没。八月大雨，周家庄（前周）决口，干河嘴（今犇园）决口十余丈。

民国（1912—1949 年）

民国七年（1918 年）7 月下旬，阴雨连绵 40 余日，寨内房屋倒塌三分之一。石头坡（东大街西头，海拔 61.15 米）至东门外水深数尺，交通断绝，靠木筏来往，仅余顺河街高地无水（海拔 64.14 米）。

民国十五年（1926 年）澧河决口，新开辟的牛行街所建土房，全部倒塌，牲畜市场停止。

民国十七年（1928 年）母猪圈、大王庙（万庄西北）同时决口，铁路两侧，马路街等处水数尺。

民国二十年（1931 年）6 月 28 日至 30 日，沙澧河暴涨。7 月 1 日在干河嘴（今犇园）决口，河水正东宣泄，车站等处水深数尺。街上行舟，市民损失惨重，市场衰落。

民国二十三年（1934 年）大水，沙河市区南北，一片汪洋。笔者所见沙北至颍河，中间 30 里一片茫茫。

民国三十年（1941 年）郾城全县（漯河时为郾镇）大水，沙河南北，堤防尽没（堤仅 2 米高）。计淹地 47 万亩、村庄 665 个。

新中国

1954 年 7 月 16 日至 8 月 10 日，大雨倾盆，沙河连续三次出现洪峰。

1955 年 7 月 3 日至 9 日，暴雨成灾。市内积水深 1 米，郊区淹地 6732 亩，倒塌房屋 728 间，砸死 1 人，伤 2 人。

1956 年 6 月 2 日后，阴雨连绵 40 余日，降雨量达 394.8 毫米，麦田普遍被淹，麦穗生芽，收割到场的霉烂变质，群众称“芽子麦”，造成历史上绝无仅有的阴雨现象。

1956年6月27日，沙河出现洪峰，水位高达60.47米，流量达3200立方米/秒，持续72小时，出现险情5处。

1956年8月5日，沙河又出现洪峰，水位高61.78米，流量3170立方米/秒，堤防裂缝、渗水、漏水13处。

1975年8月5—8日，连降大雨，造成历史上罕见的特大洪水灾害。

8月5日（6：00—24：00）降雨量138毫米，水位高达53.12米。

8月6日（6：00—24：00）降雨量193毫米，水位高达58.13米。

8月7日降雨量84.82毫米，水位62.73米，流量3600立方米/秒。

8月8日水位62.73米，流量3790立方米/秒。沙澧河堤普遍冲毁。

8月8日6时，小李庄西决口时，小李庄码头东决口，下午1时，小李庄东电灌站两侧决口，沙北铁路西侧决口。

8月9日1时，小李庄4处决口。4时，大高庄先后5处决口，董庄南沙河决口，澧河灯泡厂北决口，澧河电工器材厂决口，马夫张北澧河南决口等。

计市区沙澧共决口19处（澧河3处均向南；沙河16处，均向北）总长1983米。

（文中“小李庄”，原址在今泰山路沙河桥北端西侧河堤南。“七五·八”水灾后，该村迁桥北端东侧河堤北）

2000年“七·一五”特大洪水。

7月14日中午大雨。7月15日3:00—4:00暴雨如注（原6.26—7.15日，沙澧河相继发生4次超标准洪水），沙澧河南岸20多个乡镇一片汪洋。洪水沿沙河如脱缰之野马向漯河袭来时，我在老虎滩公园见河水已上河滩1米多深，如无河堤，全市早已成泽国了。

澧河形势更为严峻。7月14—15日，上游山洪暴发，舞阳境内45里长的澧河大堤，有三分之二漫溢，多处决口。郾城澧河两岸5次出现险情。舞阳澧河两岸、郾境部分成为泽国，计有228个行政村被水包围，174.5万亩农田受淹，成灾面积120.5万亩，绝收面积97.8万亩；受灾人口 136 万，成灾人口 96 万人，被水包围 45.4 万人，紧急转移人口 16.3 万人，因灾伤病人口 6.6 万人。民房倒塌 2.18 万间。死亡牲畜 9000 头。洪水直接经济损失 15.5 亿元，加上城市、交通、水利、粮食等经济损失达 23.4 亿元。

水利建设

千百年来，尽管沙河洪魔不断为虐，但两岸人民与之斗争未曾稍懈。

明代前，水患较少，沙河的治理无文字记载。

明（1368—1644 年）

嘉靖三十六年（1557 年）九月，郾城知县武建邦以是夏城西门南河岸圮于沙河 70 余步（旧长度 1 步合 5 尺），呈请河南省巡抚退修西城以避水患，九月兴工，十二月完工。

天顺（1457—1464 年）时，郾城知县李春，为了减轻沙河对郾城的压力，于城南夹河里，另开一新河，使在源汇寨西入沙河，结果沙澧并涨、夹河一方，湮灭村舍如故，新河并未起到作用，后填没。

万历二十七年（1599 年），知县张仕周退修西城，避沙河患。先二十一年大水，毁西门瓮城，知县夏之臣集众议，邑人胡绵建议退西门和城墙，时未果。二十七年张仕周依前议移西门内退 20 步，南北城墙内退 60 步，三月兴工，四月完成。

万历四十八年（1620 年），知县梁文熙开始修母猪圈沙河大堤，此为母猪圈修堤之始。秋，大水，复修之。

崇祯十一年（1638 年）、十七年（1644 年），母猪圈河堤大决，复修之。

清（1644—1911 年）

顺治十三年（1656 年），郾城知县荆其惇（字敉五，丹阳人）命幕僚（秘书）谢槟（字公翼，谢老庄人，今属西平五沟营镇）复修龙塘沙河母猪圈河堤。谢带领郾民工 200 人，上蔡民工 200 人，项城民工 800

余人，正月兴工，四月完成。此次复修较为坚固，迄新中国成立前，未曾在此决口。

康熙十年（1671 年），知县李应宗重修郾城西门外东河堤，沙河西来至西门 90° 大拐弯处加高（现明显可以看出）。四十七年（1708 年），知县温德裕始改郾城西门外东沙河土堤为砖堤。

乾隆十四年（1749 年），知县傅豫（字立斋，号旧溪，山东高密人，进士）改建郾城沙河石龙头处原砖堤为石堤，并设以石龙头镇水。龙头南北各增修石堤长 20 丈，高 3 丈，底根脚厚（宽）4 尺。

（原石龙头，1958 年改建西门外石堤时拆去，又改换为新制石龙头）

乾隆三十一年（1766 年），郾城西门外沙河堤砖石加固。三十四年（1769 年）又增修郾城沙河堤：

城小南门东北河岸加修了石堤。后石堤不断被冲毁，又经几次重修方为巩固。直到 1958 年，百余年间，未曾再遭破坏。

道光九年（1829 年），在郾城西门外河堤上铸一卧形铁牛（铁水牛、铁犀）面西对沙河用以“镇水”（今在）。

同治五年（1866 年），郾城西门沙河堤又增修了 180 丈长的弧形外堤，取名月堤（位于堤北）。该堤 1975 年大水后与大堤合并，增高。（今月堤已无痕迹）成了河堤公路。

《郾城县记·新筑西河月堤记》（1934 年版）：“开工于九月初三，阅月而告成，计丈百八十有奇（约 594 米），计费千一百贯（制钱）。”

民国（1912—1949 年）

1912—1930 年中原大战前，政局动荡，中华民国出现南北分裂。河南为北洋军阀政府（1912—1926 年）统治，先后有袁世凯、黎元洪、冯国璋、徐世昌相继任大总统。地方官吏钩心斗角，漠不关心百姓疾苦，无修河防之事。

1931 年前二三年，由于连年大水，沙澧决口，民国政府敷敷衍衍督促百姓修了沙河长堤。到 1931 年我见郾漯之间沙河堤有 2 米高，4 米宽，远望高高低低，很不整齐。

1934 年大水后，至 1935 年春，郾漯堤防重加修治，省派黄自芳

（曾任河南省教育厅长）为治河总领。县长李庚白令沿沙河各乡镇派大量民工，分段治理。比原堤稍高一些，黄借修河之名，贪污自肥，掠夺百姓土地数百亩。

抗战、内战时期，沙河治理，陷于瘫痪。

新中国

1950 年 7 月，于沙澧河汇合处，修迎水坝 2 座。

1950 年，修源汇北门外（今泰山路沙河桥南端）东西两侧河堤。

1953 年 7 月 11 日，沙澧河上游普降暴雨，13 日市区沙河水位达 59.635 米，流量达 2999 米 / 秒，超过保证水位和流量。8 月 7 日，沙河再次暴涨，水位达 60.58 米，流量达 3700 米 / 秒，为历史最高峰。市区大新街北头至铁路桥百余米堤段，洪水向外漫溢，经军民奋力抢救，未发生溃堤。

1953 年 6 月 3 日至 7 月 18 日，寨大北门（泰山路沙河桥南端正西 50 米处）护岸工程开工，护岸长 278 米，高 10.5 米。该工程由青砖、混凝土砌成，清理岸基土方 6851 立方米。

1954 年 4 月 13 日至 5 月 27 日，沙河母猪圈、寨西澧河堤、干河堤防工程开工。计动用民工 1500 人，完成土方 39094 立方米，砌砖 697 立方米、混凝土 294 方、打桩 352 根。

1954 年 6 月 26 日，于铁东大椿树处河堤内，新建沙河码头竣工开放，坡长 12.9 米，宽 7 米，坡度 90%，是河南省河道史上第一个混合结构码头，年吞吐量达 30 万吨。

1954 年 8 月 12 日，铁路南涵洞至干河排水工程动工。1958 年郾城大修沙河堤防，原来西门外以南、小南门以东靠城基砌之砖石全部拆除，统统砌以红条石。

1962 年 4 月，澧河干河口至市第二中学片面护岸工程完工，全长 850 米。11 月下旬，沙河铁路桥东进行岸堤石护，总投资 1.22 万元。

1963 年 10 月底，国家投资 3 万元，对沙河北岸小李庄、澧河东岸清真寺澧河湾三处，进行堤岸石护，总长 415 米。11 月国家又投资 24 万元，对沙河堤段进行加固石护。

1975年8月5日至8月8日特大洪水后，市区采取了紧急措施修复水毁工程。

（1）加速对沙澧河19个决口的抢修，总长3035米，决口最宽487米，最窄的10米，最深的7米，最浅的1.5米，需用土40万立方米。

（2）沙澧河堤在原有的基础上加宽4米，加高1.5米。

1975年11月开工至1976年6月完工。两岸总长度39华里。沙河复堤后南岸加高实测1.65米，顶宽8米；北岸加高0.9米，顶宽7米。

1977年5月31日，沙河万大庙（大王庙，在铁东万庄西北沙河南岸）、刘立渡口（母猪圈北）护岸工程启动。该工程总长370米，总投资12.8万元。

1978年12月，市拨9.78万元，对澧河干河口进行堤岸石护，全长300米。

1987年6月2日，市政府发布通告，建立沙澧河水源保护区。境内沙北、澧南各500米及沙澧中间所夹地带为保护区。

2000年“七·一五”特大洪水

6月26日至7月15日，沙澧河相继发生4次超标准洪水，一次比一次大，特别是7月15日，洪水如脱缰野马，汹涌澎湃地向市区袭来。全体军民抗洪抢险，严把死守奋战河堤，终于制服了洪水。

澧河“七·一五”后，遍体鳞伤，造成60多处险工，23处塌方。从7月17日起，舞阳出动10万民工、近千台小拖等机具，奋战险工堤段，64处险工，25天全部修复。

2001—2003年，市区沙澧河岸多处以水泥砖砌之，以避洪水之冲刷，确保河岸之坚固。计有：

嵩山路沙河桥南北岸两侧；

泰山路沙河桥南北岸两侧；

交通路沙河桥南北岸两侧；

澧河口对面沙河北岸；

澧河口宋庄三角洲；

人民路澧河桥（丁湾）东西岸两侧；

斜拉桥南北岸两侧。

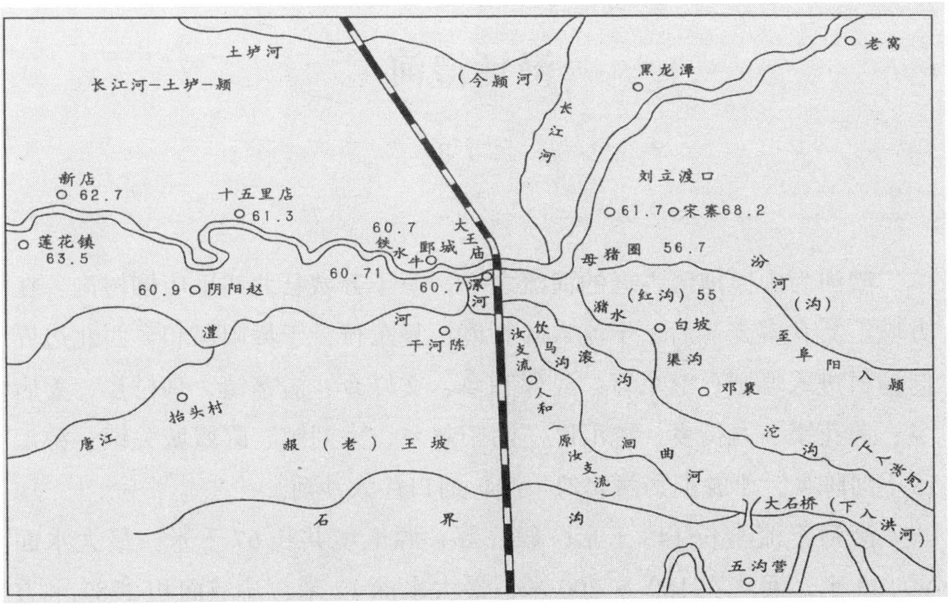

市沙河段地理形势及古代诸支流图

注：干河陈——人和一段干河，人和以北明时称饮马沟，以南为洄曲河。

选自 2004 年 7 月《漯河文史资料》第十二辑

漫话澧河

范子文

澧河为中原地区古老的河流之一，源于方城县北四里店柳树沟。在方城汇集众多支流后，干流入叶县境；复东行，于舞阳保和乡西北边界湾杨村进入舞阳；继东行，经保和乡、文峰乡、孟寨镇、马村乡、姜店乡、莲花镇、九街乡、源汇区、阴阳赵乡、大刘镇、郾城城关镇、源汇区干河陈乡，于源汇寨西北勾（澧）河口注入沙河。

澧河干流全长 145 千米，舞、郾、源汇境共长 67 千米。最大水面宽 143 米，河床宽 150 ～ 200 米，最大水深 12 米，流域面积 2787 平方千米。河道泄洪能力 3000 立方米 / 秒，最大流量 2780 立方米 / 秒，最小流量 0.2 立方米 / 秒，年平均流量 18 立方米 / 秒。

澧河名副其实。《郾城县记》(1934 年版):“澧、醴，本自通。”即“醴”与“澧”通用。《郾城县记》中，既写醴河，又写澧河。《新华字典》: 醴，甜酒，引申义为甜水。味甘，适于饮用，因而赞之曰醴河。醴河为水名，后人又将“醴”字改为代表水名的“澧”字，相沿至今。

澧河是一条古老的河流。《水经注・淮水篇》曰:“淮水与醴水同源俱导，西流为醴，东流为淮。”

《郾城县记》(1934 年版):“澧河出南阳府桐柏县胎簪山，与淮水同源。淮水东流，澧西北流，过南阳雉衡山分水岭，又东北经舞阳至郾城。”

《汉书・地理志》:“南阳雉衡山，澧水所出。”

《说文》:“澧水出南阳雉衡山。”《山海经》称雉衡山为衡山。

河源的从无到有、从有到无、从小到大、从长到短的发展变化是可能的，宇宙间一切事物都在变化着。澧河初源于桐柏胎簪山，继而西移至南阳雉衡山，后又转至四里店（现源）。桐柏距南阳 112 千米，即河源正西缩短了 112 千米；南阳距四里店 64 千米，即河源正北缩短了 64 千米。今天四里店澧河的源头，是数千年来发展变化的结果。若从《山海经》著作时代战国（前 475 年—前 221 年）算起，至今已有 2500 年。实际上，战国前，澧河已经形成，只是说不清它的具体年代了。

澧河有许多明显的特点。它属于山洪河道，上游河床断面窄床底深，常年流水不断，清冽透底，水质甘甜，适于水产养殖及人们生活需用。澧河从舞阳保和乡至勾河口，干流 67 千米，其间小弯 71 处，大弯 20 处。由于便于生活，先民多依澧河而居。据统计，舞阳境内河段建村 99 个，源汇区 20 个，郾城 7 个。上游孤石滩水库容量 6300 万立方米，可浇地 10 万亩。沿河舞阳、源汇、郾城建提灌站 60 余处，可灌溉农田 9 万多亩。

澧河支流众多，有天然形成的，也有人工开挖的。澧河源地山区由于山水的常年冲刷，在孤石滩水库以西，形成诸多小支流。小支流承接源地全部水，汇入孤石滩水库，因前澧河上游之水有所控制。澧河干流，东流经叶县进入舞阳源汇。平原地带，地面上叫地土层，由于雨水的汇集、流动，形成许多弯弯曲曲的小水沟，大水把许多小水沟冲刷连在一起，形成条宽大的水沟，流入澧河主干。干江河、唐河，本和别的河道相通，由于某些原因，人为地把它改入澧河，现成了澧河的主要支流。

孤石滩水库以西，源地支流主要有 5 条，也有许多细小脉流。5 条支流承接澧河源地方圆 180 里的全部水，东注孤石滩水库。

孤石滩水库以东，叶县境澧河北岸有骂（马）子河，源于仙台镇西，长 32.7 千米，流域面积 120 平方千米，东流至舞阳姜店北注入澧河；叶县境澧河南岸有孤石滩渠，东起雷岗村，西行经 20 余村，入孤石滩水库，全长 35 千米，为山地泄水渠道。

进入源汇区郾城区，澧河北岸的支流都不很长，因而《郾城县记沟防篇》以“沟”命名之。（见文后图三）这些沟是：

姬留沟，起于源汇区阴阳赵乡台坡魏村南坡，东南流至下亭东入澧河，长 6 千米。

戴家庄沟，起于阴阳赵前坡，经戴庄东转东南至湾赵村东入澧河，长 3 千米。

陈家沟，起于小吴庄东北，经陈家坟古城西南入澧河，长 1 千米。

胡沟，起于阴阳赵乡姬留村南，东行经戴庄北、古城北，转东南入澧，全长 10 千米。

南丁沟，起于郾城南关南坡，东行经挂刀营北、东吴庄南，转东南于丁湾西入澧河，长 3.5 千米。

澧河南舞阳境有两条支流，东曰唐（溏）河，西曰干（甘）江河。

唐河又名唐江，源于舞阳县城北 3 里茨园张（李楼），北流转东至姜店南，又转东北至源汇区大刘镇抬头村北入澧河长 25 千米，宽 53 米，流域面积 258.2 平方千米，泄洪能力 409 立方米 / 秒，除涝流量 19 立方米 / 秒，系内涝河。解放前，由于河床较深滩小堤窄，如遇澧河水涨，倒灌长达 10 余千米，排涝困难，常发水患。1956 年和 1966 年两次进行疏浚，截弯取直，水灾基本消除。

2003 年 12 月，为彻底消除这一灾害，开工建设了唐河防洪闸工程，总投资 823 万元，省里拨款 400 万元，不足部分市里自筹。

该河原系洪河水系，在大刘镀镇抬头村南正东入唐江河（见文后图二）。元世祖忽必烈至元二十七年（1290 年），为了加大颍河水量以便运粮，将唐河改入澧河，又将澧河在勾河口改入沙河。

唐江河属于季节性河流，源于源汇区问十乡师庄北坡，现延长至前问十村。上游名北马沟，曲折东行经大刘镇皇玉北、西刘南、空冢郭乡李岗北、指挥寨南、陈崔、赵岗东，于西平人和乡西正南过老王坡入洪河。全长 25 千米，宽 16 ~ 33 米，水深 1 米，流域面积 324 平方千米。河水清澈。1957 年、1970 年曾两次深挖河道。

干江河俗名洪河，古称舞水（沅水）。舞阳县即以位居舞水之北而得名。

该河源于方城县城北 15 千米处，东流合荥水（干江河古名），下舞阳、西平，于五沟营入洪河。

干江河的支流主要有 6 条。流经山地时，忽而东，忽而西，势如飞舞，人称舞水。（实名“沅”水，附会作舞）又因源于诸山间之水，旱时河床欲干，涝时水大如江，故称干江河。6 条支流于叶县保安镇东汇合后东流，至舞阳保和乡西南卸甲店北上澧河店入澧河。

该河原不入澧河。从卸甲店东通三里河（舞水），属洪河水系；澧河属沙颍水系，二者分道扬镳，互不干扰。现三里河自卸甲店东流，经舞阳城南到西平师灵西南入洪河。虽有河道，因于江河正北改入澧河后，旧河道淤积，水不再向东流了。

干江河是怎样改入澧河的呢？根据有关史料，有两种说法：其一，民国《西平县志》载，洪河本名汝河，远源于古舞水（三里河）。元末至正年间（1341—1368 年），地方官因干江河泛滥为灾，乃于卸甲店北凿渠长 12 里，引河水北流入澧河，使水归颍，这是洪河远源截断的开始。《明史·地理志》云：元末于涡河（卸甲店北锅垛口）遏断其流，使水归颍。

今干江河自卸甲店到上澧河店的 12 里河道两岸地势低平，很可能就是改道引渠的地段。

其二，请看下边“改河输理”的故事。

传说明朝嘉靖年间，王浩在京城官居都堂（朝廷衙署长官）。一次，有老乡对他说，每逢河水暴涨，他家的祖坟上总是有很多大大小小的老鳖。王都堂听后认为那是很不体面的事，便起了改河的念头。他经过思谋，奏明皇帝说，洪河离他家祖坟只有十几丈远，涨水时会冲毁祖坟，建议把上游的干江河由东流改为向北流入澧河。皇帝想：二河归一，流量增大，恐难容纳，既不合情又不合理。便对王都堂说：“改河输理呀！”王都堂为达到自己的目的，用音同字不同，假传圣旨说“改河入澧”。他兴师动众，征调舞、叶两县 3000 多民工，开挖 30 多丈宽、12 里多长的北流河道，与澧河相通。并协同舞、叶二知县，筑起两丈多高的指挥台，亲自坐镇督工，在干江河上筑坝截流。说也奇怪，堵坝工程就是合不了龙，王都堂一筹莫展。此时，附近村里有一妇女喊叫她儿子“锅垛”吃饭。王都堂听到小孩的名字叫“锅垛”，有“垛”（堵）之意，就命手下把这个孩子按在一口大锅下，然后又用许多锅把底穿透，用沙木杆串起来，打成垛，才堵住了激流。后人就把这个地方叫锅垛口。至今常有红水流出，人们都说是“锅垛”的血。就在改河竣工不久，朝廷派钦差大臣来河南巡视，发现王都堂的祖坟不像他说的离河只有十几丈远，而是一里有余，况且“改河入澧”劳民伤财，害死儿童。回京奏明朝廷后，就以欺君之罪将王都堂推出午门斩首。“改河入澧”到底还是“改河输理”了。这则故事也载于民国二十三年（1934 年）《西平县志》。

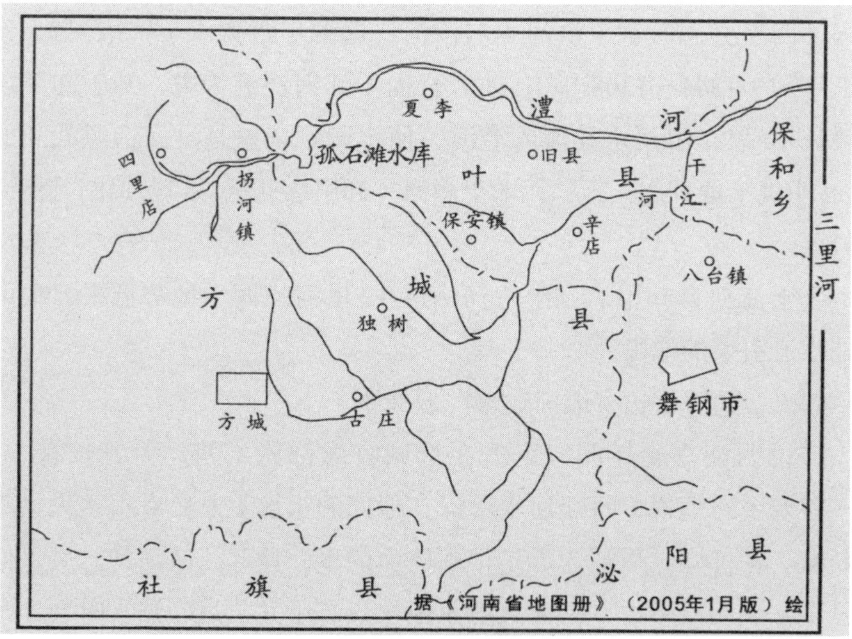

澧河上游支流一览图（一）

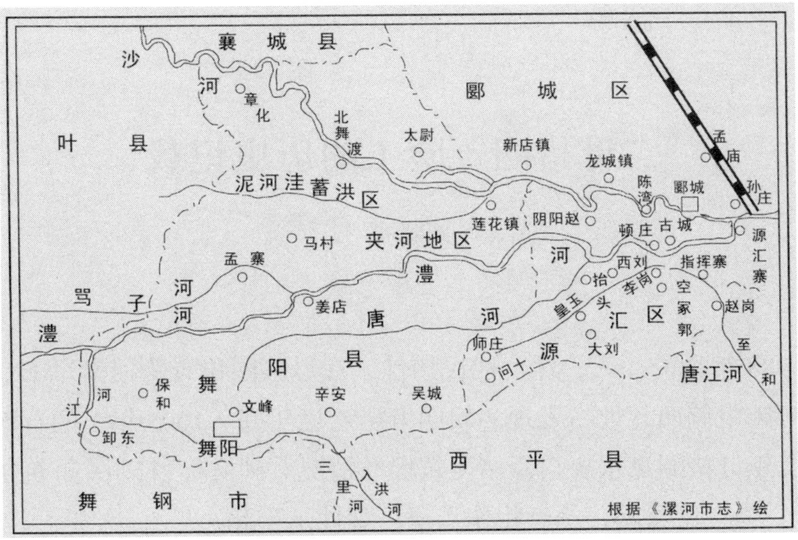

澧河下游支流一览图（二）

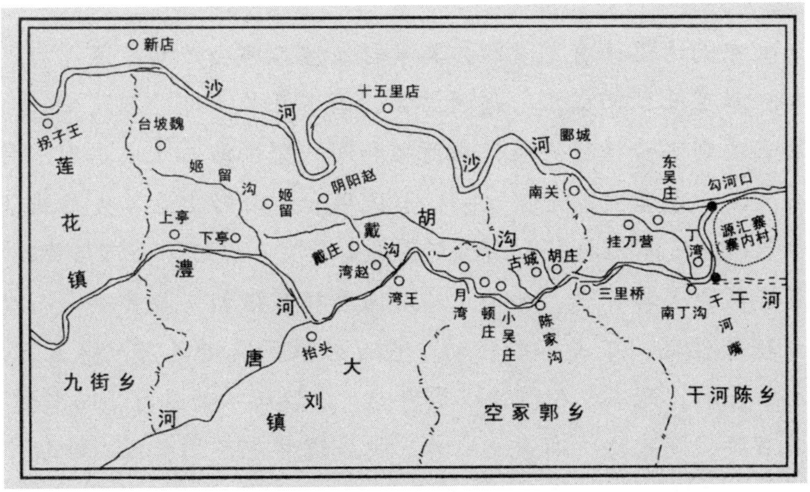

澧河干流形势图（三）

选自2007年9月《漯河文史资料》第十五辑

“母猪圈”险工的历史记载

阎振国[①]

1988年秋的一天，漯河船民捞沙，在母猪圈位置距河南岸120米左右的河床中偏西北处，发现一块明万历乙巳年间（1605年）的石碑，记载了当年母猪圈洪水决口及堵复筑堤的情况。碑文标目曰:《重筑龙堂河堤记》。为方便参阅，笔者粗作点逗，现抄录于此：

重筑龙堂河堤记

治之东南十里许有龙堂河，其来自沙澧二河会流焉。漯湾河龙堂地形曲折，水至此萦回成汇。每遇淫霖，山水暴长（即“涨”，笔者），龙堂遂决。决则水势横行泛滥，舞商颍和间一望平沙，几成水国，所从来矣。癸卯夏，龙堂决，是岁大□，蒸民艰食。余乃出粟募夫负薪从事堤成，仅仅两年可幸无恙。至乙巳夏，龙堂又决。余曰，小河与黄流不同，惟厚其堤防、遏其奔逸，如是止耳。因委驿官张朝宣董其事，而以公直官万九棘等佐之，丁夫不敢骚动。它百姓惟募滨河之家，得五百余人。滨河之家苦水，无不人人荷锸以毕力者。以故后不两逾月，而新堤告竣，计长三百步，阔五丈，高盈丈有奇。夫筑堤将卫民田，冀输赋税，以佐公家之急；乃冥顽百姓顾以地之所出，先私后公，亦甚非余筑堤之意矣。

金城知年杨师震记。

时万历年乙巳秋九月立石于龙堂新堤之上

---

① 阎振国，河南省漯河市人，1939年元月生。1956年毕业于漯河高中，1961年毕业于西安交通大学水利系。曾任河南省沙颍河工程管理处副局长兼总工程师。漯河市政协第一、二、三届委员，一届常委。

这里需要说明的是：①此碑何以在距沙河南岸100多米的河床中发现？应该说，当年的石碑是立在沙河南岸河堤上的。众所周知，市区沙河流向为自西向东，至母猪圈处陡然改为由南向北，呈90度的大转弯。如是一来，水势自然要靠凹岸（此即南岸）流动，冲刷河堤，年复一年，河床也就自然地向南移动。如今在距南岸100多米处的河床中发现石碑，恰好说明400年来沙河河床由此向南推移了100多米。②上抄碑文中的□空格处，表示这里有识别不清的字。原认定为“稷”字，但不明其意。后由本书责任编辑胡民安老师查检认为，《康熙字典》《中华字典》均无此字，应该是“祲”（jìn）字之误，是自然磨蚀或当年书者自误所致，不能确定。但从上下文意看，“祲”在这里是顺理成章的。“祲”，《说文》：“精气感祥”，即阴阳二气相侵而形成的表示吉凶征兆的云气；《中华字典》“祲”则直书“妖气”。由此知，碑文中的“祲”应该是“灾难”“祸患”之义。③此碑重新面世后，存放于市沙颍河工程管理局，其间闻讯前来观瞻者甚多，亦有抄录碑文者。局办公室为简其事，将碑文付印，索者甚广。对此，笔者申明：“稷”应为“祲”。④碑文原无标点，笔者所标，如有不妥，请指正！

“重筑龙堂河堤记”拓片

碑文述，此次堵复立碑之前，“癸卯夏，龙堂决，是岁大□（祲），蒸民艰食。”“至乙巳夏，龙堂又决。”而立碑之后，母猪圈仍有不断决堤泛滥之灾。据《郾城县记》载，明万历四十八年（1620年），母猪圈河水大决。同年秋，母猪圈又大决。明崇祯十一年（1638年），母猪圈大决，河堤被洪水冲毁500余丈，后修复之。明崇祯末年（1644年），母猪圈决口，洪水淹至项城，十二年无人堵复。直到清顺治年间（约1656年），郾城知县荆其惇才命令幕僚谢槟带领郾城、上蔡、项城三县民工将决口堵复。到光绪十一年（1884年），母猪圈又决，大水淹至颍州（今安徽阜阳一带），且三年无人堵复。后来，颍州受害百姓自发捐款筹资、出动劳力，在母猪圈附近购置土地十余亩，才将决口堵复。民国十七年（1928年）母猪圈、大王庙（万庄西北）同时决口，原京汉铁路两侧、漯河市区马路街等处水深数尺。

选自2007年9月《漯河文史资料》第十五辑

颍河的变迁

范子文

横贯我市中部、郾城县北部的颍河，查《中国历史地图》，距今已三四千年，在原始社会里，即有这条河流。它是淮河最大支流之一。颍河，源于河南省登封县少室山下，自西北向东南流经登封的告城→白沙水库→襄城的颍桥→临颍的繁城→小商桥→西华的逍遥→周口市→项城（原水寨）→沈邱（原槐店）→安徽省的界首→太和→阜阳→正阳关→入淮河。全长1500华里。在我市，颍河自临颍县繁城西入境，至郾城李集乡大王村北出境，长90华里。颍河在郾、临以上称渚河。据说，唐初四大书法家（欧阳询、虞世南、薛稷、褚遂良）之的褚遂良（禹州市人）曾隐居颍河之滨。后人为纪念他，遂把颍河的这一段称褚河。后又将“褚”改作“渚”，以示水名。

颍河原堤高水深，为农业提供了灌溉的便利。沿岸土地肥沃，适于人们生活。明朝（1368—1644年）以来，在我市流域就形成了稠密的村庄。这里，风光秀丽，鸡犬相闻，生活其间，“其喜洋洋者矣”！

清·靳北鲁有渚水怀古（二首）

颍流如镜映寒更，水面浮光入夜清。
一曲冷波堪洗耳，千古胜迹藉逃名。
鱼翻宿藻娱沙鸟，堤锁残烟傍柳莺。
一自箕山人去后，空余明月照幽情。

颍水东流岁几更，千年人去水犹清。
渔翁怪问饮牛事，词容争传洗耳名。
湛湛银波涵皎月，涓涓碧溜度新莺。

殷勤欲把纶竿钩，为爱巢由栖隐情。

清·谢德征也有渚水怀古

渚水年年未有更，何人初羡碧流清。
一从洗耳开波面，不许贪泉问胜名。
秋岸荻花立野鹭，春堤柳浪任啼莺。
有钱欲买扁舟至，月上浮光唱古情。

原颍河（渚河）过去不唯风光旖旎，而且交通运输便利。1876年末改流前，安徽省的一些农货，不断由船运至小商桥。据我父亲谈：清朝嘉庆（1796—1820年）、道光（1820—1850年）年间，临颍县小商桥挂千顷牌（实际百顷地）的大地主田清玉（乳名富兴），建筑楼房所用的大宗物资都由安徽颍州（阜阳）等地运来。颍州打鱼船连年不断在我村（史湾）后渚河捕鱼。由此足证当时颍河的面貌。

沧海桑田，世事多变。在中国近现代史上颍河在我市曾发生过两次大的变迁：第一次是自然的，第二次是人为的。

第一次变迁

原颍河自临颍县锅壅口→郾城县余湾、大张湾（如文后图）。河床为南北走向，弯度不大，且地势北高南低、河水直泄而下，泥沙不易沉积，河床不易变化。大张湾村以东，河床90度急转，变为东西走向，且弯曲处多。从大张湾东至密桥，近二十里的长度内，河湾就有十多个，沿河许多村庄，因位于河湾而得名。自西向东有大张湾、魏湾、陈湾、郭湾、卢张湾、党湾、李湾、唐湾、史湾、王湾、田湾、胡湾、鲁湾、张湾。而最弯者，莫过于商桥东唐湾等七个村子相邻的鱼嘟噜湾，如U形。

这样弯曲的河流，且河道狭窄（现实测河床仅15米），导致流水不畅，泥沙沉积，以致河底越淤越高，形成了“地上河”。1876年（清光绪二年）前的十几年，河水逐渐减少，慢慢干涸。1876 年夏，河水猛涨，自大张湾正南宣泄，直入稻草湖，与郾城北土垆河相汇。

当时郾城县令忧心如焚，急忙强迫群众在大张湾拐弯处修了一个大石坝，妄想阻止河水南下，迫使东流，结果，被大水冲了。再修，再冲。一连修了几次均无效果。县令无奈，搞起了迷信。先在大张湾南，靠冲开的河岸，盖了一个白龙王庙，想借龙王制服南下之水，结果枉费心机。后又率领文武百官，于汛期到来之时，在河岸摆设香案，陈列祭品，诵读祭文，跪拜河伯。县令还把自己的乌纱帽掷诸水中，表示诚心。但河神并不领情，仍直流南下，向大杨庄南洼冲去，至稻草湖和土垆河相汇。再折向东→乾勒桥靳乾桥村北门外→大李庄、小李庄、闫庄村南→沙埠口→李集乡东孟村南出境→逍遥镇北→周口西和沙河相汇。这样一来原颍河我市一段，遂长期干涸。

《郾城县记·大事篇》（1934 年版）也有记载：光绪二年（1876 年），渚河决于余湾改流。余湾在洪陈店之北（今刘孟村），决后，斜入土垆河。渚之下游（指大张湾，余湾以东之渚河故道）皆淤平。近岸居民，咸于其间垦田种树。

第二次变迁

1876 年颍河在我市改道入土垆河后，直到 1949 年解放，74 年当中，自上游挟带泥沙，仍不断在这里沉积。因土垆河所居的位置，正在郾城北有名的洼地稻草湖（西自郾城商桥镇坡边村南东到李集乡东孟村南）区，所以，河底越积越高。每年汛期一到，土垆河两岸，不是决口，就是泛滥，形成连年水患。“大雨大灾，小雨小灾，无雨旱灾。”这正是这一现象的真实写照。

1931 年（民国二十年）国民党政府强迫农民修土垆河，培堤一米多高，无济于事。

1935 年（民国二十四年）夏，沙河向北、土垆河向南同时决口，龙城镇、孟庙镇几十里范围内，尽成泽国。人民流离失所，损失难以数计。国民政府于水患后，强迫群众又一次修治，但仍是表面文章，无济于事。

解放后，在党的领导下，郾城广大干部遵照毛主席“一定要把淮河修好”的伟大教导，决心对长期为害的颍河进行治理。

1949 年 3 月 10 日起，历时 28 天，对全长 54 千米的颍河河床加宽 1 米，河堤增高 1.5 米。1952 年春，历时 80 天，继续加宽、增高。

1956 年 3 月 8 日至 5 月 28 日，历时 75 天。许昌地区治淮指挥部组织全区民工 10 万人，（其中郾城出动 1.24 万人）统一施工。对在郾城沈赵村东北吴公渠入颍河口—西华逍遥北河口，全长 37.07 千米的颍河东段进行了全面治理。

1957 年 3 月 6 日至 5 月 10 日，许昌地区治淮指挥部组织郾、临、舞、襄民工 8 万人（郾 5 万人），对临颍繁城—吴公渠改道口颍河西段进行施工，全长 30.25 千米。工程主要任务是裁弯取直，另辟新河。取直后的河床由繁城东南，经商桥镇大王庄西北 1 千米处入境。在郾境又相继取直了老河口—乾勒桥、乾勒桥—沙埠口两段河床。境内河道原长 12.5 千米，取直后缩短为 11.5 千米。

1969 年冬至 1970 年春，许昌地区组织郾、临、许、鄢四县 15 万民工（郾 4.5 万），对土垆河吴公渠以东 750 米处至西华县刘桥，全长 22.82 千米（郾境 12 千米）的颍河东段，河床普遍加宽 20 余米，同时，对河堤加高加厚。用工日 2337 万个，完成土方 3983 万立方米。

经过数次治理后的颍河，消灭了 28 道弯。现在的河床宽 76 米，深 4.5 米，堤高 3.5 米，堤距 190 米，防洪流量是 1330 立方米 / 秒，防洪能力达到 20 年一遇的标准。

颍河治理后，其干流（主流）在我市郾境大王西经乾勒桥桥南、京广铁桥、沙埠口、新生农厂南、黑龙潭乡坡杨北入西华境（瓦屋赵西南）。漯河市地图上印出的，即指此段。原余湾→小商桥→渚阳寨之古颍河、余湾→乾勒桥→吴公渠入颍口之老颍河（西段）皆干涸。

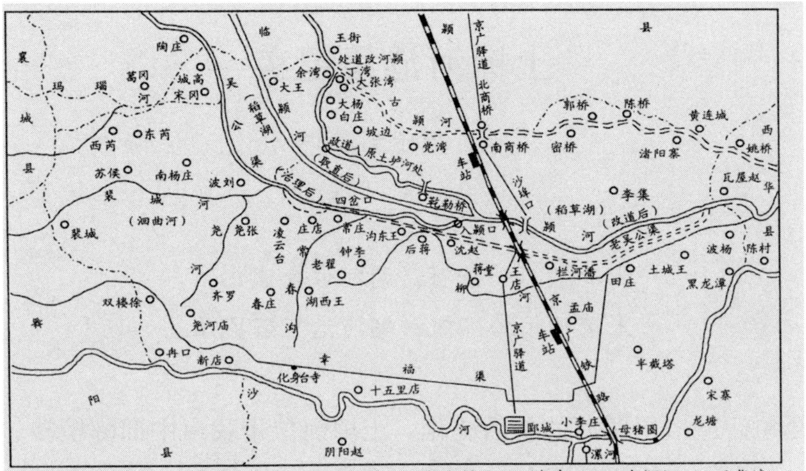

注：原土垆河流经：城高东（今涸）—→坡边南—→乾勒桥北—→沙埠口—→今颍河—→西华境

颍河、土垆河变迁及吴公渠地理位置

选自 2005 年 7 月《漯河文史资料》第十三辑

土垆河沧桑纪实

范子文

土垆颍河一条河，两河古今变化多。
土垆让位给颍河，颍河治理万民乐。

几句话道出了两河的前后变化。土垆河位于我市中部郾境沙、颍之间，是自古以来横贯我市的三大河流（沙、土、颍）之一。颍河原位于土垆河北 10 里郾（城）、临（颍）边境，因改道占据了土垆河，所以今天土垆河的名字，地图上已经找不到，在前人印象中也逐渐消失。为了让人们了解土垆河，现简要说明如下：

土垆河，又名乾勒桥河，源于禹州市范家坡（今范坡乡辖地），东南流经襄城之双庙、范湖，临颍大郭南，在我市郾城城高村北入境。继而东南流经坡刘村北转而正东，经坡边村南、乾勒桥北、沙埠口，至西华境之固厢村，斜入颍河（渚河）。全长 58 千米（我市 29 千米）。数千年来，对减少我市水涝灾害、发展农业生产、安定人民生活起着决定性的作用。

一、土垆河的形成

土垆河形成的年代，该从它的名字谈起。垆，即黑土。据《漯河市志・地质地貌》85 页载，我市低洼地段，分布早中全新统沼泽相对层。又云，我市大部分地区为沙、颍晚更新统泛滥冲积层。后者形成时间为 10 万 ~ 1.2 万年间，前者形成时间 1.2 万年左右，厚度一般为 2.2 ~ 6.78 米，底界标志为沼泽黑灰土、亚黏土。笔者在土垆河沙埠口南考察，发现掏井地表 2 ~ 3 米以下，即砂礓黑土。现地表黄土，皆由诸河上游多少万年泥沙冲积而成。

由此说明，土垆河形成的年代，当在远古多少万年。

土垆河是怎样形成的呢?

土垆河横贯稻草湖中间，它的形成和稻草湖分不开。稻草湖是我市中部自古以来的沼泽地区。它东至西华县境瓦屋赵村，西到坡刘村，南临尧张、白庄、钮王、王店、拦河潘、土成王，北依宋岗、坡边、党湾、靳庄、李集、东孟诸村。横跨郾境裴城、龙城、商桥、孟庙、李集、黑龙潭乡（镇）南北边界地区。东西长 24 千米，南北宽 5 千米。呈勺状，“头西北，脚东方，身子弯曲在中央”。地势西高（绝对高度 63.5 米）东低（55.7 米），南高（64.4 米）北低（58 米），形成一个低洼的大湖盆，人们习惯称为“稻草湖”。

稻草湖，历史悠久。据史载，西汉（前 206—23 年）时期，此处即为低洼的沼泽地区，常年盛水不漏，是荒凉瘠薄的不毛之地。明初移民后，始垦湖边土地，形成诸多村落，现有大小庄村 85 个。湖中部由于禹州、襄城方圆二三百里丘陵山冈泄下之水长年冲刷，自然形成一条大水沟。到新中国成立前沟宽 30 米，深 3 米。这就是后来的土垆河。原无堤，清中叶后，东段（铁路东）始修堤防洪，但仅高 2 米，宽 3 米。每年到汛期，这里一片汪洋。

二、土垆河的支流

稻草湖西部、南部地势较高。湖中低洼，雨水很自然地向北、向东流入湖中。先冲刷为水沟，继经人工疏浚，形成许多支流。这些支流形成年代亦可谓久远矣。

现将原支流情况自西向东，记述如下：

玛璃河又名马拉河、泥河、箭杆沟。源于襄城朱湖潭，自大石桥（今裴城镇胡刘村）入我境。至西芮，分为二支：一支由西芮村北，东北行至宋岗北入土垆河；一支自东芮村东行过南杨北入土垆河。全长 38

千米，在我境长 10 千米。

裴城河：又称“洄曲河”。《旧志》云，“裴城店左汇渠，因汇渠二字一声之转，遂有洄曲之称。”

其实非也。洄曲河在郾境之东南（按：今人和寨—五沟营之一段干河，即古洄曲河；人和寨—干河陈一段干河古称饮马沟）。裴城在郾城西北，二者不可相混。由此说明，今日裴城洄曲河之读音是从“汇渠”演变而来的。

裴城河，源于舞阳大岗王村（今侯集乡大岗村）北，至裴城西南入我境，东北行裴城寨内响水桥至苏侯村南，东行坡刘村南九女冢北沿鄢河故道至四岔口（土垆、玛璃、裴城、尧河四河会河处），入土垆河。全长 28 千米，在我境 13 千米。

尧河：在舞阳称泥河。源于舞阳大岗王村南，东行 9 千米至双楼徐南入我境。东北行郭寺，又东行绕尧河庙折而北行，经齐罗西至尧张西入裴城转入土垆河。全长 14 千米，在我境 8.8 千米。

翟沟（翟家庄渠）：源于龙城镇北老翟村前坡（人称为湖），东北行 10 里至沟东王，东南行蒋堂南，转而正东，经王店、拦河潘、田庄入土垆河。全长 25 千米。后易名柳河。

蒋堂渠：源于蒋堂村之南坡，东南流经闫陶村、小王庄南，转而东北，至黑龙潭乡沈张北入土垆河。该渠宽七八尺，深三四尺不等。全长 13 千米。

马家庄（马坡）渠：自马坡南起，北行经拦河刘村东入土垆河。长 6 千米。

黑龙庙渠：自庙前坡起东北行至马坡南入马家庄渠。

通渠河：自孙庄乡后周起，北行至塔前王西由五里庙渠汇入，继而至九龙口石桥北，有五里庙枣树王村渠汇入，至田庄东沿翟沟入土垆河。全长 10 千米。

五里庙渠：自坡陈南坡起东行至塔前王后，入通渠河。长 4 千米。

五里庙枣树王渠：自坡陈东北起，经吴庄后，东行至九龙口石桥北，入通渠河，转入土垆河。长 5 千米。

三、土坊河的变迁——颍河的注入[①]

颍河是淮河最大的古老的支流之一。源于登封少室山下，东南流经登封的告城—白沙水库—襄城的颍桥—临颍繁城，至我市商桥镇西余湾北入境。复以90度大转弯折东经大张湾—魏湾—小李湾—卢张湾—党湾—小商桥—史湾—王湾—田湾—密桥—郭桥—陈桥—潴阳寨东出境至西华县，达周口，经界首—阜阳—正阳镇入淮。我市一段东西长20多千米。自余湾以东，河道特弯曲。“名为东行，实则径者无几。俄而东北，俄而东南，坐湾有大有小盖40余。”（《郾城县记》）历代河道不修，水流缓慢，河床越淤越高（今从大转弯遗址看，河底比转弯处之河底高4米），北来之水难以东行，逐渐自余湾向南低洼处流动。汛期水大时，正东还可以向颍分洪，这样延续10年。到清光绪二年（1876年）洪水猛向余湾正南，经大杨庄西至栗桥（北为今郭栗庄）汇入土坊河，向东流去。《郾城县记·大事篇》（1934年版）载：“光绪二年（1876年）潴河（颍河）于余湾处改流。决后，泄入土坊河，潴之下游（余湾以东之颍河故道）皆淤平。近岸居民，咸于其间垦田种树。”颍河改道入土坊河后，即占据了土坊河并代替了土坊河的名称。它的组成：余湾至栗桥新冲道——原土坊河栗桥至西华境段。栗桥以西原土坊河道淤塞。

选自2005年7月《漯河文史资料》第十三辑

① 参阅P305颍河、土坊河变迁及吴公渠、幸福渠地理位置图。

吴公渠幸福渠述略

范子文

我市沙、颍之间有二渠。二渠者，吴公、幸福是也。二渠一古一今，其作用一也。吴公渠居颍南，幸福渠居沙北。其间为开阔原野（东西长35千米，南北宽10千米），土地肥沃，适宜种植各种农作物，堪称我市之粮仓。流经太尉、裴城、新店、龙城、孟庙、李集、黑龙潭诸乡（镇）。吴公渠主排涝，幸福渠主灌溉，为农业的大丰收提供了有力的保证。

吴公渠有新、老之分（为易于辨别，笔者分）。老吴公渠，为清末郾城知县吴文坦督修。后人为纪念其功德，即以"吴公"命名焉。新吴公渠，是老吴公渠的延伸；老吴公渠，是新吴公渠的基础。解放后，治理吴公渠时，老吴公渠东段废弃。治理后，统称"吴公渠"。

老吴公渠

1876年，颍水改道入土垆河（今土垆河名称已消失，统称颍河）后，上游登封、禹州周围三四百里之山水，全部汇入颍河。因河道既窄又浅，不能满足泄水之需。每到汛期，稻草湖西部，襄城东来之水、和颍水上游之水全部汇集稻草湖。造成秋田淹没，冬麦难种。

"县北沙埠口一带，久罹渚水（颍河）之患，王店左右（湖中心东到西华境、西至坡刘北）依然沉垫"（《郾城县记》）。郾城知县吴文坦，忧民之所忧，乃"访之耆老，筹修筑之策"，遂于清光绪三十二年至三十三年（1906—1907年）率众开渠。西自四岔口庄店村北起，东经四岔口、常庄、张堂、白庄、钮王、沟东王、洼孙、沟张、沈赵、吕庄，穿过京广铁路正东、土垆河南、拦河潘北、田庄北、坡杨北斜入颍河。全长 40 余里，宽 3 丈，深 7 ～ 8 尺，沿岸筑堤数十里。

吴公渠修成后，自清末至抗战前数十年间，对稻草湖积水的排泄，起到了很大作用。因而吴公渠成了郾北唯一的排涝渠道。

然而，解放前，国民政府不兴修水利事业，不关心人民生活，致使吴公渠长年废弛，渠道淤塞，到解放时，仅余旧渠痕迹。每年一到汛期，稻草湖中仍然是水乡泽国，人们只有望洋兴叹了。

（注：吴文坦，清顺天府大兴县人，拔贡。郾城知县，任期 1906—1910 年）

新吴公渠

新中国成立后，为了发展农业生产，造福子孙后代，郾城人民对老吴公渠做了几次治理。

1956 年，在省治淮总部的统一规划下，由老吴公渠源地庄店村北，依土垆河故道向北延伸，经宋岗东至临颍大郭乡尚庄西，接通文化河、运粮河两大支流。下游在孟庙镇沈赵村东北、京广铁路西 750 米入颍河。铁路以东的原吴公渠不再行水，后淤为平地。

1967 年，再次治理吴公渠。下游段（即临颍境—宋岗—吴公渠入颍口）底宽由原 19 米，开拓为 27.5 米，提高了排泄能力。

为了彻底治理吴公渠，1989 年 11 月 1 日起，郾城县裴城、新店、十五里店、三周、大刘、空冢郭、阴阳赵、李集、黑龙潭 9 个乡和城关、孟庙、商桥 3 镇组织了 10 万民工，在县吴公渠治理工程指挥部指挥下，浩浩荡荡开赴工地，同大自然展开了空前的较量。在郾县境治理下游 17 千米长，总土方量 230 万立方米。临颍段和各支流的治理由漯河负责组织其他县区 10 万民工进行。

治理后的吴公渠，主干道从源地禹州小吕乡丘陵岗地→襄城文化河→临颍→郾城沈赵东北改入颍河。全长 75.3 千米，汇纳了全流域 70 平方千米以上的中型河渠 8 条，流域面积 1134 平方千米。从源地至郾城，经禹、襄、许、临诸县，计27个乡（镇），459个行政村，属流域1000平方千米以上的大型河道。在我市经裴城新店、龙城、孟庙、商桥诸镇地区渠长29.6千米，流域面积23万亩。

这次对吴公渠的治理，既治本干，又治支流，既扩大吴公渠的承涝能力，又改善了颍河的排放条件。

吴公渠的支流

吴公渠治理后的支流，皆由原土垆河——颍河的支流人为地转入了吴公渠。

马拉河 源于襄城县茨沟东。东南经麦岭南、姜庄北至我区东芮村北，东行到宋岗南注入吴公渠。全长37.5千米。

洄曲河 源于舞阳侯集东。东北流经裴城南转东行至坡刘，注入吴公渠。全长23千米。

尧河 源于新店镇尧河庙东。北行经齐罗西，至尧张村北，注入洄曲河，转向东流入吴公渠。全长7.5千米。

常春沟 位龙城镇西，呈南北向。源于化身台寺西，北流经春庄东，呈弧状至新店镇常庄东入吴公渠。长8.5千米。

黄花渠 源于繁城西，南流大郭东至郾城区城高村北东入吴公渠。全长11.5千米。

胡城渠 源于临颍大郭乡胡桥西，东流经城高北转而东南入吴公渠。全长12千米。

运粮河 源于禹州南小吕乡岗地，南流经襄城之双庙、范湖，至纸房东南注入吴公渠主干（文化河）。全长25千米。

幸福渠 为郾舞两县共同修建的中型水利工程。因是自舞阳太尉乡五虎庙村引沙河水自流灌溉的渠道，故名五虎干渠。至郾城称幸福渠。1958年兴建，1960年竣工。渠首建有一座两孔进水闸，最高水位65.5米。设计流量30立方米/秒。总干渠至新店镇堤子王村西北分为两条干渠：向北流经裴城者曰北干渠，分7条支渠；向东流新店、龙城、城关、孟庙、黑龙潭等6个乡镇曰东干渠，分11条支渠。干渠总长48千米。支渠总长210千米。保灌面积16.5万亩，投入使用后，配套工程不断完善，干渠、支渠、斗渠、农渠、毛渠系更完整。多年来两岸农田旱能浇，涝能排，旱涝保丰收。

选自2005年7月《漯河文史资料》第十三辑

下夹河澧河排水沟今昔

胡民安[①]

这里说的下夹河是指沙、澧二河相间地方郾城旧址今古城村南北以东直至漯河源汇寨澧河以西的区域。在这个南北宽约 3 华里东西长不足 10 华里的区域内，澧河的排水沟就有 6 条。然而，这些沟的功过是非、今昔面貌却很少有人评说过！

我是古城人，20 世纪 50 年代和同乡同学在漯河高中读书的三年中，几乎每星期除丁湾村北的霸王沟外，都要在其余的五条沟上上下下翻越 10 次之多。遇上雨天，那路途的艰难就更可想而知了。记得有一年夏天，澧河水涨已经回落几天了，我从学校回家，走到离家不足 200 米远的胡沟一看，还正在泄水，流速很急，4 米多宽的水面，我试了几个地方，都没有过去。这时，天色已晚，不得已又回走 200 多米，在胡庄住了夜。第二天，在叔父的帮助下，才回到家里。然而，这只是它的一面，它还有另一面。千百年来，这些沟同夹河里人民一起排积潦，泄洪水，不知有过多少让人辛酸的岁月。正是这一面，夹河特别是下夹河的人们至今没有忘记这些沟。我想，今后也永远不会忘记这些沟！

这些沟自西向东依次是胡沟、马沟（分西沟、东沟）、二沟、大沟、霸王沟等。

---

① 胡民安，河南郾城县人,1934 年 9 月生。1956 年漯河高中毕业考入河南师范学院（今河南大学）中文系学习，毕业后先后在唐河高中、郾城中学、漯河铁路中学任教。1984—2002 年，先后受聘漯河职工大学河南省建设工程造价管理干部培训中心和漯河市建设委员会，从事教学管理和文字工作。

胡沟入澧口闸门

胡沟指的是古城与胡庄之间的一条沟。这条沟的源头可以上溯到古城西北 3 ~ 4 华里的小丁庄、大楼魏村南边。那里是一片低洼地，人称丁坡。每年夏秋雨多水潦时，便一片汪洋。这时，积水顺着自西而东的地势向下流去，年复一年，时间久远，形成了一条大水沟（当然也有人工疏浚的因素），经安庄西、高庄南，沿古城外城城墙脚下至东北城角折而向南，在古城与胡庄之间南入澧河。这条沟的上游约 4 华里段没有涯岸，呈凹形，至向南入澧河约 2 华里段涯岸明显。宽 30 余米，深 4 ~ 5 米，从西、北、东三面把古城紧紧环抱其中（古城南是澧河）。平时排潦倒也流水潺潺，可是，每当澧河泄洪，却来势汹汹，给古城百姓的出入带来很大不便。也许正因为这样，早在几百年前就有人在古城东边的胡沟上筑了一座石桥。有这样一个故事，明朝末年，胡氏先人胡绵自山西迁河南今西平高桥，后定居郾城胡庄（胡庄由此得名），是当时一位有名的绅士。一天，他发现胡沟的石桥正好对着他家的宅院，世人称桥为虎，桥头指向哪里，哪里的人就遭殃。胡绵以为很不吉利，便在门前的空地上种了一片栗子树，以为栗包满身硬刺，虎即食之亦不得下咽。果然，以后的胡门丁壮财旺，至今不衰。笔者童年从胡庄走过时，还看见过那里仅存的一棵栗子树，枝叶繁茂，高大参天。不过，这时胡沟的石桥不知何时已被洪水彻底冲塌了。直到解放以后，在石桥冲垮处的水沟里，还横竖躺着许多或大或小的条石，并排立着房檩粗细、距离相当的柏木桩。水浅时，人们可以踩着石头从上面经过，在这里玩水的孩子们经常在木桩上走来走去。沟西岸上桥头两侧一字立着八通石碑，这当然是修桥时立的，也有后人对桥一次一次进行补修时做的纪念。儿时的我虽然常来这里玩耍，但不知石碑上面都有什么内容，只知道刻着许多人的名字，那大概都是修桥补桥有功的人。1958 年大跃进时，这些石头、石碑和木桩统统被挖出来派作别用了。然而，意外的是今天当笔者有幸重访故地时，竟发现沟西岸半坡上还有一通石碑的下半截躺在那里，碑座丢在一旁，碑上仅留的一百多人的名字还清晰可见，算是这座桥今天唯一的见证。

胡沟古桥残碑

马沟实际上是由马庄向北东西并列、南北走向的两条沟。当地人也称西沟、东沟。西沟出马庄后向西北延伸，至孟庄西南。那里也是有名的洼地，叫孟洼。东沟沿今 107 国道西侧向北分两支，一支向西入孟洼，一支向北直至孟庄东坡。古时候，这里是官道。官道老百姓也叫皇道、皇路。所以，这条沟又叫皇路沟。两沟分别长二三华里，宽各 20 余米，深 3 ～ 4 米，在马庄汇合后南入澧河。所以统称马沟。

马沟的东西二沟之间有一条宽约 20 米、长不足百米的地带，其间有一座小庙。相传，庙东紧靠山墙有一棵大桐树，庙南有两棵柏树。由此，人们戏说，这里有铁（贴）山铜（桐）墙百（柏）一所庙。气魄之大，让人听之无不惊讶。其实这里濒临澧河，两沟相夹，洪水频繁，桐树、柏树早已没了，只剩下个孤独的小庙，周围是散着许多瓦砾的荒草地。这里的小庙，虽烟火不断，但也自身难保，不知被洪水冲塌过多少次。冲塌了盖起来，盖起来又冲塌。现在的小庙是1975年特大洪水过后盖起来的，距今已有30多年。人们说，它是这里存在时间最长的一座小庙。

原大沟上人工湖一角

大沟、二沟的名字乍听起来像是对同胞二兄弟的称呼，实际上是在今双龙开发区挂刀营村东南相汇流入澧河的两条沟。大沟出澧河后向北直插挂刀营村东坡。解放后，人民政府为充分发挥大沟的作用，动员当地民众沿大沟向北开挖，至东吴庄南坡又向西至南关村南，与由孟庄东坡南来的皇路沟相接。如此一来，大沟就更为名副其实了，全长6华里，近入澧处500米段沟宽40多米，深5 ~ 6米。现在，大沟大部分已被开发利用，只在南端澧河堤内存有百米长的痕迹。堤外漯河职业技术学院职工家属区所占的一段，也因地制宜修成了长约100米、宽近50米大体成椭圆形的人工湖。湖的东西两岸架起一座堪称小巧玲珑的单孔石桥。东北两面，土山相环，湖中和山上筑有古式凉亭，周围种满了花草和树木。若无知情者介绍，你决不会相信这里竟是当年大沟的一段。然而正是这里，如今已成为人们工余饭后休闲散步的好去处，也是双龙开发区又一湖光山色，装点亮丽的风景线。

二沟又名歧沟，顾名思义，它是由大沟歧分出来的一条小沟，在大沟入澧 100 多米处与大沟汇合。它是东西走向，至挂刀营村南折向西北。全长约 2 华里。现在的二沟已基本填平，只在漯河职业技术学院职工家属区以西的一片空地上，还能看到它的一点影子，因为那里还有一段 100 多米长的低洼地。折向西北的一段就完全被高楼和道路压顶了。

霸王沟在今双龙开发区丁湾村北 200 多米处向东入澧河，向西直伸挂刀营村东坡与大沟相连，全长 1200 余米。由自由贸易区穿澧河而来的嵩山大道，在市康乐宫北约 30 米处横跨其上，将霸王沟分为东西两段。西段已完全夷平，盖起了高楼大厦。东段至澧河堤 300 多米，市政府为城市和水利建设需要，下砌砖石拱洞，上筑水泥路面，两边盖起了楼房商店，这就是今天的双龙开发区灯具市场街。不知底细的人，在这里无论如何也是找不到霸王沟的。不过，没关系，你可以沿街向东走，登上河堤向下看，便可见霸王沟之一斑了。两相对比，你一定会感慨万千：昔日的烂泥沟，今天的大马路；地下水流淙淙，地上人群熙熙。沧海桑田，由此知微！同时，你还可以看到，1958 年修筑的闸门还依旧立在这里，只是暂时关闭没用。而它的一旁却有两根粗大的钢管由地下通向河堤西边。那里有一座完全现代化的三间小楼，里面装有两台大型启闭机。据业内人士说，这就是现在霸王沟也是双龙开发区排涝泄洪、吞吐自如的咽喉。

下夹河包括古城南北以西区域的地势有着明显的特点。从沙澧南北两岸向中间走越来越低，形成了大小不等的多片洼地，而且以胡沟为界，东西又各连成一大片洼地。那里的村庄大都分布在两河岸边，唯独挂刀营村地势较高，而它的周围就全是洼地了。说来也巧，造化的安排也并非完全不尽如人意，你瞧，胡沟的源头深深地插进它西边的一大片低洼地里去，其余的五条沟也像是特意分工似的，各有所司。马沟的西沟东沟和它东边的二沟并肩守候在孟庄以南以东和挂刀营村以西洼地，大沟和霸王沟则穿过挂刀营村东边一直伸向东吴庄和南关村以南的洼地。实际上这两片洼地是相连的。每当夏秋阴雨连绵洼地积水时，它们就会非常灵犀及时地将积水送到澧河里去；每当沙河涨澧河让洪水像野马一般迅猛奔来时，它们又会权衡利弊把澧河的水可口地吸收到自己源头所在的洼地里去。这样，虽然淹没了大片良田，但却免去了洪水对澧河南岸广大区域的威胁，更为重要的是减轻了沙澧二河对漯河源汇寨这个古老城镇的冲击。当然，每当这时，漯河南边的干河也会协同作战，保卫漯河不受侵害。这样看来，下夹河的六条沟和干河、澧河、沙河一起，恰似一个巨大的连通器一样，随时调剂着这个区域的水势，保护着漯河及其周边人民生命财产的安全。所以，千百年来，沙、澧二河尽管给夹河里人民造成不少灾难，但漯河却始终安然无恙。六条沟功不可没！

由上可知，六条沟所处的地理位置不同，所肩负的任务也各异。胡沟排除的是古城以西的洼地积水，马沟和二沟排除的是今 107 国道两侧的积水，挂刀营以南以东以北的积水主要由大沟尤其是霸王沟排除。尽管霸王沟的名字已不可考，但从它的地理位置和在排水中所起的作用，仍然可以看出它的几分霸气来。霸王沟地处下夹河的最东边，而且又是东西走向（参图），西边马沟、二沟一时排不及的积水和它同大沟一起所担负的南关、东吴庄以南和挂刀营村以东长达 5 华里的洼地积水特别是所泄洪水，都要顺着西高东低的自然地势由霸王沟排入澧河。可想，这时，霸王沟的流速是何等的猛烈，气势又是何等的惊人。所以，人们又称霸王沟入澧处为霸王口。

下夹河的六条沟在排除积潦和澧河泄洪过程中确实起了很大很好的作用。但是不少时候也给那里的百姓带来了不可估量的损失和灾难。每逢两河水大，六条沟几乎同时向夹河里倾泻，淹没庄稼，冲毁房屋。所以谚曰：沙河涨澧河让，夹河里人喝白汤！《旧唐书·地理志》载："郾城本治溵（沙河）南（古城），开元十一年（723 年）因大水移至溵北。"

又载“夏秋之交，两河倒流，无分沙澧，庐舍倾颓，人畜漂流。”正是这种灾难的真实写照！据传，三里桥村原本也在澧河北岸今马庄村址，后因避洪水之难，才迁到南岸的。这里古人修建的澧河大石桥即三里桥（由郾城县衙至此恰为三里）也是被洪水冲毁的，至今人们还可以从水里捞出石头来。

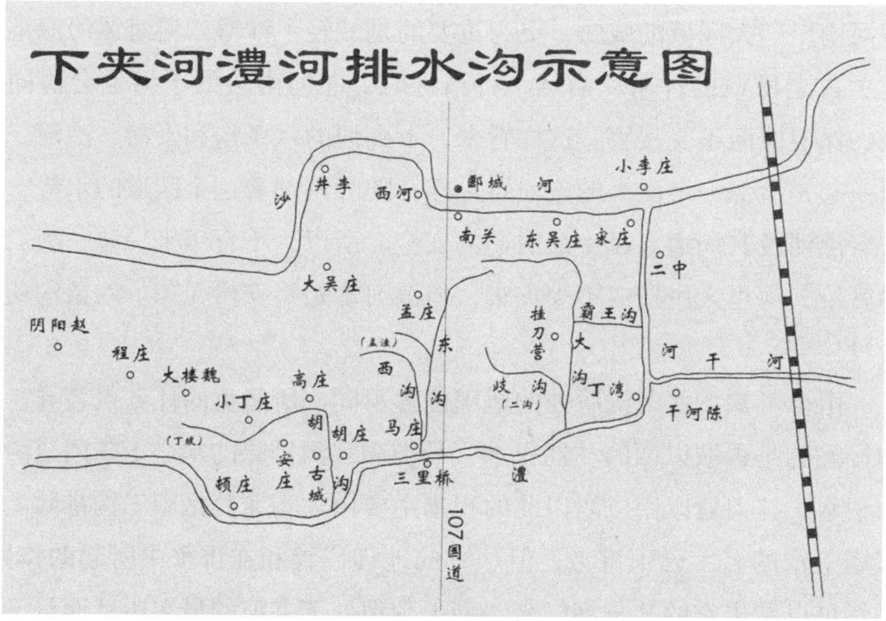

下夹河澧河排水沟示意图

然而，这种灾难完全归咎于“两河”“六沟”是不公正的。旧社会，封建统治阶级不顾人民死活，不主兴修水利。夹河里的澧河河堤在笔者的记忆里只是一条仅供单人行走、高不足1米的小土岭，且断断续续，这怎么能拦堵洪水、抵御灾难呢？解放后，人民政府把水利建设作为治国安邦、提高人民生活水平的头等大事。1957年后开始对沙澧二河进行全面治理。夹河里的澧河和沙河一样修筑了坚固的河堤。在胡沟入澧口以北约1华里处和霸王沟澧河堤内分别修建了拦水闸，其余四沟包括干河的入澧口也都夯筑了拦水大坝。由此，在20多年的时间内，两河虽有暴涨，夹河里却平安无事。1975年的特大洪水是在特殊情况下人们始料不及的。夹河里的澧河河堤几乎全被冲垮了，胡沟的水闸坍塌了，大沟、二沟、马沟等所有被夯死的入澧口又都恢复了原貌。只有霸王沟的水闸在突如其来的特大洪水面前却屹立如初。洪水过后，在党的领导下，夹河里人民奋力抢修水毁工程，在不到一年的时间内，一条顶宽3米高3米有余的夹河里澧河大堤像一条巨龙自西向东弯弯曲曲展卧在澧河岸边。这是夹河里澧河有史以来从未有过的一条大堤。胡沟的水闸也由原来的地方向南移到了河堤以内。大沟、二沟和马沟以及干河的入澧口又重新加宽加高加固，堵得严严实实。从此，下夹河的澧河洪水被制服了，30多年来再也没有敢随意肆虐过那里的百姓。相反，今天的澧河正和沙河联手一体，作为漯河市的一大优势，支持着漯河经济的快速发展，造福于漯河人民。

六条沟呢？除胡沟继续坚守原有岗位外，其余的五条沟都从过去的既排潦又泄洪，既受人们夸赞又受人们抱怨的处境中解脱出来而各有所为。马沟以其地处由双龙开发区擦边而过的107国道的绝对优势而秣马厉兵整装待发；大沟、二沟和霸王沟的西段经过修整，正在以崭新的姿态为所在地的百姓创造着安乐和幸福；霸王沟剩余部分更是别具一格、不减当年，现已鸟枪换炮，担负起了漯河市现代化城市和水利建设的双重任务。功劳之大，仍居六沟榜首。

选自2006年7月《漯河文史资料》第十四辑

南水北调

淅川县周湾村移民漯河纪实

范子文

位于河南省西南的丹江口水库，为我国南水北调中线工程水源地。为了确保工程供水，丹江口大坝坝顶从162米加高到176.6米，蓄水位由157米提高到170米。丹江口大坝加高工程涉及河南、湖北两省，移民32万人。

2009年8月16日，河南省南水北调工程移民，陆续从调水源头淅川县移出，这标志着我国规模最大的跨流域调水工程移民正式启动。

我市接收安置丹江口水库淅川县移民5079人，共设移民安置点6个。其中临颍县周湾为试点村，安置移民577人，已于2009年8月20日完成了搬迁安置任务。紧接着有淅川县第一批滔河乡3008人移民漯河，设安置点“移民新村”3个，分4期进行。第一期183户854人，第二期159户584人，均安置在郾城区商桥镇申明铺移民新村，先后于2010年8月12日和2010年8月21日完成安置任务。第三期146户546人，第四期257户1019人，分别安置在召陵区万金镇余营和临颍县王岗镇闫楼两个移民新村，先后于2010年8月12日和2010年8月18日完成安置任务。第二批又将有淅川县1510人移民漯河，设安置点2个，分别是临颍县巨陵镇罗山移民新村和临颍县王岗镇严湾移民新村，计划于2011年8月底完成安置任务。

在接收和安置南水北调工程淅川县移民的过程中，漯河市委、市政府和移民新村所在地的县（区）、乡各级领导一直十分重视，当地的群众也非常欢迎移民漯河。对此，淅川县移民很是满意。现就临颍县周湾移民试点村移民搬迁安置情况胪述如下：

2009年8月12日，漯河市召开全市移民安置工作会议。会议指出：

临颍县王岗镇周湾移民新村是我市唯一的丹江口库区移民安置试点，是淅川县15.6万移民安置的一个缩影，集中安置南阳市淅川县滔河乡周湾村移民145户577人。这里自2009年3月4日—2009年7月20日建成的145座房屋已经分配到户，全部实现供水、供电、排水、通信和有线电视的安装配套，667.2亩移民生产用地全部划拨到位，已具备移民搬迁入住条件。市政府强调，各级、各部门要按照省委、省政府要求，设身处地为移民着想，不仅要把移民安置点建成移民新村的样板，更要建成社会主义新农村的示范村。

在淅川县移民计划里，滔河乡周湾村是该县10个移民搬迁试点中首批搬迁试点之一。

周湾村距淅川县城56千米，距乡政府4千米。村子北边就是丹江口水库，村南是庄稼地，庄稼地的尽头是一片郁郁葱葱的树林。这里地广人稀，人均耕地3～5亩，主要种植小麦、玉米，主导产业是林业、中药材、畜牧业，是典型的传统农业村。

周湾村移民58岁的周光武说："村里搬迁的传闻，最早可以追溯到20世纪60年代'南水北调'设想刚刚提出之时。这一次真的要搬迁了！"

8月15日下午，《漯河日报》社记者到了周湾村，村民一听说都围上来，一个劲地叫"老乡"，迫不及待地拉着记者询问新家建设情况。当记者告知新家都是四室一厅时，村民们高兴地说："太好了，我们早就等着这一天哩！"当记者征集村民对搬迁的意见时，移民一致说："国家现在以人为本，又给安置房，又给安置费，这样好的政策，我们谁不理解，谁不支持国家建设呢！"

8月20日，临颍县对试点移民入住，生产、生活条件等，已完全准备成熟。（1）完成了145座移民房屋和配套设施建设；（2）划拨了667.2亩移民生产用地；（3）完成了永久性水电工程；（4）建成了村委会办公室、文化大院、卫生室等；（5）修建了村内外道路，村内两条南北主干道各长210米，宽6米，混凝土厚度20厘米，整修了7.6千米连接县城道路；（6）建成了双瓮厕所和沼气池；（7）建成了可防七级地震的教学大楼;（8）准备了搬迁运输货车65辆、客车20辆、警车4辆，医疗、维修、保障车各3辆;（9）8月19日，镇上所有干部随车前往周湾村，协助村民搬迁，确保移民安全;（10）移民入住后，每家送一个大礼包（包括米、油、盐、面粉、蔬菜等），每户补贴1500元人民币。

移民搬迁的大货车

8月20日凌晨4时，田野里一片漆黑，而淅川周湾村已经热闹起来。前一天装好的65辆大货车已经排好队伍，20辆大客车也有序地缓缓驶进了周湾村。前往送行的人们，利用最后的时间，与即将离别故土的亲友交谈着，许多人流下了激动的泪水。

6时30分，几十辆汽车，浩浩荡荡从周湾出发，经过9个小时的行程，下午3时到达临颍县王岗镇移民新村。王岗镇政府欢迎来自远方的客人。镇政府和有关部门组织了200余人的搬迁服务队，帮助移民搬行李、抬家具。到了新居的移民们高高兴兴地贴上门联、钉好门牌，放起了喜庆的鞭炮，如过年一样热闹。

接着，工作人员就把大礼包发放到每户村民家中。晚上王岗镇政府还为移民准备了700多份晚餐，确保远道而来的亲人在新家吃好第一顿饭。

移民们看到街道硬化、排水畅通、有线电视和自来水，看到新盖的学校，两层楼的村委会和医疗室、警备室，高兴得合不拢嘴。移民周林福说："来到这儿，真像到家一样，什么都不用操心了。当地政府把我们的生活安排得妥妥当当，就连晚餐也给我们准备好了！"

8月22日，市政府领导到周湾新村看望移民，详细询问他们的家庭情况、新居情况、生活情况等。每到一家都要看新房建筑质量，并嘱咐来自淅川的施工队负责人："你们是移民家乡派来的施工队，发现房子有什么问题，一定要及时解决，确保移民安心入住。"

临颍县王岗镇周湾村移民入住新居欢迎仪式

在随后召开的干部座谈会上，市领导对移民工作取得的成效表示肯定。强调：广大移民从大局出发，舍小家顾大家，为"南水北调"工程建设作出了积极贡献。并强调，各级党委、政府一定要采取切实有效的措施，帮助移民解决生产，生活中遇到的各种困难，确保他们尽快地适应新环境、新生活。

南水北调输水路线示意图

作者注：南水北调

为了解决我国水资源东南有余、西北不足的不平衡问题，国家已正式启动大范围、跨流域的南水北调工程。南水北调就是把长江流域的水，抽调一部分送往华北、西北去用。主要路线有三条：（一）东线在扬州附近把水抽进运河，逐级提升，在山东境内过黄河以后，向北自流，沿路供水，直到天津。（二）中线分两支：（1）把丹江口水库的水引到华北平原。（2）利用高峡平湖长江三峡水库，筑渠输水，自流进入汉水，通过丹江口水库，向华北平原供水。（三）西线提高金沙江、雅砻江、大渡河水位，沿路开凿隧洞，把江水引入黄河上游，补充西北地区水源。

选自 2010 年 9 月《漯河文史资料》第十八辑

郾城移民搬迁安置纪实

刘天恩[1]

南水北调中线工程，水源为丹江口水库。

水库大坝位于汉江与丹江汇合处下游的湖北省丹江口市，水库控制流域面积 9.52 万平方千米。初期工程于 1958 年 9 月动工兴建，1967 年 11 月下闸蓄水，1968 年 10 月第一台机组发电，1973 年底全部建成。初期工程坝顶高度 162 米，正常蓄水位 157 米，水库面积 745 平方千米，库容 174.5 亿立方米。初期工程淹没影响涉及湖北、河南两个省，淹没耕地 42.9 万亩，共搬迁三座县城，迁移人口 38.2 万人，其中 21.1 万人就地后靠安置。河南省淅川县移民分六批迁移，从 1958 年开始动迁，全部于 1975 年基本结束。

南水北调中线一期工程，把丹江口水库大坝加高到 176.6 米，坝前正常蓄水位提高到 170 米，相应库容 290.5 亿立方米。丹江口水库大坝加高蓄水后，水域面积更大，淹没区域更广，新一轮的大规模移民在所难免。

一、郾城承担移民任务

水库大坝加高工程与原工程一样，同样淹没涉及湖北、河南两省，其中涉及河南南阳市淅川县的 11 个乡镇，184 个行政村，1276 个村民小组，3 座集镇，142 家单位，36 家工业企业。漯河市与南阳市属毗邻城市，责无旁贷地被国家选定为接纳移民的城市之一。漯河市所属的郾城县当

① 刘天恩，生于 1947 年 5 月，郾城县人。1968 年入伍，1978 年转业到国营九六七九工厂，1988 年调郾城县技术监督局工作。

然也在接纳区域。

2004 年，郾城尚属县[①]时，负责移民安置设计的长江设计公司，设计在郾城县域内安排三个移民点，共计 1850 人。2005 年初，郾城县随漯河市第二次行政区划调整，撤县设区，管辖范围缩小，原设计的移民安置点由三个减为两个，移民数量减少为 1268 人，不久又将人数调整为 1304 人。但在实际搬迁过程中，最终安置点确定为一个，移民人数 1481 人。

二、成立各级相应组织

最早得到上级指示是在 2003 年，当时的郾城县高度重视，积极行动，很快就成立了由县委书记、县长担任主要职务的“郾城县南水北调中线工程移民工作领导小组及其办公室”，办公室设在县水利局。按照上级的要求和移民工作的实际，各项准备工作迅速展开。

2005 年，郾城改为市辖区后，及时调整成立了“郾城区南水北调中线工程移民工作领导小组”，办公室仍设在水利局，局长朱志勋担任办公室主任、副局长张奎湘担任副主任，水利局自身还成立了一个“移民办公室”，虽为水利局的内设机构，但却是全区移民工作的具体操作者。

2009 年 9 月，为进一步加强郾城区南水北调丹江口库区移民安置工作的组织领导，区委、区政府决定成立郾城区移民安置指挥部，指挥部下设办公室，具体负责移民安置的组织、协调、指导、监督、检查和服务工作。水利局长丁照明兼任办公室主任，副书记王群生兼任副主任。

2011 年 8 月，根据国务院文件精神，结合郾城的实际需要，经郾城区编委同意，设立“漯河市郾城区移民安置办公室”，为水利局内设机构，副科级规格，具体负责全区的移民安置工作。

移民安置办公室及时印发了《移民安置工作的实施意见》《移民安置指挥部办公室的通知》《移民搬迁实施方案》等十多份文件外，还编印了《移民搬迁手册》，作为向移民们宣传介绍往郾城搬迁的一系列应

① 2004 年 12 月，行政区划调整，撤销郾城县，设郾城区，增设召陵区。

注意和了解的问题。

三、全区机关全部上阵

本着“举全区之力做好移民安置工作”的指导思想，区委、区政府结合各机关职能，在整个移民工作中，对各个单位的职责任务都予以分工和明确。

指挥部办公室负责移民迁安的组织、协调、检查、监督和服务；区委组织部、团区委负责移民中党团组织关系的转移；区教体局负责移民村的学校建设、移民学生入学，并会同人劳局管理移民公办教师关系的转移及办理；区发改委负责移民新村规划、建设及申报项目的审核批改；区农业局、农办、农技站、林技站、水利局、畜牧局、卫生局负责移民搬迁农田水利基本建设规划、移民群众生产技能培训、移民村卫生所医务人员的管理及移民村防疾治病、新农合手续转接等；区通信企业负责移民村通信规划及实施；区公安分局负责移民搬迁及移民新村建设秩序、移民户口迁移、管理安置区域社会治安综合治理等；区交通局负责移民新村对外道路的建设与维护、搬迁车辆的组织等；区供电部门负责移民村及农业生产供电规划及实施；区国土资源局负责移民占地划拨及宅基地的使用证、土地证办理；区房管局负责办理移民房产证；移民新村所在地的商桥镇政府负责移民生产生活用地征用及加强对移民村的领导与管理，按规划为移民划拨生产、生活用地，对移民村的财务进行监督，做好移民村社会治安和其他协调工作；区移民办负责落实上级编制移民安置规划、负责做好新村建设规划，督促指导移民村建设，按工程进度和工作需要及时拨付资金，会同区公安部门及镇党委、政府办理移民户口和组织关系的迁移手续，贯彻落实移民安置政策，加强乡镇及移民村资金使用情况监督和审计，对移民生产进行技能培训，搞好移民后期经济发展决策等。

就这样，在区委、区政府的直接部署下，34 个区直单位包括移民工作的特设机构及移民新村所在地的商桥镇，既轰轰烈烈又扎扎实实地把移民迁安工作开展了起来。

四、选好村址建好新村

为保质保量地完成国家交给的任务，为保证移民们的生活真正上一个新的台阶，郾城区委、区政府领导本着全心全意为百姓服务的宗旨，与全区参加移民工作的人员，在为移民们选址建村上，的确下了一番大功夫。

首先，在省移民办的安排下，黄河设计公司接替了长江设计公司对郾城区移民安置的设计任务，按照河南省移民办2009年5月6日移民安置方案优化整合精神和尽量利用县属或乡镇农场安置移民的要求，区委、区政府会同设计单位，经过分析论证，认真筛选，确定把原在商桥镇的县属园艺场作为移民新村的唯一村址，接着就安排有关部门，提前将园艺场的136名职工进行了妥善安排。

郾城区委、区政府之所以将新村地址选在园艺场，这地方在郾城区域内来说，的确是一块风水宝地。正如郾城区移民安置指挥部于2010年8月印制的《移民搬迁手册》中介绍的那样："位于商桥镇中南部颍河北岸，距漯河市区15千米。北邻后魏公路，西邻坡大公路，东邻107国道，南邻颍河北堤，相互联通，形成环线；京广铁路、石武高铁，京珠高速纵穿南北。区位优势明显，交通发达便利，地势平坦，土地肥沃，旱涝保收；生态环境良好，水利条件优越，机井星罗棋布，高低压线路配套完备；经济活跃，民风淳朴，是一块安乐宜居的新家园。"

五、为了移民依靠移民

按照上级分配，郾城区最终接受安置的移民是淅川县滔河乡申明铺村的乡亲们。为了迎接移民们的到来，让其高高兴兴、安安全全地搬至郾城安家，区政府要求各有关单位，要为了移民、相信移民、走好与移民对接协调的重要一步。

郾城区移民安置指挥部按照上级的指示，从移民们最关心的事情出发，组织编印了淅川县滔河乡申明铺村《移民搬迁手册》，分发到每个移民手中。《移民搬迁手册》中包括二十一项内容，分别是：移民新村简介、郾城区移民搬迁指挥部人员通讯录、指挥部各工作组人员及职责范围、申明铺村移民客车车队指挥长及工作人员名单、申明铺村移民货车队长货主姓名名单、申明铺村移民搬迁汇总表、移民特殊人员明细表、移民搬迁示意图、移民搬迁时间安排、行车路线、移民乘坐客车分组情况表、交警五大队赴淅川执勤人员名单、郾城区移民安置医疗保障人员名单、郾城区移民安置医疗保障救护车辆统计表、赴淅川交通协调组工作人员情况表、交通局交通协调车情况表、具体要求、郾城区简介、公安分局赴淅川执勤人员名单、公安分局赴淅川移民搬迁警车统计表、交警队赴淅川执勤车辆等。通过《移民搬迁手册》，既是对移民的主要宣传形式，也是让移民及时全面了解搬迁过程中各种事宜，便于联络、咨询和解决问题。

为了保障移民的各种权益，郾城区移民指挥部采取的另一有力举措，就是请移民选出代表，对移民工作进行全程监督。除了印发宣传手册外，还把对移民的补偿补助政策印成《明白卡》发至每家每户，经与移民方党委、政府沟通，经过民主选举，成立一个移民迁安委员会，对移民工作中的重要事项都由迁安委员会研究决定后再行实施。2009 年 9 月 14 日，淅川县滔河乡申明铺村的 35 位移民代表到郾城区商桥镇移民安置点进行实地考察，郾城区政府及移民指挥部领导亲自陪同。经过实地考察，移民代表对各项条件表示满意。

2009 年 11 月 30 日，商桥镇移民新村房屋建设开标，一、二、四标段当场开出中标施工企业，第三标段，应移民代表要求，移民指挥部领导为表示对移民们的信任和依靠，当场表示，第三标段为流标，交由移民们确定施工企业（最后选定河南华盛建设集团公司，设立两个项目部承担新村房屋建设工程）。移民新村从 2009 年 12 月 27 日开工，至 2010 年 5 月 20 日竣工，前后不到半年时间，由于工期比较紧，移民代表反映有些房顶出现裂纹，移民指挥部听取意见，高度重视，很快请专家现场查看论证，遂把新村房顶全部更换为高档新型材料。

六、好的工作好的收获

正如俗话说，功夫不负有心人。郾城区的移民迁安除了以上提及的诸方面外，另有资金管理、档案建设、安全保卫、文化教育等，参与迁安人员本着严格遵守法律、法规的原则，始终把移民的利益放在首位，做到习总书记给人民解放军所提的要求那样，既能打仗，又能打胜仗，最终结果，既让移民们满意，又受到上级的肯定。

移民新村展现在世人面前。郾城区此次迁安移民工作亮点是建起一座移民新村，沿用原村名——申明铺村，申明铺新村共建房屋 351 套，其中二层楼房 203 套，一层房屋 148 套。总建筑面积 4.46 万平方米，人均 30.05 平方米。建设村内道路 8.02 千米，硬化人行道 4.2 千米，埋设排水管道 9.31 千米，地埋式污水处理设备 8 套，建设 80 立方米末端污水处理池一座，硬化广场 2736 平方米，新村绿化面积 4150 平方米，架设供电线路 14.94 千米，安装变压器 3 台，架设通信线路 13.48 千米，有线电视线路 16.4 千米，新打供水井一眼，供水管道 14.42 千米，路灯 48 盏，公厕 2 座，垃圾收集池 2 处，垃圾桶 48 个。另建村室一座（含卫生室和超市），建筑面积 465 平方米；新建新村小学一所，共三层 12 个教学班，建筑面积 1055 平方米；村中的绿化带、草坪、健身场地及健身器材一应俱全。尽管如此，本着俭省节约的原则，把每一分钱都用在必要之处，移民搬迁总经费支出 11938.55 万元，与原预算比尚有 184.29 万元的资金结余。

移民生活发生了大变化。2009 年 11 月，启动搬迁前的动员和准备工作，2010 年 5 月底开始分批搬迁，8 月底全部搬迁完毕。移民入住新村后，为让移民们搬得来、住得下、稳住心，指挥部及时着手村民的生产问题，很快调整安排生产用地 1693.22 亩，其中包括 72.8 亩养殖园区用地。土地分配前，全部进行了平整，并在 30 亩地一眼井的基础上，新打机井 52 眼；新修生产道路 4 条，总长 3.5 千米；建设生产用桥 48 座；

生产道路两旁植树 4000 多株。

在 2010 年底将土地全部分配到户后，当地的商桥镇政府主动帮助部分村民将 950 亩土地流转给承包大户，土地流转租金每亩每年 950 元。除租金收入外，出租户还可优先给承包者打工挣钱。

当年的小麦种植，由区迁安办无偿为各户播种，并对每户村民发放了食品大礼包和一套液化气灶；区直单位一对一帮扶，在移民来到新村的第一个中秋节和春节，对所有移民户进行了慰问；区医院派专家多次到新村为村民们义诊；有关部门帮助村里创办一个羽毛加工厂，并组织 10 多家企业到新村招工，很快就有 200 多人安排就业，每月工资都在 2000 元以上；区移民办投资 2 万多元为村文化广场购置灯光和音响设施，丰富了移民们的业余文化生活；农业部门为村里制定发展规划，对农民进行新项目、新技术的培训，为新村发展争取到 300 多万元的项目资金。

移民们经过搬迁前后对比很知足。比如：申明铺村在南阳市淅川县滔河乡时，每人只有 0.87 亩的耕地，到了新村后，每人分到耕地 1.11 亩；原住房 20% 是砖土结构，80% 是破旧的土坯房，人均住房面积不足 10 平方米，在新村住上了人均 30.05 平方米的钢筋混凝土结构的新颖房屋；搬迁前年人均收入 2500 元，进住新村后的 2011 年，人均年收入就达到了 7520 元，一下子增收 5000 元。村中移民刘国柱一家，更是前后变化明显。刘国柱出生于 1964 年 11 月，搬迁前全家 7 口人，家有土木结构的五间瓦房，总面积 90 平方米，人均 12.8 平方米，有耕地 5.6 亩，丰收年景全年能收获粮食 1 万斤左右，加上其他收入，年收入共约 2.3 万元，人均收入 3280 元。搬至新村后，全家住上了总面积 340 平方米的楼房两套，人均住房面积达到了 48.57 平方米。分配耕地 7.35 亩。儿子在自家开起小饭店，又担任村里的电工，月工资 3600 多元；儿媳在村羽毛加工厂打工，每月也可收入 1500 元。刘国柱是村干部，除每月收到 600 元的工资外，自己又带头致富，流转承包了 40 亩土地，发展小麦辣椒套种，每亩地年收入超过 2000 元，全家年收入可达 75900 元，人均年收入已超过了 1 万元。

面对如此大的变化，移民们发自内心地感慨："我们真正是搬得出、稳定住呀！"也有移民调侃："南水北调中线工程，不光给沿线的百姓送去了水，也为源头的移民带来了福气！"

七、获得荣誉再接再厉

郾城区的移民工作，除了得到迁安移民们的许多好口碑外，上级给的各种荣誉也像标签一样标注在郾城的历史上。2010 年 10 月 22 日，河南省委、省政府召开南水北调丹江口库区第一批移民迁安工作表彰大会，郾城区的申明铺新村被省委、省政府授予优秀单位，郾城区政府被省委、省政府授予先进单位荣誉称号；郾城区水利局局长、移民办主任丁照明，水利局移民办公室主任李新杰，均被授予先进个人荣誉称号。2012 年 5 月 22 日，省委、省政府召开南水北调丹江口库区移民迁安工作总结表彰暨后期帮扶工作动员视频会议，授予郾城区河南省南水北调丹江口库区移民迁安工作先进单位荣誉称号，区长王迎波被荣记一等功。

郾城区委、区政府要求全区各单位，把所得荣誉作为一种精神动力，继续努力做好工作。就像移民新村四位女青年嫁到周边村庄，周边村庄四位女青年嫁到移民村那样，帮助移民新村与周边村民搞好关系，做好邻居，从经济、社会以及文化发展诸多方面进行联姻，促进新村村民尽快融入当地，让社会更加和谐，让百姓更加幸福！

选自 2016 年 12 月《漯河文史资料》第二十三辑

后 记

整理建市以来前三十年《漯河文史资料》是七届漯河市政协确定的一项重点文化工程。任务确立之后，聘请熟悉我市历史文化并热心文史资料工作的学者组建了专项工作小组。专项工作小组首先认真学习了中国文史出版社出版的《文史资料学概论》（卞晋平、方兆麟等著），对主席会议确定的“去伪存真、去粗取精，补充完善、按系分类”的原则进行了认真的讨论和领会，在此基础上着手开展工作。

纳入本次整理范围的是 1986 年至 2016 年市政协征编的《漯河文史资料》共 24 辑、813 篇、351 万字，经剔除不符合文史资料体例和不宜出版的内容之后，确定选入史料共计 630 篇，280 万字。

整理工作确立了“遵循国家有关法律、法规，遵循文史资料工作统战性特点，尊重历史见证人对历史事件的表述，以服务大局、服务社会为宗旨，深入挖掘史料价值，全面提高政治、史实和文字水平，更好发挥‘存史、资政、团结、育人’作用”的指导思想。专项工作小组逐篇审读这些史料，建立每周工作例会汇总审读中发现的问题，提出了“校、勘、注、附、表、补、删、插”八字整理工作法，并依据内容将纳入整理范围的文稿划分为八个部分，采取集中研讨、分工负责的方法开展整理工作。整理过程中，经过多次研讨并听取中国文史出版社梁洁同志的建议，又调整了分卷方案，确定为目前的 12 分册，其中曹代颖、张艳负责《古韵新辉》《百业春秋》《桑梓情思》3 册；刘西淼、陈思盈负责《抗战岁月》《解放战事》《河上风物》3册；马恒祥、蔡慧娟负责《沙澧英才》《杏坛双星》《生态今昔》3册；鲁锁印、夏跃进负责《民国往事》《校园漫忆》《沧桑巨变》3册。除了较为繁重的文字校勘之外，各组重新审读原文，进行充实梳理，在尊重撰稿人原稿的基础上，根据新发现对史料进行补充完善，对内容存疑或失实的进行更正。其间，收集并参阅大量的外来资料，不厌其烦地进行史料比对，可谓夙夜不息、历尽艰辛。

整理工作的全程中，吕岩同志两次主持主席会议进行专题研究，肯定了本次文史资料整理工作的意义，确立了文史资料整理工作的方案和原则，并多次听取汇报提出指导意见，使整理工作始终沿着正确的方向前行。分管副主席田冠亭、胡新峰同志在日常工作中高度关注，在关键节点协调帮助，为工作顺利推进提供了保障。安清跃、史凤民、刘颖峰为整理工作收集资料提供了有力支持。参加专项工作小组例会的牛青、李永杰、翟媛媛长期牺牲节假日休息时间，为专项工作小组精心服务，作出了应有的贡献。丛书送审稿校定后，秘书长袁国亮组织机关的黎联峰、杨为、李庆峰、蒋向军、刘勇、李聪燕、王玉、崔博、吕煜辉、王文君、赵彤、康家浩等参与审读并提出修改意见；出版社一校二校完成后，各专项小组进行了复审，最后由鲁锁印对复审发现的问题进行统筹，力求使各卷标准统一，格调一致。

丛书整理虽历时三年有余，仍觉时间紧促，加之庚子年疫情的影响，一些图文资料采集计划未能如期实施。参与整理的诸君虽倾心而为，亦力有未逮，实乃囿于学识。期待出版后读者斧正润色，为后继者立标杆，助漯河文史资料工作日益上台阶。

编　者

2021年12月30日